NOTA

Lehrgang für Latein als 3. Fremdsprache,
für Kurse auf der Sekundarstufe II,
an Universitäten, Kollegs, Abendgymnasien

von
M. Fuhrmann, E. Hermes, H. Steinthal, N. Wilsing

LESE- UND ARBEITSBUCH

Ernst Klett Stuttgart

NOTA

LESE- UND ARBEITSBUCH

von
Prof. Dr. Manfred Fuhrmann (Konstanz), Dr. Eberhard Hermes (Paderborn), Dr. Hermann Steinthal (Tübingen), Dr. Niels Wilsing (Wuppertal)

unter Mitarbeit und Leitung der Verlagsredaktion Alte Sprachen
Redaktionsleiter: Gerhard Grüder
Mitarbeit an diesem Buch: Dr. Eberhard Kulf, Verlagsredakteur

1. Auflage 1 6 5 4 3 | 1981 80 79 78

Alle Drucke dieser Auflage können im Unterricht nebeneinander benutzt werden. Die letzte Zahl bezeichnet das Jahr dieses Druckes.

Einbandentwurf: Hitz und Mahn, Stuttgart
Filmsatz und Druck: Ernst Klett, Stuttgart
ISBN 3-12-623000-8

Inhaltsübersicht

Einführung für Lehrende und Lernende

„Nota“ ist ein Lehrgang für diejenigen, die im fortgeschrittenen Lernalter Latein lernen wollen, also für Kurse mit Latein als dritter Fremdsprache (z. B. ab Kl. 9), für Sprachkurse auf der Sekundarstufe II, an Universitäten, Kollegs, Abendgymnasien und vergleichbaren Instituten. Der Lehrgang ist auf eine kurze Dauer (1–1½ Jahre) abgestellt. Er bezieht dazu bewußt die größere allgemeine Lernerfahrung und Selbständigkeit seiner Benutzer ein. Das macht ihn auch zum Selbstunterricht geeignet.

Die wichtigsten Ziele des Lehrgangs sind:
- Fähigkeit, lateinische Texte mittlerer Schwierigkeit zu verstehen und zu übersetzen, und zwar unter sachgemäßer und ökonomischer Verwendung von Hilfsmitteln (Lexikon, Grammatik)
- Kenntnis eines Wortschatzes von ca. 900 Vokabeln
- Kenntnis der für das Lateinische charakteristischen sprachlichen Strukturen
- Einübung in Verfahren der Texterschließung
- Einübung in Verfahren, lateinische Texte aus ihrem historisch-gesellschaftlichen Zusammenhang zu verstehen
- Fähigkeit, Übersetzungen lateinischer Originale kritisch zu prüfen und zu benutzen
- Verbesserung der muttersprachlichen Fähigkeiten durch ständigen Vergleich deutscher und lateinischer Sprachmittel

1. Konzeption

Der Lehrgang baut auf dem Grundgedanken auf, daß die sprachlichen Elemente (Formen, Bedeutungen, Sätze) nur im Rahmen von Texten verstanden werden können. Daraus folgt, daß Formenlehre, Wortbedeutungslehre, Satzlehre und Textlehre nicht isoliert, sondern integriert dargeboten werden müssen.

1.1. Texte:
Grundlage der Arbeit sind Texte als sprachliche Einheiten, in denen die grammatischen Phänomene in ihrer natürlichen Umgebung, also in einen Funktionszusammenhang integriert, auftreten. Dadurch, daß nur originale oder originalnahe Texte zugrunde liegen, wird zugleich das Frequenzprinzip berücksichtigt, also nur das wirklich Lektürewichtige zu lehren; außerdem ist dadurch die Trennung von Sprach- und Lektürekurs mit ihren gravierenden Nachteilen weitgehend aufgehoben.
Die Texte sind der Latinität von Plautus bis Erasmus entnommen, wobei der „Lektürekanon“ das gebührende Gewicht behält. Durch die Breite der Auswahl ergibt sich eine anregende Variation der Textarten und der Inhalte, die ihrerseits methodische Vielfalt bedeutet und damit den Lernenden daran gewöhnt, Verfahren der Texterschließung flexibel zu handhaben.

1.2. Pensenaufbau:
Grundlage der Pensenanordnung ist nicht eine Schulgrammatik, auf die hin Texte abgefaßt wurden, sondern Texte der lateinischen Literatur, in denen bestimmte Bereiche der Grammatik besonders klar repräsentiert sind. Diese Texte sind planmäßig arrangiert, so daß sich eine wohldosierte Folge von Pensen ergibt; dabei kann der jeweilige grammatische Systemzusammenhang von Anfang an bewußtgemacht werden.

1.3. Grammatik:
Zur Beschreibung des Satzes als Bedeutungsgefüge werden Möglichkeiten der Valenzgrammatik genutzt, soweit sie größere Klarheit in den syntaktischen Verhältnissen bringen. Von daher ergeben sich auch fruchtbare Ansätze für eine Texterschließungsmethodik. Bestimmte Konstruktionen (z. B. Infinitiv-Fügungen) werden mit dem Beschreibungsmodell der Transformation in ihrem Aufbauprinzip erklärt.

1.4. Methodik:
Der Lehrgang arbeitet ausgeprägt kontrastiv-vergleichend, teils zwischen Latein und Deutsch, teils innerhalb der lateinischen Sprache, wodurch gerade der Blick für systemgrammatische Zusammenhänge in immer größeren Bereichen geschärft wird. Diese Methode ermöglicht außerdem ein hohes Maß an Selbständigkeit und eröffnet Einsicht in Methoden des Lernens. – Induktion, die den Schüler zu eigener Analyse der Texte und ihrer Sprachmittel anhält, überwiegt im Lehrgang, zumal in der ersten Hälfte. Aus Gründen der Ökonomie wird jedoch bei reinen Lernpensen (z. B. Formenlehre) deduktiv gearbeitet.

1.5. „Realien“:
Texte sind nur dann wirklich verständlich, wenn ihre historischen und gesellschaftlichen Voraussetzungen bekannt sind. Diese Kenntnisse sind vor allem wichtig, wenn die Texte sich nicht unmittelbar auf die gegenwärtige Lebenswelt beziehen. Der Lehrgang bietet die nötigen Informationen zu den einzelnen Texten; zusammen mit den Texten selbst ergibt sich so eine Einführung in die Welt des Lateinischen mit ihren spezifischen kulturellen und gesellschaftlichen Gegebenheiten.

2. Aufbau und Handhabung des Lehrgangs
Aus dem bisher Gesagten geht hervor, daß die einzelnen Teile einer Lektion nicht als isolierte Übungsstücke, sondern als eng verzahnte Arbeitsschritte zum Verständnis der Texte und der in ihnen auftretenden grammatischen Erscheinungen zu verstehen sind. Jede Lektion ist im einzelnen folgendermaßen aufgebaut:

2.1.1.
Zugrunde liegt in der Regel ein Text (in der ersten Lektion, die der Erarbeitung elementarer grammatischer Einsichten dient, werden einzelne Sprichwörter und Sentenzen benutzt, die durchaus als Texteinheiten anzusehen sind); das Verständnis dieses Textes wird durch literaturgeschichtliche und historische Informationen vorbereitet, die jede Lektion eröffnen.

2.1.2.
Der Text einer Lektion wird mit Übersetzung oder mit Worterklärungen oder in verschiedenen Fassungen gegeben. Wenn eine Übersetzung gegeben ist, bedeutet das nicht, daß hier bereits ein Teil der Schülerarbeit geleistet sei. Vielmehr ist der Vergleich von Text und Übersetzung wesentliche Voraussetzung für die weitere Arbeit in der Lektion.

2.1.3.
Dem Text folgen die Aufgabensequenzen, die der Texterschließung oder Pensenbehandlung dienen und eng miteinander verknüpft sind. Diese Aufgaben sind in methodischer Folge gegeben; daraus folgt indes nicht, daß der Lehrer die jeweiligen Pensen nicht nach eigenen Intentionen und mit eigener Aufgabenstellung erarbeiten kann (vgl. 2.2.).

2.1.4.
Das zusätzliche Übungsmaterial ist für Kurse gedacht, denen Zeit zu ausgiebigerer Vertiefung zur Verfügung steht. Die Übungen können aber selbstverständlich auch von jedem einzelnen nach Bedarf zur Behebung von bestimmten Wissenslücken verwendet werden.

2.1.5.
Zur Unterstützung des Vokabellernens dienen eingeschobene „Wortstudien", die sich am Schluß mehrerer Lektionen befinden.
Der Gesamtwortschatz des Lehrgangs umfaßt ca. 1300 Vokabeln; der Lernwortschatz (ca. 900 Wörter) besteht aus den in den Texten und obligaten Übungen vorkommenden Vokabeln, soweit sie im Grundwortschatz des „Grund- und Aufbauwortschatzes Latein" (Klettbuch 6042) enthalten sind oder im Lehrgang selbst häufig auftreten.

2.1.6.
Außerdem enthält der Lehrgang Formentabellen zum Lernen und Nachschlagen.

2.2.
Der Lehrgang ist so angelegt, daß zusätzliche Hilfsmittel wie eine Grammatik nicht erforderlich sind; er erklärt alle auftretenden Erscheinungen und enthält alles nötige Arbeitsmaterial. Das bedeutet zugleich, daß der Lehrgang flexibel ganz nach den methodischen Vorstellungen und Intentionen des Lehrers einzusetzen ist. Man kann im gewohnten Klassenunterricht Kapitel für Kapitel durcharbeiten; das Material des Lehrbuchs kann dann zur Wiederholung als Hausaufgabe genutzt werden. Die Anlage dieses Lehrbuchs ermöglicht aber auch noch weitere Unterrichtsformen, wie z. B. Gruppenunterricht.
In Fällen, in denen Schüler weitgehend allein arbeiten – z. B. beim Nacharbeiten nach längerem Fehlen – kann zur Selbstkontrolle das Lösungsheft „enodatio" (Klettbuch 6234) benutzt werden.
Abweichungen von der Pensenfolge sollten möglichst vermieden werden. Detaillierte Ratschläge erteilen die Hinweise zur Unterrichtsplanung „adnotatio" (Klettbuch 6233).

2.3.
Eine zusammenhängende Einführung in die Lektüre bietet das Zusatzheft „notula" (Klettbuch 6231), in dem die in den Lektionen 1 bis 21 gewonnenen Erkenntnisse weiter ausgebaut werden. Themen sind: Benutzung des Lexikons, Analyse komplexer Perioden, Wortstellung, Negationen, Texterschließung; außerdem wird anhand einiger abwechslungsreicher Texte mittelalterliches Latein vorgestellt.

Allgemeine Abkürzungen

(Die Abkürzungen grammatischer Termini sind vor dem grammatischen Index, S. 231, aufgeschlüsselt.)

L. = Lektion
S. = Satz
L = Latein(-isch)
D = Deutsch

1 Einführung in grammatische Grundbegriffe

Da die Grundbegriffe der lateinischen Grammatik vielfach mit denen der deutschen übereinstimmen, werden neben lateinischen auch deutsche Beispiele verwendet.

1.1. Beobachtungen an Sätzen

1.1.1. Wort – Wortkomplex – Satz

a) Lesen Sie folgenden Satz laut!

Auch ein einzelnes Haar hat seinen Schatten.

Wie Sie wohl bemerkt haben, besteht dieser Satz nicht aus einer gleichförmigen Aneinanderreihung einzelner Wörter, sondern aus zwei **Wortkomplexen.** Nennen Sie sie!

Gliedern Sie in derselben Weise die folgenden Sätze:

Kinder und Narren sagen die Wahrheit.
Die Furcht des Herrn ist der Weisheit Anfang.
Der Spatz in der Hand ist mir lieber als die Taube auf dem Dach.

b) Nun einige lateinische Beispiele (zur Aussprache siehe 1.5.). Das erste haben wir schon in deutscher Übersetzung kennengelernt:

(1) Etiam capillus unus habet umbram suam.
(auch) (Haar) (eines) (hat) (Schatten) (seinen)

Das zweite bringen wir zuerst in Übersetzung, dann im lateinischen Wortlaut mit den deutschen Wortentsprechungen:

(2) Das Gesetz sieht den Zornigen, der Zornige sieht das Gesetz nicht.
Lex videt iratum, iratus legem non videt.
(Gesetz) (sieht) (Zornigen) (Zorniger) (Gesetz) (nicht) (sieht)

Da dieses Beispiel aus zwei Sätzen besteht, haben Sie nun insgesamt drei lateinische Sätze einfachster Art vor sich. Zerlegen Sie jeden in seine beiden Wortkomplexe!

Beachten Sie:
1. Das L hat keinen Artikel (*lex* „das Gesetz, ein Gesetz"; *iratus* „der Zornige, ein Zorniger" usw.).
2. Im L werden nur Eigennamen (*Romanus* „der Römer, römisch") und Satzanfänge (*Etiam capillus unus* usw.) groß geschrieben.

1.1.2. Gleiche Wörter in verschiedenen Formen

a) Sie wissen vom D, daß ein und dasselbe Wort in verschiedenen Formen auftreten kann: den Zornigen, der Zornige. Wie Sie aus den beiden Sätzen des Beispiels (2) ersehen, gilt dasselbe für das L:

Gesetz: lex, legem
zornig: iratus, iratum

Die Form, die mit *-m* endet, nennt man **Akkusativ** (Akk.). Sie erscheint in unseren Sätzen jeweils im zweiten Wortkomplex.
Die andere Form *(lex, iratus)* nennt man **Nominativ** (Nom.). Sie erscheint hier jeweils im ersten Wortkomplex.

b) Auch die lateinischen Wörter für Schatten und Haar gibt es in diesen beiden Formen:

Schatten:	umbra (Nom.),	umbram (Akk.).
Haar:	capillus (Nom.),	capillum (Akk.).

Freilich ist nicht jedes Wort, das ein *-m* am Ende hat, ein Akk. Das Wort *etiam* („auch") ist z. B. keiner: Es gehört einer Wortart an, in der es keine Formveränderungen, folglich auch keinen Akk. gibt.

c) Bestimmen Sie nun die Nominative und die Akkusative der folgenden lateinischen Sätze!

(3) Marcus vocat Quintum. Markus ruft Quintus.
(4) Quintus vocat Marcum. Quintus ruft Markus.
(5) Phaedrus fabulam narrat. Phaedrus erzählt eine Fabel.
(6) Auf einer Wiese erblickte einst ein Frosch einen Ochsen.
In prato quondam rana conspexit bovem.
(auf) (Wiese) (einst) (Frosch) (erblickte) (Ochsen)
(7) Der Frosch blies seine runzlige Haut auf.
Rana rugosam pellem inflavit.
(Frosch) (runzlige) (Haut) (blies auf)

d) Übersetzen Sie folgende Sätze, und bestimmen Sie die Nom. und Akk.!

(8) Etiam bos ranam conspexit. (bos „Ochse")
(9) Quintus videt Phaedrum.

1.1.3. Einzahl (Singular) und Mehrzahl (Plural)

a) In den Beispielen (1) bis (9) kamen nur Formen des **Singular** (Sing., Einzahl) vor. Anders verhält es sich im folgenden Satz:

(10) Rana capillos non habet. Der Frosch hat keine Haare.

Hier enthält der zweite Wortkomplex die Form *capillos:* Sie ist ein Akkusativ des **Plural** (Plur., Mehrzahl).
Wenn wir das Beispiel (2) folgendermaßen umformen, lernen wir weitere Plural-Formen kennen:

(11) Lex videt iratos, irati legem non vident.
Das Gesetz sieht die Zornigen, die Zornigen sehen das Gesetz nicht.

Welche dieser Formen ist ein Nominativ Plural, welche ein Akkusativ Plural?

b) Beantworten Sie dieselben Fragen für die folgenden Beispiele!

(12) Der Frosch fragte seine Kinder.
Rana natos suos interrogavit.
(Frosch) (Kinder) (seine) (fragte)

(13) Blind sind die Augen, wenn der Geist andere Dinge treibt.
Caeci sunt oculi, cum animus alias res agit.

1.1.4. Satzteile: Subjekts- und Verbkomplex

a) Die ersten Beispielsätze bestanden stets aus zwei Satzteilen (Wortkomplexen):

Subjekt, Subjektskomplex	Verb, Verbkomplex
(1) Etiam capillus unus	habet umbram suam.
(2) Lex	videt iratum,
iratus	legem non videt.
(3) Marcus	vocat Quintum.

Wie sind die Beispiele (4), (5) und (10) in diese Tabelle einzuordnen?

b) Subjekt (Sj) nennt man den Teil des Satzes, über den im Verbkomplex eine Aussage gemacht wird. Im Satz (3) z. B. wird über *Marcus* die Aussage *vocat Quintum* gemacht.

c) Verbkomplex nennt man den Teil des Satzes, in dem ein Verb das zentrale Wort ist. Verben sind Wörter wie *habet, videt, vocat* („hat", „sieht", „ruft") usw.

d) Das Subjekt steht im Nominativ. Doch ist nicht jeder Nom. ein Sj; sonst brauchte man diese beiden Begriffe nicht zu unterscheiden, z. B.:
Caeci sunt oculi. (Satz (13), erster Teil)
Dieser Satz ist folgendermaßen in die Satzteil-Tabelle einzuordnen:

Subjekt, Subjektskomplex	Verb, Verbkomplex
oculi	caeci sunt

Über das Sj *oculi* wird also die Aussage *caeci sunt* gemacht. Beachten Sie:

1. Der Nom. *caeci* ist hier nicht Sj, sondern gehört zum Verbkomplex.
2. Der Verbkomplex steht bei diesem Beispiel am Anfang, damit er mehr Nachdruck bekommt.
   Weil solche Umstellungen möglich sind, können wir es nicht bei den Bezeichnungen „erster Wortkomplex" und „zweiter Wortkomplex" belassen, sondern müssen sie durch die genaueren Ausdrücke „Subjektskomplex" und „Verbkomplex" ersetzen.

1.1.5. Weitere Satzteile

a) Auch im Satz (6) lassen sich zunächst das Sj *(rana)* und der Verbkomplex *(conspexit bovem)* feststellen. Dieser Satz enthält jedoch außerdem noch weitere Teile: eine Ortsangabe und eine Zeitangabe. Nennen Sie sie!

b) Die folgenden Sätze enthalten außer dem Sj und dem Verbkomplex **Angaben** verschiedener Art. Stellen Sie sie fest, und weisen Sie sie folgenden Rubriken zu: Angaben des Orts, der Zeit, des Zwecks, der Art und Weise, sonstige Angaben.

Napoleon wurde im Jahre 1814 auf die Insel Elba verbannt. Er konnte jedoch von dort entfliehen und landete eines Tages heimlich an der französischen Küste. Seine alten Soldaten empfingen ihn größtenteils mit Begeisterung. Um ein nochmaliges Entkommen zu verhindern, verbannte man ihn später auf die Insel St. Helena.

1.1.6. Satzgefüge

(13) Caeci sunt oculi, cum animus alias res agit.

Dieser Satz besteht aus zwei zu einem Satzgefüge verbundenen Sätzen. Das Verbindungswort ist *cum* („wenn“). Wir nennen den zweiten dieser Sätze den **untergeordneten Satz** (oder **Nebensatz**); er dient als nähere Angabe zum übrigen Satz (also als Satzteil).

1.2. Wortarten und Wortformen

1.2.1. Deklinierbare Wörter: **Nomina** (Sing.: das Nomen)

a) Substantive (Subst.) nennt man Wörter wie: Haar, Schatten, Gesetz, Marcus. Sie sind deklinierbar (sie unterliegen der **Deklination**), d. h. sie treten im Satz in verschiedenen **Kasus** (Sing.: der Kasus) auf, je nach ihrer Rolle als Satzteil. Wir haben oben zwei lateinische Kasus kennengelernt: Nominativ und Akkusativ. Die weiteren folgen in den späteren Lektionen.

b) Adjektive (Adj.) nennt man Wörter wie: zornig, runzlig, blind.
Auch sie sind deklinierbar.

c) Die sogenannten **Pronomina** (Pron.) bilden die dritte Gruppe deklinierbarer Wörter. Hierzu gehören Wörter wie: er, sie, wer, dieser, welcher, irgendwer.

In den Wörterverzeichnissen werden die deklinierbaren Wörter im Nom. Sing. aufgeführt, z. B. *lex, fabula, oculus, unus, suus*.

1.2.2. Konjugierbare Wörter: **Verben** (Sing.: das Verb)

Verben nennt man Wörter wie: haben, sehen, rufen, sein.
Sie werden konjugiert. Die wichtigsten Unterscheidungen bei der **Konjugation** (Konjug.) sind:

a) die Unterscheidung der **Person** (Pers.) und der **Zahl;** z. B.:

ich habe	–	erste Pers. Sing.
du hast	–	zweite Pers. Sing.
er hat (sie hat, es hat)	–	dritte Pers. Sing.
wir haben	–	erste Pers. Plur.
ihr habt	–	zweite Pers. Plur.
sie haben	–	dritte Pers. Plur.

b) die Unterscheidung des **Tempus** (Zeit; Plur.: die Tempora): die Verb-Formen „ich habe" und „ich hatte" unterscheiden sich im Tempus; „ich habe" ist Gegenwart (Präsens, Präs.), „ich hatte" Vergangenheit.

Die Verben haben auch Formen, bei denen Person und Zahl nicht unterschieden werden. Eine davon ist der **Infinitiv** (Inf.; *infinitus* „unbestimmt"), z. B.: *habere* „haben", *videre* „sehen".
Im Gegensatz dazu nennt man Verb-Formen mit Personenkennzeichen **finite Formen** (*finitus* „bestimmt"), z. B.: *habet* „er hat", *videt* „er sieht".
Im Wörterverzeichnis werden die Verben gewöhnlich im Infinitiv aufgeführt.

1.2.3. Wörter ohne Formabwandlung (nicht flektierbare Wörter)

Deklination (Dekl.) und Konjugation (Konjug.) faßt man unter dem Begriff **Flexion** (Formabwandlung der Wörter) zusammen. Die **nicht-flektierbaren Wörter** gehören mehreren Arten an. Die wichtigsten sind folgende:

a) Präpositionen (Präp.) nennt man Wörter wie: in, an, unter, mit, ohne, bei. Sie haben im Satz stets ein Nomen (meist ein Subst.) hinter sich, dessen Kasus durch die Präp. festgelegt wird. So sagt man z. B. „mit dem Sohne", aber „ohne den Sohn" (falsch wäre „mit den Sohn" und „ohne dem Sohne").

b) Adverbien (Sing.: das Adverb; Adv.) nennt man Wörter wie: dort, hier, oft, sofort, darauf, deshalb. Sie dienen im Satz als Angaben der Zeit, des Ortes, des Grundes, der Art und Weise usw.

c) Konjunktionen nennt man Wörter wie: und, auch, wenn, als, weil, nachdem, obwohl. Sie dienen als Verbindung von Satzteilen oder ganzen Sätzen.

Die Wortgruppen b) und c) (Adv. und Konjunktionen) lassen sich nicht streng voneinander trennen. Das Wort „deshalb" dient z. B. als Konjunktion; es enthält jedoch auch eine Angabe des Grundes, ist also zugleich ein Adv.

1.3. Nennende und verweisende Ausdrücke

1.3.1. Der Anfang eines Textes könnte etwa folgendermaßen lauten:

Mein Freund Heinz war neulich in München. Er hatte dort geschäftlich zu tun. Das zog sich dann allerdings länger als erwartet hin ...

Wir stellen fest, daß mit dem Wort „er" im zweiten Satz genau dasselbe gemeint ist wie mit „Mein Freund Heinz" im ersten Satz. Aber der Ausdruck „Mein Freund Heinz" benennt dies Gemeinte ausdrücklich, der Ausdruck „er" dagegen verweist nur darauf, ohne es ausdrücklich zu nennen. Weitere **verweisende Ausdrücke** sind „dort", „das" und „dann" im zweiten bzw. dritten Satz:

„dort"	verweist auf	„in München"
„das"	verweist auf	die Geschäfte des Freundes
„dann"	verweist auf	alles Vorhergehende (es steht gewissermaßen für „als er erst einmal dort war").

1.3.2. Bei genauerer Untersuchung stellt man schon im ersten Satz Wörter mit verweisendem Sinn fest: Das Wort „mein" verweist auf den Sprecher, den Verfasser dieses Textes, der jedoch nicht ausdrücklich (namentlich) genannt wird. Das Wort „neulich" verweist auf „jetzt". Es steht gewissermaßen für „kurze Zeit vor dem jetzigen Zeitpunkt". Dieser jetzige Zeitpunkt, an dem der Sprecher seine Aussagen macht, wird aber nicht ausdrücklich genannt (eine ausdrückliche Nennung würde etwa lauten „am 21. März 1972").

1.3.3. Verweisende Ausdrücke kommen in jedem längeren Text vor. Mit ihnen wird ein Prinzip der Sparsamkeit befolgt: keine ausdrückliche Nennung zu verwenden, wenn eine Verweisung genügt.

1.3.4. Die Einteilung in nennende und verweisende Ausdrücke ist nicht identisch mit der Einteilung der Wortarten; z. B.:
Die Pronomina sind deklinierbar, gehören also zu den Nomina. Zugleich aber sind sie verweisende Wörter, weil sie das Gemeinte nicht ausdrücklich benennen, sondern nur darauf verweisen.

1.3.5. Einige der in 1.1. verwendeten Sätze stammen aus der Tierfabel „Der Frosch und der Ochse". Wenn wir diese Sätze nicht (wie dort) einzeln verwenden, sondern sie im Zusammenhang bringen, dann lauten sie so:

(6)	In prato quondam rana conspexit bovem.	Auf einer Wiese erblickte einst ein Frosch einen Ochsen.
(7')	Rugosam pellem inflavit.	Er blies seine runzlige Haut auf.
(12')	Tum natos suos interrogavit ...	Dann fragte er seine Kinder ...

Vergleichen Sie (7') und (12') mit (7) und (12); nennen Sie die Unterschiede zunächst in der deutschen, dann in der lateinischen Fassung! Welche verweisenden Ausdrücke enthält die deutsche Fassung? Wie ist der Gebrauch in der lateinischen Fassung?

1.4. Der Aufbau des Verbkomplexes

Viele Verbkomplexe bestehen aus mehreren Wörtern: Zu einem Verb treten meist eine oder mehrere **Ergänzungen** (E) hinzu.
Am häufigsten ist uns in den bisherigen lateinischen Beispielen als Ergänzung zum Verb der Akkusativ begegnet (**E_{Akk}**, z. B. *habet umbram; vocat Quintum*). Der Akk. ist tatsächlich die wichtigste Ergänzung. Es gibt jedoch auch Verben mit anderen E sowie Verben, die ohne jede E allein für sich einen Verbkomplex darstellen.
Man nennt die Eigenschaft von Verben, je nach ihrer Bedeutung je verschiedene E bei sich zu führen, ihre **Wertigkeit.**
Wir stellen an deutschen Beispielen einige typische Wertigkeiten fest:

1.4.1. **a)** Sätze **ohne Ergänzung,** also mit dem bloßen Subjekt (Sj), können Verben bilden wie: wandern, schlafen, brennen:
Wir wandern. – Das Kind schläft. – Der Wald brannte.

b) Eine **Ergänzung im Akkusativ** (E_{Akk}) brauchen Verben wie: durchwandern, schlachten, süßen:
Wir durchwandern den Wald. – Der Metzger schlachtet das Schwein. – Die Chinesen süßen den Tee nicht.

c) Andere Verben brauchen andere typische Ergänzungen:
Das schadet dem Auto. **(E im Dativ,** E_{Dat})
Das Pflaumenmus steht auf dem Regal. (**E als präpositionaler Ausdruck,** $E_{Präp}$)
Ich möchte schlafen. (**E im Infinitiv,** E_{Inf})

d) Manche Verben brauchen **mehrere Ergänzungen:**
Niemand gibt mir Geld. (E_{Dat} + E_{Akk})
Ich lege das Geld auf den Schreibtisch.
Du hältst mich für einen Tölpel. } (E_{Akk} + $E_{Präp}$)

Es wird also vom Verb bestimmt, ob und welche E in einem Satz vorkommen. Sobald man z. B. den zuletzt genannten Satz mit „Du betrachtest mich“ beginnt, muß „als einen Tölpel“ folgen; wenn man mit „Du meinst“ beginnt, folgt „ich sei ein Tölpel“.

1.4.2. Manche Verben können mit verschiedenen E konstruiert werden, z. B.:
Ich erinnere mich der Angelegenheit.
Ich erinnere mich an die Angelegenheit.
In manchen Fällen ist mit dem Konstruktionswechsel ein Bedeutungswechsel verbunden:
Die Straßenbahn hält.
Der Professor hält einen Vortrag.
Du hältst mich für unvorsichtig.

1.5. Zur Aussprache des Lateinischen

Wir sprechen die lateinischen Buchstaben im allgemeinen ebenso aus wie die deutschen. Folgende Besonderheiten sind zu beachten:

1.5.1. Im L gibt es wie im D sowohl kurze als auch lange **Vokale** (Selbstlaute; d. h. a, e, i, o, u). Sie werden im L jedoch nur in der Aussprache, nicht auch in der Schrift unterschieden. Sie können auch an anderen Stellen auftreten als im D. Hierfür einige Beispiele:

a) Im D gibt es lange Vokale nur in betonten Silben. Im L kommen sie auch in unbetonten Silben vor. Der Akk. Plur. *capillos* z. B. wird auf dem *i* betont, hat aber ein langes *o* in der Endsilbe.

b) Das lateinische Wort *pater* („Vater") ist mit dem entsprechenden deutschen Wort stammverwandt, ebenso *habere* mit „haben". Die beiden lateinischen Wörter haben jedoch ein kurzes *a* in der ersten Silbe.

1.5.2. Es ist wichtig, daß Sie die lateinischen Wörter richtig **betonen.**

Zweisilbige Wörter werden stets auf der ersten Silbe betont: *únus* (mit langem betontem *u*), *hábet* (mit kurzem betontem *a*) usw.

Drei- und mehrsilbige Wörter werden auf der vorletzten oder auf der drittletzten Silbe betont:

- Die vorletzte Silbe wird betont, wenn der Vokal dieser Silbe lang ist oder wenn ihm mehrere Konsonanten (oder ein x) folgen.
- In den übrigen Fällen wird die drittletzte Silbe betont.

Man sagt also *irátus,* weil das *a* lang ist, und *capíllus,* weil dem *i* mehrere Konsonanten folgen. Man sagt andererseits *étiam, fábulam,* weil in diesen Wörtern der Vokal der vorletzten Silbe kurz ist und ihm kein oder nur ein Konsonant folgt.

1.5.3. Die richtige Aussprache der Vokale und die richtige Betonung der Wörter ist Sache der Gewöhnung. Beachten Sie die Hilfe, die Ihnen in den Wörterverzeichnissen gegeben wird:

Das über einem Vokal angebrachte Zeichen ¯ (also *ā, ē, ī, ō, ū*) deutet an, daß der betreffende Vokal lang ist. Wenn dieses Zeichen auf dem Vokal der vorletzten Silbe erscheint (z. B. *īrātus*), dann muß (nach der in 1.5.2. mitgeteilten Regel) diese Silbe betont werden. Da die Doppelvokale (Diphthonge) *ae, oe* und *au* stets lang sind, werden sie niemals mit einem Längenzeichen versehen.

1.5.4. Im Laufe der mehrtausendjährigen Entwicklung des L haben sich Veränderungen in der Aussprache ergeben. Es ist heute an sich gleichgültig, ob man sich an einer frühen Phase dieser Entwicklung orientiert oder an ihrem jüngsten Stand, wie es z. B. im Kirchenlatein üblich ist. Die Schulaussprache ist an einer älteren Phase orientiert, allerdings nicht ohne Inkonsequenzen.

a) Der Buchstabe *c* wird im allgemeinen wie k gesprochen (also: *caeci* wie käki, nicht zäzi).

b) Die Buchstabenfolge *ti* wird ti gesprochen, nicht zi (also lateinisch: *natio;* deutsch: Nation, gesprochen: nazion).

c) Die Doppelvokale *ae, oe* werden wie ä, ö gesprochen, obwohl sie einst wirkliche Doppellaute waren.

Lernvokabeln

a) Verben

(Verben werden bis auf weiteres in der im Text vorkommenden Form aufgeführt. Bei der 3. Pers. Sing. wird in der Übersetzung nur das Pronomen „er" genannt; vgl. 1.2.2.a)

habet	(er) hat
videt	(er) sieht
vocat	(er) ruft
narrat	(er) erzählt
cōnspēxit	(er) erblickte
interrogāvit	(er) fragte
sunt	(sie) sind
agit	(er) treibt, tut

b) Substantive

lēx legis f.	Gesetz
Rōmānus	Römer; römisch
fābula	Fabel, Geschichte
oculus	Auge
animus	Geist, Seele
rēs rei	Sache, Ding
pater patris	Vater
nātiō nationis f.	Volk, Volksstamm

c) Sonstige Wörter

etiam	auch
ūnus	ein *(Zahlwort)*
suus	sein, ihr
nōn	nicht
in	in, an, auf
quondam	einst
cum	wenn
alius	ein anderer
tum	dann, darauf

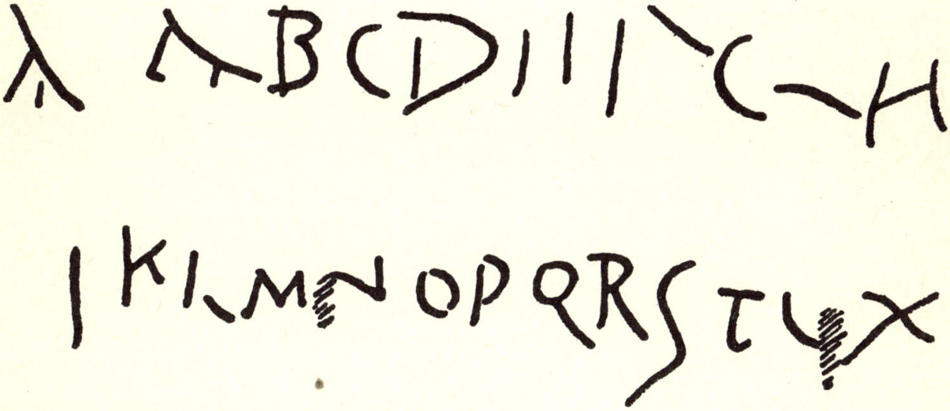

A A B C D E F G H / I K L M N O P Q R S T V X
Kritzelei (Graffito) an einer Hauswand in Pompeji

2 Die Sage von der Gründung Roms

Die Geschichte von den Zwillingsbrüdern Romulus und Remus, die in der Überlieferung als Gründer der Stadt Rom gelten, kursierte in mancherlei Gestalt; der folgende Text gibt die geläufigste Fassung. Der ursprüngliche Adressat, der Römer, hatte es leichter als der heutige Leser, den Zusammenhang zu verstehen. Er wußte zunächst, daß die Albaner im Albanergebirge südöstlich von Rom hausten; dort hatten, hieß es, Könige geherrscht, ehe Rom entstand. Der Römer wußte weiterhin, was es mit dem Amt der Vesta-Priesterinnen auf sich hatte, von dem die Sage unbefangen annimmt, daß es schon zur Zeit der Albanerkönige bestanden habe: Die römischen Vestalinnen, die das heilige Feuer des Staates hüteten, waren zu dreißigjährigem Dienst im Stande der Jungfräulichkeit verpflichtet; sie wurden lebendig in einer unterirdischen Gruft eingemauert, wenn sie das Gebot der Keuschheit verletzten. Und schließlich erkannte der Römer sofort, weshalb die Sage gerade eine Wölfin sich der neugeborenen Zwillinge annehmen ließ: Der Wolf war Mars, dem römischen Kriegsgott, heilig.

2.1. Grundtext

1. Procas Albanis *imperavit.*	Procas *herrschte* über die Albaner.
2. Numitorem et Amulium filios *habuit.*	Er *hatte* Numitor und Amulius zu Söhnen.
3. Regnum filiis *reliquit.*	Er *hinterließ* seinen Söhnen die Herrschaft.
4. Sed Amulius fratrem *expulit.*	Aber Amulius *vertrieb* seinen Bruder.
5. Frater Rheam Silviam filiam *habuit.*	Der Bruder *hatte* Rhea Silvia zur Tochter.
6. Amulius Rheam Silviam sacerdotem *fecit* et ita a matrimonio *prohibuit.*	Amulius *machte* Rhea Silvia zur Priesterin und *hielt* sie so von der Ehe *ab.*
7. Rhea Silvia autem Marti *nupsit;* Romulum et Remum *peperit.*	Rhea Silvia aber *vermählte* sich mit Mars; sie *gebar* Romulus und Remus.
8. Amulius Rheam Silviam in custodiam *dedit,* pueros in Tiberi *exposuit.*	Amulius *warf* Rhea Silvia ins Gefängnis, die Kinder *setzte* er auf dem Tiber *aus.*
9. Sed aqua *recessit* et pueros in sicco *reliquit.*	Aber das Wasser *wich zurück* und *ließ* die Kinder auf dem Trockenen *zurück.*
10. Pueri *fleverunt.*	Die Kinder *weinten.*

11. Lupa voces *audivit* et *accurrit* et pueros *aluit.*	Eine Wölfin *hörte* die Stimmen und *lief herbei* und *nährte* die Kinder.
12. Postea pastor pueros *invenit* et coniugi *dedit.*	Später *fand* ein Hirte die Kinder und *übergab* sie seiner Frau.
13. Coniunx pueros *educavit.*	Die Frau *erzog* die Kinder.

Texte bestehen aus Sätzen. Anfang und Ende von Sätzen lassen sich auch ohne Interpunktion im D wie im L leicht erkennen:

14.–17. Romulus et Remus *adoleverunt* et Amulium *interfecerunt* et Numitori regnum *restituerunt* deinde pastores *convocaverunt* et urbem *condiderunt* sed controversiam de imperio *habuerunt* Romulus Remum *interfecit* et urbem Romam *vocavit.*	Romulus und Remus *wuchsen heran* und *töteten* Amulius und *gaben* Numitor die Herrschaft *zurück* dann *riefen* sie Hirten *zusammen* und *gründeten* eine Stadt aber sie *hatten* einen Streit um die Herrschaft Romulus *tötete* Remus und *nannte* die Stadt Rom.

Trennen Sie die vier Sätze durch Punkte und geben Sie an, woran Sie die Grenzen zwischen den einzelnen Sätzen erkannt haben!

2.2. Verbkomplexe

2.2.1. Den Angelpunkt für das Verständnis eines lateinischen Satzes bildet der **Verbkomplex.** Dieser besteht aus einer **finiten Verb-Form** (hier im lateinischen und deutschen Text schräg gedruckt), die meist noch eine oder mehrere **Ergänzungen** (E) bei sich hat (vgl. L. 1).
Im L gibt es (wie im D) Ergänzungen in bestimmten Kasus-Formen, vor allem die $\mathbf{E_{Akk}}$ und die $\mathbf{E_{Dat}}$, ferner die $\mathbf{E_{Präp}}$ sowie Kombinationen zweier verschiedener E, z. B. $\mathbf{E_{Akk}} + \mathbf{E_{Dat}}$.

Die Erkennungszeichen der E sind in unserem Text folgende:

	Sing.	Plur.
Dat.	-ī	-īs
Akk.	-um, -am, -em	-ōs, -ēs

Präp.	ā, dē, in*

2.2.2. **a)** Bestimmen Sie nach diesen Erkennungszeichen die folgenden Kasus-Formen!
Albanis · regnum · filiis · filiam · autem · pueros · coniugi · pastores
b) Welcher Kasus ist *pueri* (S. 10)?

---

* Über die Kasus, die auf die Präp. *in* folgen, siehe 3.3.2.

2.2.3. Ordnen Sie jetzt alle Verbkomplexe der Sätze 1–13 den folgenden Gruppen zu!

a) Verben ohne E — **d)** Verben mit E_{Akk} + E_{Dat}
b) Verben mit E_{Akk} — **e)** Verben mit E_{Akk} + $E_{Präp}$
c) Verben mit E_{Dat} — **f)** Verben mit $E_{2\,Akk}$

2.2.4. Vergleichen Sie die lateinischen Verbkomplexe mit den deutschen:

a) Stellen Sie die Abweichungen in der Form der E fest!

b) Wo unterscheiden sich die lateinischen und die deutschen Verbkomplexe durch die Zahl der E?

2.2.5. Welche drei Verben kommen in den Sätzen 1–13 zweimal vor? Stellen Sie fest, ob dabei die E der Zahl und der Form nach gleichbleiben oder nicht!

2.3. Satzbau im L und D

2.3.1. Welcher Text enthält mehr Wörter, der lateinische oder der deutsche? Bei welchen Wortarten braucht der eine Text in besonders auffälliger Weise mehr Wörter?

2.3.2. Vergleichen Sie:

1) imperavit	er (oder: sie, es) herrschte
2) frater	der (oder: ein) Bruder
3) pro-hibuit	er (oder: sie, es) hielt ab (Infinitiv: abhalten)

Welche Wörter kommen jeweils in der Übersetzung hinzu?

2.3.3. Diese drei **Unterschiede im Satzbau** des L und D sind in allgemeiner Form folgendermaßen zusammenzufassen:

a) Im L kann die Stelle des Subjekts unbesetzt bleiben. Wie verhält es sich mit der Subjektstelle im D?

b) Im D wird das Substantiv meist von einem Artikel begleitet. Wie verhält es sich im L damit?

c) Wie werden die Vorsilben von Verben im D und im L behandelt?

2.3.4. In den Sätzen 3, 4 und 12 treten im D besitzanzeigende Wörter auf.

a) Welches gemeinsame Bedeutungsmerkmal haben die drei Subst., die von diesen Wörtern begleitet werden?

b) Wie ist das Fehlen dieser Wörter im L zu erklären?

2.4. **Text von 2.1.** in ausführlicherer Fassung

(Die erste Fassung ist rechts wiederholt.)

1. Procas, rex Albanorum, duos filios, Numitorem et Amulium, habuit.	(1.) Procas Albanis imperavit. (2.) Numitorem et Amulium filios habuit.
2. Regnum filiis reliquit.	(3.) Regnum filiis reliquit.

3. Sed Amulius fratrem expulit et Rheam Silviam, filiam fratris, sacerdotem Vestae fecit et ita a matrimonio prohibuit.	(4.) Sed Amulius fratrem expulit. (5.) Frater Rheam Silviam filiam habuit. (6.) Amulius Rheam Silviam sacerdotem fecit et ita a matrimonio prohibuit.
4. Rhea Silvia autem deo Marti nupsit; Romulum et Remum, geminos pueros, peperit.	(7.) Rhea Silvia autem Marti nupsit; Romulum et Remum peperit.
5. Amulius miseram Rheam Silviam in custodiam dedit, parvos pueros in Tiberi exposuit.	(8.) Amulius Rheam Silviam in custodiam dedit, pueros in Tiberi exposuit.
6. Sed aqua fluminis recessit et pueros in sicca arena reliquit.	(9.) Sed aqua recessit et pueros in sicco reliquit. (10.) Pueri fleverunt.
7. Lupa misericors pueros aluit.	(11.) Lupa voces audivit et accurrit et pueros aluit.
8. Postea pastor regis pueros invenit.	(12.) Postea pastor pueros invenit et coniugi dedit.
9. Coniunx pastoris pueros educavit.	(13.) Coniunx pueros educavit.
10. Romulus et Remus adoleverunt et iniustum regem Amulium interfecerunt et Numitori avo regnum restituerunt.	(14.) Romulus et Remus adoleverunt et Amulium interfecerunt et Numitori regnum restituerunt.
11. Deinde multos pastores convocaverunt et urbem condiderunt.	(15.) Deinde pastores convocaverunt et urbem condiderunt.
12. Sed magnam controversiam de imperio novae urbis habuerunt.	(16.) Sed controversiam de imperio habuerunt.
13. Romulus Remum fratrem interfecit et urbem Romam vocavit.	(17.) Romulus Remum interfecit et urbem Romam vocavit.

Zum Verständnis der ausführlicheren Fassung ist die Kenntnis folgender weiterer Vokabeln und Kasus-Formen erforderlich.

rēx, *Genitiv (Gen.)* rēgis	der (ein) König, *Gen.* des (eines) Königs	frāter, *Gen.* frātris	Bruder*
Albānī, *Gen.* Albānōrum	die Albaner, *Gen.* der Albaner	Vesta, *Gen.* Vestae	Vesta (Name der Göttin des Herdfeuers)
duo	zwei	deus, *Dat.* deō	Gott

* Von nun an werden die deutschen Genitiv-Formen nicht mehr angegeben.

geminus	Zwilling	pāstor, *Gen.* pāstōris	Hirte
miser, *weibliche Form (f.)* misera	elend, unglücklich	iniūstus	ungerecht
parvus	klein	avus, *Dat.* avō	Großvater
flūmen, *Gen.* flūminis	Fluß	multī	viele
		māgnus, *f.* māgna	groß
siccus, *f.* sicca	trocken	novus, *f.* nova	neu
arēna	Sand	*(Gen. hiervon* novae)	
misericors	barmherzig, mitleidig	urbs, *Gen.* urbis	Stadt

Die neuen Erkennungszeichen von **Kasus** lauten demnach:

	Sing.	Plur.
Gen. Dat.	-is, -ae -ō	-ōrum

2.5. **Attribute**

2.5.1. **a)** Der Text der zweiten Fassung ist an mehreren Stellen kürzer:

2. Fassung		1. Fassung	
S. 3	Amulius (1mal)	S. 3	Amulius (2mal)
S. 3	Rheam Silviam (1mal)	S. 5–6	Rheam Silviam (2mal)
S. 7	pueros	S. 10–11	pueri / pueros
S. 9	coniunx	S. 12–13	coniugi / coniunx

b) Die übrigen Unterschiede der beiden Fassungen wollen wir jetzt genauer untersuchen.
Stellen Sie diese Unterschiede nach folgendem Muster zusammen!

2. Fassung		1. Fassung	
S. 1	rex Albanorum	S. 1	Albanis imperavit
S. 1	duos filios	S. 2	filios

2.5.2. Die in der zweiten Fassung neu auftretenden Satzteile heißen **Attribute** (Attr.). Wir können sie nach ihrer grammatischen Form in drei Gruppen einteilen:

a) adjektivische Attribute im gleichen Kasus wie das Beziehungswort, z. B.: *parvos (pueros)*
b) substantivische Attribute im gleichen Kasus wie das Beziehungswort, z. B.: *deo (Marti)*
c) substantivische Attribute im **Genitiv,** z. B.: *(aqua) fluminis*

Ordnen Sie alle Attribute der zweiten Textfassung diesen Gruppen zu!

2.5.3. Zu einem Attribut tritt manchmal noch ein weiteres hinzu. Dann entsteht eine eigene Einheit, die gewöhnlich durch Kommata eingeschlossen wird, z. B.:

(Procas,) rex Albanorum – (Romulum et Remum,) geminos pueros

Wir nennen solche Attribute auch **Appositionen.** (Auch der Typ b) unter 2.5.2. wird oft als Apposition bezeichnet.)

Stellen Sie alle Appositionen des Textes 2.4. zusammen!

2.5.4. Übersetzen Sie den Text 2.4.!

2.6. Zusätzliche Übungen

2.6.1. Bestimmen Sie die folgenden Kasus-Formen!
fratris · Albanis · fluminis · filiis · regis

2.6.2. Der Text 2.4. enthält außer deklinierbaren Wörtern, die als Subjekt (Sj), Ergänzung (E) oder Attribut (Attr.) auftreten, und außer konjugierbaren Wörtern, also Verben, noch eine Reihe von nicht-flektierbaren Wörtern (vgl. 1.2.3.).
a) Stellen Sie alle nicht-flektierbaren Wörter zusammen!
b) Welche dieser Wörter sind Präpositionen, welche Adverbien und welche Konjunktionen?
c) Welche dieser Wörter haben verweisenden Charakter (vgl. 1.3.)?

2.6.3. Wählen Sie für die Sätze 1–7 je nach der Wertigkeit der Verben passende E (a–f) aus! Beachten Sie, daß eins der Verben keine E braucht!

1) Romulus imperavit	a) pueros a flumine
2) Fratres adoleverunt	b) Romulum regem
3) Amulius dedit	c) Romanis
4) Pastores fecerunt	d) Romulum et Remum
5) Numitor et Amulius habuerunt	e) filiam fratris in custodiam
6) Coniunx pastoris prohibuit	f) controversiam de regno Albanorum
7) Rhea Silvia pueros vocavit	

2.6.4. Übersetzen Sie:
1) Romani fabulam narrant de Romulo et Remo.
2) Quondam rex Amulius filios Rheae Silviae in Tiberi exposuit.
3) Lupa pueros miseros in ripa („Ufer“) fluminis invenit, sed pueros non interfecit.
4) Postea etiam pastor regis pueros conspexit.
5) Pueros Romulum et Remum vocavit.
6) In parva casa („Hütte“) pastoris adoleverunt.

ROMVLVS MARTIS Filius REX ANNo (I) / DE CAENINENSIBVS Kalendis MARtiis
Fragment 1 der Fasti triumphales, vom Augustus-Bogen in Rom

Lernvokabeln

(Arabische Ziffern bezeichnen die Lektion, in der ein Wort zum ersten Male vorgekommen ist. Die Vokabeln der zusätzlichen Übungen werden aufgeführt, soweit sie zum Grundwortschatz gehören; sie sind durch eckige Klammern gekennzeichnet.)

a) Verben

[Bei der 3. Pers. Sing. wird in der Übersetzung nur das Pronomen „er" genannt; vgl. 1.2.2.a)]

imperāvit	(er) herrschte
habuit (habet 1)	(er) hatte, hielt
habuērunt	(sie) hatten, hielten
pro'hibuit	(er) hielt fern
re'līquit	(er) hinterließ, ließ zurück
ex'pulit	(er) vertrieb
fēcit	(er) machte
inter'fēcit	(er) tötete
inter'fēcērunt	(sie) töteten
nūpsit	(sie) heiratete
peperit	(er) brachte hervor, (sie) gebar
dedit	(er) gab
ex'posuit	(er) setzte aus
audīvit	(er) hörte
aluit	(er) nährte, ernährte
in'vēnit	(er) fand
ēducāvit	(er) erzog
adolēvērunt	(sie) wuchsen heran
re'stituērunt	(sie) gaben zurück
vocāvit (vocat 1)	(er) rief, nannte
con'vocāvērunt	(sie) riefen zusammen
con'didērunt	(sie) gründeten

b) Substantive

(Subst. werden im Nom. Sing. aufgeführt; meist wird der Gen. Sing. hinzugefügt.)

fīlius, fīliī	Sohn
fīlia, fīliae	Tochter
rēx, rēgis	König
rēgnum, rēgnī	Königsherrschaft, Königreich
frāter, frātris	Bruder
sacerdōs, sacerdōtis	Priester(in)
mātrimōnium, -iī	Ehe
puer, puerī	Kind, Junge
aqua, aquae	Wasser
vōx, vōcis	Laut, Stimme
pāstor, pāstōris	Hirte
coniūnx, coniugis	Gattin
urbs, urbis	Stadt
contrōversia, contrōversiae	Streit
imperium, imperiī	Herrschaft
deus, deī	Gott
flūmen, flūminis	Fluß
avus, avī	Großvater
[rīpa, rīpae	Ufer

c) Adjektive

(Adj. werden im Nom. Sing. oder Plur. aufgeführt.)

miser	elend, arm
parvus	klein
iniūstus	ungerecht
mūltī	viele
māgnus	groß
novus	neu

d) Präpositionen

ā, ab	von, von ... her
dē	von, über

e) Sonstige Wörter

et	und
sed	aber, sondern
autem *(nachgestellt)*	aber
ita	so, auf diese Weise
posteā	später
deinde	dann, darauf
duo *(Zahlwort)*	zwei

3 Die Sage von den Vorfahren des Romulus

Diese Sage ist eigentlich eine Konstruktion, die zwei ursprünglich selbständige Sagen, die Äneas- und die Romulus-Sage, miteinander verbindet. Hiermit hat es folgende Bewandtnis.

Als die Griechen Troja erobert hatten, da sei, so heißt es, ein trojanischer Held namens Äneas mit einer starken Mannschaft ausgezogen, sich eine neue Heimat zu suchen; er habe sie nach langer Fahrt in Latium, der Landschaft am Unterlauf des Tiber, gefunden. Diese Sage ist rein griechischen Ursprungs. Jahrhunderte später hörten die Griechen, daß die Römer Romulus als den Gründer ihrer Stadt ansähen – sie ließen sich hierdurch nicht irre machen, sondern suchten die beiden Sagen miteinander zu verbinden, indem sie behaupteten, Romulus sei ein Abkömmling des Äneas.

Da man sowohl den Fall Trojas als auch die Gründung Roms für geschichtliche, genau datierbare Ereignisse hielt, sah man sich alsbald vor eine neue Schwierigkeit gestellt: Wenn Troja schon im Jahre 1183 v. Chr. erobert, Rom hingegen erst im Jahre 753 v. Chr. gegründet worden war (auf diese oder ähnliche Daten hatten sich die Gelehrten geeinigt), was war dann in dem langen Zeitraum von 430 Jahren geschehen? Dieser Verlegenheit verdankt Alba Longa, die schon in grauer Vorzeit zerstörte Stadt am Albanersee, ihre Rolle als Bindeglied zwischen Äneas und Romulus: Man ließ dort eine dreizehngliedrige Dynastie herrschen, die von Ascanius, dem Äneassohne, abstamme – und schon war alles wieder im Lot.

3.1. Grundtext

1. *Reges* Albanorum *originem a Troianis ducebant.*	*Die Könige* der Albaner *leiteten ihre Herkunft von den Trojanern her.*
2. Nam antiquis temporibus *Graeci* urbem *Troiam expugnaverant.*	Denn in alten Zeiten *hatten die Griechen* die Stadt *Troja erobert.*
3. Itaque *Aeneas,* nobilis Troianus, cum sociis *patriam reliquerat,* navibus post multos errores *in Siciliam venerat,* inde *vela in Italiam dederat.*	Daher *hatte Äneas,* ein vornehmer Trojaner, mit seinen Gefährten *die Heimatstadt verlassen, war* mit Schiffen nach vielen Irrfahrten *nach Sizilien gelangt, hatte* von dort *Kurs auf Italien genommen.*
4. *Troiani naves ad litus* Italiae *appulerant* et per vim *praedam* ex agris *egerant.*	*Die Trojaner waren mit ihren Schiffen an der Küste* Italiens *gelandet* und *hatten* gewaltsam *Vieh* vom (flachen) Lande *fortgetrieben.*

5. Tunc *Latinus* ibi *regnabat.*	Damals *regierte* dort *Latinus.*
6. Statim *homines* armatos *convocavit* et *Troianis bellum fecit.*	Sogleich *rief er* bewaffnete *Leute zusammen* und *begann Krieg mit den Trojanern.*
7. Sed *Troiani copias* Latini *vicerunt.*	Aber *die Trojaner besiegten die Truppen* des Latinus.
8. Post proelium *Latinus pacem cum Aenea fecit, Aeneae* filiam *Laviniam in matrimonium dedit.*	Nach dem Kampf *schloß Latinus Frieden mit Äneas; er gab dem Äneas* seine Tochter *Lavinia zur Frau.*
9. Tum *Aeneas oppidum condidit* et ab nomine uxoris *Lavinium vocavit.*	Damals *gründete Äneas eine Stadt* und *nannte sie* nach dem Namen seiner Frau *Lavinium.*
10. Post mortem Latini *Aeneas regnum obtinuit.*	Nach dem Tod des Latinus *übernahm Äneas die Herrschaft.*
11. Deinde *Ascanius,* Aeneae filius, *patri successit.*	Dann *folgte Ascanius,* der Sohn des Äneas, *dem Vater nach.*
12. *Lavinium reliquit,* sub Albano monte novam *urbem condidit, Albam Longam appellavit.*	*Er verließ Lavinium, gründete* am Fuß des Albanergebirges *eine* neue *Stadt* und *nannte sie Alba Longa.*
13. Ibi *genus* Aeneae diu *regnabat;* postremo *Procas filiique* Procae *imperium* Albanorum *tenebant.*	Dort *herrschte* lange *die Nachkommenschaft* des Äneas, zuletzt *hatten Procas* und *die Söhne* des Procas *die Herrschaft* über die Albaner *inne.*

3.2. Freie Angaben; Satzteile des L

3.2.1. Im Text sind schräg gedruckt: die Subjekte (Sj), die finiten Verben sowie deren Ergänzungen (E). Diese Satzteile ergeben sozusagen das Gerippe der Sätze. Das Fleisch bilden – neben den Attributen (Attr.; vgl. 2.5.) – die sogenannten **freien Angaben** [wir nennen sie auch adverbiale Bestimmungen (Ad)]. Diese bezeichnen die näheren Umstände der im Text behandelten Sachverhalte, z. B.:

(Zeit:)	antiquis temporibus	in alten Zeiten
(Ort:)	sub Albano monte	am Fuß des Albanergebirges
(Mittel:)	navibus	mit Schiffen
(Art und Weise:)	per vim	gewaltsam

3.2.2. Es gibt demnach im L die folgenden **Satzteile:**

I. fundamentale:
1. **Subjekt** (Seine Stelle bleibt oft unbesetzt; vgl. 2.3.3.)
2. **Verbkomplex:** a) **finite Verb-Form** b) **Ergänzungen**

II. zusätzliche:
1. **freie Angaben**
2. **Attribute**

3.2.3. Die Satzteile Ergänzung und freie Angabe lassen sich in einzelnen Fällen nicht streng voneinander abgrenzen, insbesondere wenn man dabei von der deutschen Wiedergabe ausgeht; z. B.:
Wenn *vela dederat* (S. 3) durch „er hatte Segel gesetzt" wiedergegeben wird, dann ist eine Nennung des Fahrtziels grammatisch nicht erforderlich. Hingegen ist bei der Übersetzung „er hatte Kurs genommen" eine Zielangabe unerläßlich. Die Worte „in Richtung Italien" wären also im D im ersten Falle eine Ad, im zweiten eine zur Vervollständigung des Verbkomplexes unentbehrliche E. Ob im L eine Ad oder eine E vorliegt, kann in diesem Fall nicht entschieden werden.

3.2.4. Die Wortarten Konjunktion und Adverb (Adv.) überschneiden sich. Als einfache Verbindung zwischen Sätzen oder Satzteilen dient die reine Konjunktion „und" (*et, -que*). Es gibt außerdem zahlreiche Konjunktionen, die zusätzlich den Sinn einer freien Angabe (Ad) haben; man muß sie daher sowohl der Wortart Konjunktion als auch der Wortart Adverb zurechnen, z. B.:

(Zeit, Reihenfolge:)	deinde (S. 11)	dann
(Begründung:)	nam (S. 2)	denn
(Entgegensetzung:)	sed (S. 7)	aber

In dem Wort *itaque* („deshalb", eigentlich: „und so") läßt sich der adverbiale Teil *ita* vom verknüpfenden *-que* auch äußerlich abgrenzen.

3.2.5. Wir unterscheiden folgende Formen von **freien Angaben:**

a) Angaben in Form von **Adverbien** (Ad_{Adv}), die manchmal zugleich als Konjunktionen dienen, z. B.:
statim „sogleich"; deinde „dann"

b) Angaben in Form von **präpositionalen Ausdrücken** ($Ad_{Präp}$), z. B.:
post multos errores „nach vielen Irrfahrten"

c) Angaben im Kasus **Ablativ** (Ad_{Abl}), z. B.:
antiquis temporibus „in alten Zeiten"

Verwechseln Sie nicht die Abkürzungen Adv. (für: Adverb, d. h. für eine Wortart) und Ad (für: freie Angabe = adverbiale Bestimmung, d. h. für einen Satzteil)! – Zum Ablativ s. 3.3.1. a)

3.2.6. **a)** Ordnen Sie alle nicht schräg gedruckten Wörter des Textes 3.1. den Gruppen Attr., Ad oder Konjunktionen zu! Beachten Sie hierbei, daß einige Wörter beiden letztgenannten Gruppen zuzuweisen sind!

b) Teilen Sie die Ad nach ihrer Form in Ad_{Adv}, $Ad_{Präp}$ und Ad_{Abl} ein!

c) Stellen Sie fest, welche Ad_{Abl} und $Ad_{Präp}$ ihrerseits wieder Attr. enthalten!

3.3. Kasus-Formen, Präpositionen

3.3.1. **a)** Wir haben uns in der 1. und 2. Lektion lediglich mit den Kasus befaßt, die dem D und dem L gemeinsam sind:

Nominativ (Nom.), Genitiv (Gen.), Dativ (Dat.), Akkusativ (Akk.).

Wir haben nunmehr einen fünften Kasus kennengelernt, den es im D nicht gibt: **Ablativ** (Abl.).

Er wird hauptsächlich als freie Angabe verwendet. Er tritt teils ohne Präposition, teils mit einer Präp. auf.

b) Sie haben unter 3.2.6.b) einige präpositionslose Angaben im Ablativ zusammengestellt. Sie ersehen daraus, daß sich der Abl. Plur. an den Endungen *-īs, -ibus* erkennen läßt.

3.3.2. Die **Präpositionen** des L werden teils mit dem Akk., teils mit dem Abl. verbunden:

ad, per, post	Akk.
a/ab, cum, de, e/ex	Abl.
in, sub	Akk. oder Abl.

a) Stellen Sie die Endungen der Wörter zusammen, die im Text 3.1. von *post, ad* oder *per* abhängen; ordnen Sie diese Endungen nach Sing. und Plur.! Welche Endungen waren Ihnen bislang unbekannt?

b) Stellen Sie – ebenfalls nach Sing. und Plur. geordnet – die Endungen der Wörter zusammen, die in den Texten 2.4. und 3.1. von *a/ab, de, cum* oder *e/ex* abhängen!

c) Ordnen Sie alle mit *in* oder *sub* gebildeten präpositionalen Ausdrücke der Texte 2.4. und 3.1. nach den Rubriken: 1) *in* mit Akk., 2) *in* mit Abl., 3) *sub* mit Akk., 4) *sub* mit Abl.!

Welche Ablativ-Endung findet sich noch nicht in Ihrer Zusammenstellung nach 3.3.2.b)?

Geben Sie an, in welchen Fällen der Akk. und in welchen der Abl. verwendet wird! Welches sind die entsprechenden Kasus im D?

3.3.3. **a)** Stellen Sie sämtliche Kasus-Endungen, die in den Texten 2.1., 2.4. und 3.1. vorkommen, in einer Tabelle folgender Art zusammen!

	Sing.	Plur.
Nom.		
Gen.		
Dat.		
Akk.		
Abl.		

b) Bestimmen Sie aus dem Satzzusammenhang die folgenden Kasus-Formen des Textes 3.1.!
Troianis (S. 1) · Troianus (S. 3) · Troiani (S. 4) · Troianis (S. 6) · Aeneas (S. 3) · Aenea (S. 8) · Aeneae (S. 8) · Aeneae (S. 11) · antiquis (S. 2) · nobilis (S. 3) · agris (S. 4) · uxoris (S. 9) · Graeci (S. 2) · Latini (S. 7) · patri (S. 11)

c) Stellen Sie sämtliche Genitive (Sing. und Plur.) des Textes 3.1. zusammen!

d) Beachten Sie: Die deutsche Wiedergabe kann in allen Kasus außer dem Nom. vom lateinischen Wortlaut abweichen. Im Text 3.1. würde folgende Wiedergabe der lateinischen Konstruktion genau entsprechen:

(S. 3)	vela dederat	er hatte (die) Segel gesetzt
(S. 4)	naves ad litus appulerant	sie hatten die Schiffe an die Küste getrieben
(S. 6)	Troianis bellum fecit	er machte den Trojanern Krieg
(S. 8)	in matrimonium dedit	er gab in die Ehe

3.4. Tempora: Perfekt, Plusquamperfekt, Imperfekt

3.4.1. Wenn Sie die Verb-Formen des Textes 3.1. mit denen der L. 2 vergleichen, dann stellen Sie eine größere Mannigfaltigkeit fest:
Die Verben der L. 2 endeten sämtlich auf *-it* oder *-erunt;*
im Text 3.1. kommen folgende Endungen neu hinzu: *-erat, -erant, -bat, -bant.*
Diese unterschiedlichen Formen bezeichnen verschiedene **Tempora** (Zeiten; Sing.: das Tempus):

Perfekt (Perf.)	**Plusquamperfekt** (Plqpf.)	**Imperfekt** (Impf.)
convocāvit (er) rief zusammen vīcērunt (sie) besiegten	relīquerat (er) hatte verlassen expūgnāverant (sie) hatten erobert	rēgnābat (er) regierte dūcēbant (sie) führten

3.4.2. **a)** Wie werden diese Verb-Formen betont?
b) Ordnen Sie die übrigen Verb-Formen des Textes 3.1. dem passenden Tempus zu!
c) Welche Unterscheidung wird durch die Endungen *-t* und *-nt* bewirkt?
d) Suchen Sie im Text 3.1. die Stellen auf, an denen das Tempus wechselt, und bestimmen Sie, welche der folgenden Aufgaben dort jeweils durch eines der drei Tempora erfüllt wird:
- Hervorhebung des Hauptgeschehens
- Schilderung von Zuständen oder Gewohnheiten
- Erwähnung weiter zurückliegender Ereignisse

e) Wie verteilen sich die drei Aufgaben, die Sie den Tempora des L zugewiesen haben, auf die deutschen Verb-Formen?
f) Begründen Sie den Wechsel der Tempora in folgendem Text!
Pueri flebant. Tum lupa accurrit et pueros aluit. Nam voces puerorum audiverat.

3.5. Zusätzliche Übungen

3.5.1. Bestimmen Sie die Satzteile der folgenden Sätze mit den eingeführten Bezeichnungen und deren Abkürzungen!
1) Antiquis temporibus Aeneas, Anchisae filius, cum sociis patriam reliquerat, deinde navibus in Italiam venerat et ibi novam urbem condiderat.
2) Fratres controversiam de imperio novae urbis habuerunt.

3.5.2. Übersetzen Sie!
1) Graeci multos Troianos e patria expulerant.
2) Aeneas cum sociis multos post errores navem ad litus Italiae appulerat.
3) Ibi Laviniam, filiam Latini regis, in matrimonio habebat.
4) Tum novum oppidum condidit et a nomine uxoris Lavinium appellavit.
5) Lavinia postea Ascanium, filium Aeneae, peperit.
6) Ascanius post mortem Aeneae regnum Albanorum obtinuit.

3.6. Wortstudien

3.6.1. Beachten Sie die Beziehungen zwischen Wörtern, die das Vokabellernen erleichtern: Wörter können z. B. eine gemeinsame Wurzel haben *(rex, regnum, regnabat),* oder zum Stamm eines Worts tritt eine Vorsilbe *(habuit, prohibuit).*

3.6.2. Geben Sie an, nach welchem Gesichtspunkt die folgenden Wörter jeweils zusammengestellt sind:

1) post	2) imperavit	3) vocavit	4) recessit
postea	imperium	convocavit	successit
postremo			

Lernvokabeln

a) Verben

dūcēbant	(sie) führten
ex'pūgnāverant	(sie) hatten erobert
re'līquerat (re'līquit 2)	(er) hatte verlassen
vēnerat (in'vēnit 2)	(er) war gekommen
dederat (dedit 2)	(er) hatte gegeben
ēgerant (agit 1)	(sie) hatten getrieben
con'vocāvit (con'vocāvērunt 2)	(er) rief zusammen
vīcērunt	(sie) siegten
condidit (condidērunt 2)	(er) gründete
tenēbant	(sie) hielten fest, hatten inne
ob'tinuit	(er) hielt fest, hatte inne
suc'cessit	(er) folgte nach
ap'pellāvit	(er) nannte, rief

b) Substantive

orīgō, orīginis	Ursprung, Herkunft
tempus, temporis	Zeit
socius, sociī	(Bundes)genosse
pater, patris	Vater
patria, patriae	Vaterstadt, -land
nāvis, nāvis	Schiff
lītus, lītoris	Strand
vīs (*Akk.* vim, *Abl.* vī)	Kraft, Gewalt
praeda, praedae	Beute
ager, agrī	Acker, Feld (*Plur.:* Land *im Gegensatz zur Stadt)*
homō, hominis	Mann, Mensch
bellum, bellī	Krieg
cōpiae, cōpiārum *(Plur.)*	Truppen
proelium, proeliī	Kampf
pāx, pācis	Friede
oppidum, oppidī	fester Platz, Stadt
nōmen, nōminis	Name
uxor, uxōris (vgl. coniūnx 2)	Gattin
mors, mortis	Tod
mōns, montis	Berg
genus, generis	Geschlecht, Art

c) Adjektive

antīquus	alt
nōbilis	berühmt, vornehm, adlig

d) Präpositionen

ā, ab *(beim Abl.)*	von, von ... her
cum *(beim Abl.)*	mit, in Begleitung von
post *(beim Akk.)*	hinter, nach
in *(beim Akk.)*	in, an, auf, nach, gegen *(auf die Frage: wohin?)*
in *(beim Abl.)*	in, an, auf *(auf die Frage: wo?)*
ad *(beim Akk.)*	zu, an, bei
per *(beim Akk.)*	durch, durch ... hindurch
ē, ex *(beim Abl.)*	aus, von ... her
sub *(beim Akk.)*	unter, unter ... hin *(auf die Frage: wohin?)*
sub *(beim Abl.)*	unter, unten an ... *(auf die Frage: wo?)*
dē *(beim Abl.)*	von, über

e) Sonstige Wörter

nam	denn
itaque (ita 2)	daher
inde	von dort
tum, tunc	damals, dann
ibi	dort
statim	sofort
diū	lange
postrēmō (posteā 2)	zuletzt
-que *(am Wortende)*	und

f) Wendungen

antīquīs temporibus	in alten Zeiten
nāvibus *(Abl. Plur.)*	zu Schiff
nāvēs appulerant	sie waren gelandet
per vim	gewaltsam
fīliam rēgī in mātrimōnium dedit	er gab dem König seine Tochter zur Frau
sub Albānō monte	am Fuß des Albanergebirges

4 Marcus Porcius Cato, genannt der Zensorier

Die moderne Geschichtswissenschaft gliedert die Geschichte der römischen Republik in drei Phasen, eine frühe (ca. 500–300 v. Chr.), mittlere (ca. 300–146 v. Chr.) und späte (146–31 v. Chr.). Mit Cato, dem „Zensorier“ (234–149 v. Chr.), befinden wir uns in der Blütezeit der mittleren Republik; Rom begründete damals durch seine Siege über Karthago (201 v. Chr.: Ende des 2. Punischen Krieges), Syrien (188 v. Chr.) und Makedonien (168 v. Chr.) seine Weltherrschaft.

Catos Leben spiegelt diese bewegte Zeit: Er wurde Soldat, als Rom seine härteste Bewährungsprobe zu bestehen hatte (217 v. Chr., im Jahre vor dem Sieg des karthagischen Feldherrn Hannibal bei Cannae); er kommandierte, erst zwanzigjährig, eine Legion (214 v. Chr. – „als Quintus Fabius Maximus und Marcus Claudius Marcellus Konsuln waren“, wie die Römer sagten, da sie die Jahre nach den jeweils amtierenden Konsuln benannten); er tat sich in der Schlacht am Metaurus (in Oberitalien; 207 v. Chr.) hervor, die für die Römer erfolgreich verlief.

Cato war ein „Neuling“ *(homo novus)*, d. h. er gehörte nicht zur Senatsaristokratie, welche die republikanischen Ämter als ihr Privileg betrachtete. Er bewarb sich trotzdem um die Ämter (die Verfassung hinderte ihn nicht daran), und er hatte Erfolg – dank seiner Tatkraft und dank der Protektion, die sein hochadliger Freund Lucius Valerius Flaccus ihm angedeihen ließ.

Er wurde Quästor (204 v. Chr.), Ädil (199 v. Chr.), Prätor (198 v. Chr.) und Konsul (195 v. Chr.); er legte also die gesamte Ämterlaufbahn *(cursus honorum)* des römischen Politikers zurück. Der Höhepunkt war die Zensur (184 v. Chr.), ein eigenartiges Kontrollamt, das nach moralischen Maßstäben über das allgemeine Bürgerrecht und über die Standesprivilegien der Adligen befand; kein Zensor hat diese sittenrichterliche Aufgabe so ernst genommen wie Cato. Deshalb verlieh man ihm – teils aus Bewunderung und teils aus Furcht – den Beinamen *Censorius.*

4.1. Grundtext

1. *Marcus Porcius Cato* domi militiaeque clarus, gloriosus, controversiarum cupidus, iustitia praestans, propter singularem naturam vitamque memorabilis erat.

Marcus Porcius Cato war in Krieg und Frieden (eigentl.: zu Hause und im Felde) berühmt, ehrgeizig, streitsüchtig, durch Gerechtigkeit ausgezeichnet, wegen seiner einzigartigen Wesensart und Lebensführung bemerkenswert.

2. *Pater Marci* in agris fundum habuit.

Der Vater des Marcus besaß auf dem Lande ein Gut.

3. *Ibi* Marcus natus est et adolevit, *ibi* puer dura et simplici vitae ratione assuevit.

Dort ist Marcus geboren und aufgewachsen, dort gewöhnte sich der Junge an eine harte und einfache Lebensweise.

4. *Illo tempore* iterum magnum bellum inter Poenos Romanosque erat.

Zu jener Zeit fand zum zweiten Male ein großer Krieg zwischen den Puniern und den Römern statt.

5. *Cato* more Romano duodecim annos stipendia meruit.

Cato leistete nach römischem Brauch zwölf Jahre lang Kriegsdienst.

6. *Quinto Fabio Maximo Marco Claudio Marcello consulibus* tribunus militum in Sicilia legioni praefuit; *nonnullis annis post* in proelio ad Metaurum flumen fortitudine eminuit.

Unter den Konsuln Quintus Fabius Maximus und Marcus Claudius Marcellus befehligte er als Militärtribun in Sizilien eine Legion; einige Jahre später zeichnete er sich in der Schlacht am Fluß Metaurus durch Tapferkeit aus.

7. *Bello nondum confecto* homo novus in urbe rem publicam capessere coepit.

Ehe noch der Krieg zu Ende war, begann er in der Hauptstadt, als politischer Neuling, die Laufbahn eines Politikers einzuschlagen.

8. *Primum* quaestor, *deinde* aedilis fuit.

Zuerst war er Quästor, darauf Ädil.

9. *Post* praetor provinciam obtinuit insulam Sardiniam (e Sardinia antea – tunc quaestor fuerat – Quintum Ennium poetam Romam deduxerat).

Später verwaltete er, nunmehr Prätor geworden, als Provinz die Insel Sardinien (aus Sardinien hatte er früher – er war damals Quästor gewesen – den Dichter Quintus Ennius nach Rom gebracht).

10. *Postremo* una cum amico Lucio Valerio Flacco, homine nobili, consulatum gessit.

Schließlich übte er zusammen mit seinem Freund Lucius Valerius Flaccus, einem adligen Manne, das Konsulat aus.

11. *Consulatu peracto* rei publicae causa multas inimicitias suscepit.

Nach Abschluß des Konsulats nahm er um des Staates willen viele Feindschaften auf sich.

12. *Tamen* Romani Catonem censorem creaverunt.

Trotzdem wählten die Römer Cato zum Zensor.

13. *Cato* omnes censores Romanos severitate superavit; luxuriam senatorum ceterorumque civium pestem iudicavit et summo studio coercuit.

Cato übertraf alle römischen Zensoren an Strenge; die Genußsucht der Senatoren und der übrigen Bürger hielt er für eine Seuche und bekämpfte sie mit höchstem Eifer.

14. *Itaque* a censura cognomen ‚Censorium‘ accepit.

Daher erhielt er aufgrund seiner Amtsführung als Zensor den Beinamen ‚Censorius‘.

4.2. Hinweise auf den Textzusammenhang

4.2.1. Im lateinischen Text sind diesmal die **Satzanfänge** schräg gedruckt. Wie Sie sehen, beginnen die Sätze nur selten mit dem Sj: Meist stehen zusätzliche Satzteile (vgl. 3.2.1./2.) am Anfang. Sie geben uns wichtige Hinweise auf die Beziehungen der Sätze untereinander und erleichtern uns so das Verständnis des Textganzen.
Es handelt sich bei ihnen oft um verweisende Ausdrücke. Indes enthalten auch nennende Ausdrücke nicht selten Hinweise auf den vorangehenden Text. So kann man z. B. die Worte *bello nondum confecto* (S. 7) nicht durch „Ehe noch ein (beliebiger) Krieg zu Ende war“ wiedergeben, sondern nur durch „Ehe noch der (soeben erwähnte) Krieg zu Ende war“. Im L kommt dieser Unterschied wegen des fehlenden Artikels nicht zum Ausdruck.

4.2.2. **a)** Stellen Sie fest, welche Wörter oder Wortgruppen mit den folgenden Satzanfängen wiederaufgegriffen werden!

(S. 2) Pater Marci · (S. 3) Ibi . . ., ibi · (S. 4) Illo tempore · (S. 6) nonnullis annis post · (S. 8) Primum . . ., deinde . . . · (S. 9) Post · (S. 10) Postremo · (S. 11) Consulatu peracto · (S. 12) Tamen · (S. 14) Itaque

b) Welche dieser Satzanfänge sind verweisende Ausdrücke?

c) Welcher Satz des Textes 4.1. beginnt mit einem völligen Neueinsatz ohne verweisenden Sinn?

4.3. Freie Angaben

4.3.1. Wir haben in 3.2.5. drei Formen von Angaben kennengelernt: Ad_{Adv}, $Ad_{Präp}$, Ad_{Abl}.
Der Text 4.1. enthält noch drei weitere Formen:

a) Angaben im Akkusativ (Ad_{Akk}), z. B.:
duodecim annos „zwölf Jahre lang“

b) Angaben im Nominativ (Ad_{Nom}), z. B.:
tribunus militum „als Militärtribun, im Range eines Militärtribunen“

c) Angaben im Ablativ mit Partizip ($Ad_{Abl+Part}$), z. B.:
bello nondum confecto „Krieg noch nicht beendet“ = „als der Krieg noch nicht beendet war“

4.3.2. Ergänzungen und Angaben lassen sich, wie wir wissen, in einzelnen Fällen nicht streng voneinander abgrenzen. Hier gilt Ähnliches für die Ad_{Nom} im Verhältnis zum Sj; z. B.:
In S. 3 können wir übersetzen: „. . . dort gewöhnte sich der Junge an eine harte und einfache Lebensweise“. In diesem Falle haben wir *puer* als Sj aufgefaßt.

Oder wir sagen: „. . . dort gewöhnte er sich als Junge . . .“. In diesem Falle haben wir angenommen, daß die Sj-Stelle im L nicht besetzt sei, und haben daher *puer* als Ad_{Nom} aufgefaßt.

4.3.3. Das Partizip, das in den Ad_{Abl} des Textes 4.1. auftritt, ist das **Partizip Perfekt Passiv** (PPP). Es ist uns vom D her geläufig; es hat dort das gleiche Formzeichen (*confec-t-o* – beende-t).

4.3.4. Ordnen Sie sämtliche Ad des Textes 4.1. den sechs Gruppen zu, die Sie jetzt kennen!

Anm.: Für sich steht die Wendung *domi militiaeque;* hier liegt ein Lokativ vor, d. h. ein Kasus, der den Ort *(locus)* bezeichnet (hierüber 9.2.).

4.4. Kasus-Formen

4.4.1. Bestimmen Sie sämtliche Kasus der Sätze 1–3 des Textes 4.1.!

4.4.2. Stellen Sie sämtliche Kasus-Endungen des Textes 4.1. in einer Tabelle zusammen (vgl. 3.3.3. a); unterstreichen Sie die Endungen, die Ihnen neu sind!

4.4.3. Die Kasus-Formen des L sind oft mehrdeutig. Unterscheiden Sie die folgenden Formen nach ihrer Funktion im Satz:

a) Woraus geht hervor, welchen Kasus der Wortausgang *-is/-īs* bezeichnet (Gen. Sing., Dat. Plur., Abl. Plur.)?
1) Rex filiis regnum reliquit.
2) Pastor regis pueros invenit.
3) Pater Marci in agris fundum habebat.

b) Woraus geht hervor, welchen Kasus der Wortausgang *-a/-ā* bezeichnet (Nom. Sing., Abl. Sing., Akk. Plur.)?
1) Aqua fluminis recessit.
2) Troiani vela in Italiam dederunt.
3) Cato nonnullos annos in Sicilia fuerat.

c) Woraus geht hervor, welchen Kasus der Wortausgang *-um* bezeichnet (Nom. Sing., Akk. Sing., Gen. Plur.)?
1) Cato tribunus militum in Sicilia fuit.
2) Fratres Numitori regnum restituerunt.
3) Illo tempore bellum inter Poenos Romanosque erat.
4) Bello nondum confecto Cato quaestor erat.

d) Woraus geht hervor, welchen Kasus der Wortausgang *-us* bezeichnet (Nom. Sing., Akk. Sing., Abl. Plur.)?
1) Troiani naves ad litus Italiae appulerunt.
2) Latinus pacem cum Aenea fecit.
3) Pueri cum pastoribus copias regis vicerunt.

3 - 623/1

4.5. Deklination der Substantive und Adjektive

4.5.1. **Substantive** (Subst.) gibt es im L – wie im D – in drei Genera (Geschlechter; Sing.: das Genus):

- **Genus masculinum,** m. (männlich)
- **Genus femininum,** f. (weiblich)
- **Genus neutrum,** n. (sächlich)

a) Das Genus richtet sich – wie im D – nach dem natürlichen Geschlecht, wenn es sich um Personen handelt, z. B.:

poeta	*m.*	der Dichter	filia	*f.*	die Tochter
filius	*m.*	der Sohn	uxor	*f.*	die Gattin

b) Im übrigen stimmen die entsprechenden Subst. des L und des D in ihrem Genus oft nicht überein, z. B.:

mos	*m.*	die Sitte	matrimonium	*n.*	die Ehe
vita	*f.*	das Leben	studium	*n.*	der Eifer

c) Bei zahlreichen lateinischen Subst. läßt sich das Genus an der Endung ablesen. So sind die Subst. auf *-us* (wenn sie im Gen. auf *-ī* oder *-ūs* enden) im allgemeinen männlich, die Subst. auf *-er* (wenn sie im Gen. auf *-ī* enden) männlich, die Subst. auf *-a* (wenn es sich nicht um Personenbezeichnungen wie *poeta* handelt) weiblich, die Subst. auf *-um* sächlich.

4.5.2. Die Fülle der im L möglichen Kasus-Formen läßt sich bis auf wenige Ausnahmen in sechs regelmäßige Deklinationssysteme einordnen; die Benennung dieser **Deklinationen** geht besonders deutlich aus dem Abl. Sing. hervor:

Deklination	Nom. Sing., Gen. Sing., Genus		Abl. Sing.
a-Deklination	aqua, aquae	*f.*	aquā
o-Deklination	animus, animī ager, agrī bellum, bellī	*m.* *m.* *n.*	animō agrō bellō
e-Deklination	rēs, reī	*f.*	rē
u-Deklination	manus, manūs	*f.* („Hand“)	manū
i-Deklination	Tiberis, Tiberis mare, maris	*m.* *n.* („Meer“)	Tiberī marī
konsonantische Deklination	mōs, mōris lēx, lēgis urbs, urbis fortitūdō, fortitūdinis tempus, temporis nōmen, nōminis	*m.* *f.* *f.* *f.* („Tapferkeit“) *n.* *n.*	mōre lēge urbe fortitūdine tempore nōmine

4.5.3. Die Deklinationen lassen folgende allgemeine Regelmäßigkeiten der Formenbildung erkennen:

a) Der **Akkusativ,** der häufigste Kasus, ist in allen Deklinationen im **Sing.** durch **-m,** im **Plur.** durch **langen Vokal + s** gekennzeichnet.
Beispiele: agrum, legem; agros, leges
(Für die Neutra gelten besondere Regeln; siehe d)

b) Der **Ablativ Sing.** endet auf den **gelängten Stammvokal,** und zwar in allen Deklinationen außer der konsonantischen. Da es in der **konsonantischen Deklination** keinen Stammvokal gibt, wird ein **kurzes -e** angehängt.
Beispiele: agro, manu, lege

c) Dativ und **Ablativ Plur.** sind immer gleich und haben stets die Endungen **-īs** oder **-ibus.**
Beispiele: agris, legibus

d) Bei allen **Neutra** stimmen **Nominativ** und **Akkusativ** überein, und zwar jeweils im Sing. und im Plur. Der **Nom.** und **Akk. Plur.** endet stets auf **-a.**
Beispiele: bellum (Nom. und Akk. Sing.) – bella (Nom. und Akk. Plur.);
tempus – tempora

4.5.4. Kein Kasus zeigt in seinen Formen eine so große Vielfalt wie der **Nominativ Sing.** (zumal in der konsonantischen Deklination). Immerhin lassen sich die meisten Subst. einem von zwei Haupttypen zuordnen:

a) Der Nom. Sing. endet auf *-s* (*animus, res, manus* usw.; *lex* orthographisch vereinfacht statt *legs*).

b) Der Nom. Sing. ist gleich dem Wortstamm *(aqua, ager, nomen).*

4.5.5. **Adjektive** (Adj.) gibt es im L in zwei Grundtypen:

a) Die Adj. des ersten Typs enden im Nom. Sing. auf **-us/-er** (m.), **-a** (f.), **-um** (n.); sie werden ebenso dekliniert wie die entsprechenden Subst.:

fundus magnus	insula magna	bellum magnum
fundi magni	insulae magnae	belli magni
usw.	usw.	usw.
puer miser	vita misera	bellum miserum
pueri miseri	vitae miserae	belli miseri
usw.	usw.	usw.

b) Die Adj. des zweiten Typs werden dekliniert wie die Subst. der **konsonantischen/i-Deklination.**
Im Nom. Sing. haben sie
- teils **drei** Endungen, z. B.: acer (m.), acris (f.), acre (n.) („scharf", „hitzig")
- teils **zwei** Endungen, z. B.: nobilis (m. und f.), nobile (n.)
- teils **eine** Endung, z. B.: praestans (m., f., n.)

Im Gen. Sing. aller drei Genera enden sie stets auf *-is*, z. B.:

animus acer	uxor nobilis	matrimonium praestans
animi acris	uxoris nobilis	matrimonii praestantis

4.5.6. Die Adjektive richten sich nicht nur im Kasus (vgl. 2.5.2. a), sondern auch im Numerus („Zahl", d. h. Singular oder Plural) und Genus nach ihrem Beziehungswort:

a) Diese Regel gilt zunächst für das adjektivische Attribut (hier stimmt das L mit dem D überein); z. B.:
more Romano („nach römischer Sitte / nach römischem Brauch"),
nonnullis annis, rem publicam
Stellen Sie aus dem Text 4.1. weitere Beispiele zusammen!

b) Diese Regel gilt weiterhin für die Ergänzung im Nom. (E_{Nom}), wie sie vor allem beim Verb „sein" erforderlich ist (hier unterscheidet sich das L vom D); z. B.:
Oculi caeci sunt. Die Augen sind blind. (nicht: „blinde"/„blinden")
Die adjektivische E_{Nom} wird im D also nicht dekliniert.
Stellen Sie aus dem Text 4.1. weitere Beispiele zusammen!

4.5.7. **a)** Da die Wörterbücher und die Wörterverzeichnisse dieses Lehrgangs die Substantive und Adjektive im Nom. Sing. aufführen, müssen Sie beliebige Kasus-Formen auf den Nom. Sing. zurückführen können.
Nennen Sie den Nom. Sing. zu folgenden Nomina!
filias · urbe · tempora · homines · misera · coniugi · fluminum · senatoribus · agri · ratione · rebus · parvos · genere · consulatuum · mortis

b) Das Textverständnis wird oft dadurch erleichtert, daß man über das Genus eines Substantivs Bescheid weiß. Prägen Sie sich daher von nun an beim Erlernen der Subst. nicht nur den Nom. und Gen. Sing., sondern auch das Genus ein. Beachten Sie, daß Sie das Genus oft aus dem Textzusammenhang erschließen können:
1) Woraus geht hervor, daß *sacerdotem* in 2.1.6. Femininum ist?
2) Woraus geht hervor, daß es sich bei *lupa misericors* in 2.4.7. um eine Wölfin handelt, nicht um einen Wolf?
3) Die Form *filiis* in 2.1.3. ist mehrdeutig (Dat. Plur. von *filius,* m., oder von *filia,* f.); woraus geht hervor, daß es sich um Dat. Plur. *m.* handelt?

4.6. Das Verb esse

4.6.1. Text 4.1. enthält mehrere finite Formen von *esse* (Infinitiv – „sein"):

erat	(Impf.)	(er, sie, es) war
fuit	(Perf.)	(er, sie, es) war
fuerat	(Plqpf.)	(er, sie, es) war gewesen

Sie kennen ferner die Formen *est* „(er, sie, es) ist" (z. B. *natus est)* und *sunt* „(sie) sind" (z. B. *caeci sunt oculi).*

4.6.2. **a)** Das Verb *esse* bedarf – wie das deutsche „sein" – im allgemeinen einer Ergänzung im Nominativ (E_{Nom}) oder einer anderen E; es wird dann auch als Hilfsverb bezeichnet.
Stellen Sie alle Beispiele des Textes 4.1. zusammen; geben Sie an, welche Wortart jeweils als E_{Nom} dient!

b) Manchmal jedoch ist *esse* ein selbständiges Verb, das keiner E_{Nom} oder einer anderen E bedarf; es wird dann im D durch „es gibt", „lebt", „findet statt" u. ä. wiedergegeben.
Nennen Sie das Beispiel für diesen Gebrauch von *esse,* das sich im Text 4.1. findet!

c) Übersetzen Sie die folgenden Sätze! Welche Ergänzung hat *esse* jeweils?
1) Cato in Sicilia fuit. – 2) Catoni ibi legio erat.

4.7. Zusätzliche Übungen

4.7.1. Begründen Sie (nach 3.4.2.d) den Wechsel der Tempora in folgendem Text!
Antiquis temporibus magnum bellum inter Poenos Romanosque erat. Tum Marcus Porcius Cato praetor in Sardinia insula fuit. Antea duodecim annos miles fuerat.

4.7.2. Übungstext

Ciceros Schwiegersohn Dolabella

Publius Cornelius Dolabella, Ciceronis gener, homo exiguae staturae erat.
Aliquando Cicero Dolabellam vidit longo gladio accinctum et: „Quis", inquit, „generum meum ad gladium alligavit?"

gener, *Gen.* generī *m.* Schwiegersohn · **exiguus** klein · **statūra,** *Gen.* statūrae *f.* Körperbau
aliquandō eines Tages, einmal · **vīdit** er sah, erblickte · **longus** lang · **gladius,** *Gen.* gladiī *m.* Schwert · **accinctus** gegürtet · **quis?** wer? · **inquit** er sagte · **meus** mein · **alligāvit** er hat angebunden

a) Übersetzen Sie diesen Text!
b) Lösen Sie folgende Aufgaben:
1) Suchen Sie in den Texten 2.4. und 3.1. nach Beispielen für die Form der Apposition, wie sie hier im ersten Satz vorkommt!
2) Was ist *homo exiguae staturae* im ersten Satz für ein Satzteil?
3) Suchen Sie in den Texten 2.4. und 4.1. weitere Beispiele für Ausdrücke wie *exiguae staturae* (Gen.-Attr. mit kasusgleichem adjektivischem Attr.)!
4) Was ist *longo gladio* für ein Satzteil?
5) Welche Ergänzungen haben *vidit* und *alligavit*?

4.8. Wortstudien

4.8.1. Wörter, besonders Verben, können mit einem **Präfix** (Vorsilbe) – meist einer Präposition – versehen werden (vgl. 3.6.1.), z. B.: *ad-* „herbei-"; *a-/ab-* „weg-"; *con-* „zusammen-"; *de-* „herab-"; *re-* „zurück-" usw.
Man nennt solche Verben **Komposita.**
Übersetzen Sie:
1) vocavit · advocavit · avocavit · convocavit · revocavit
2) adduxerat · abduxerat · deduxerat · reduxerat

4.8.2. Die Vorsilben *ad-* und *sub-* können sich verändern:
appulerant, accepit, alligavit (4.7.2.); successit, suscepit
Suchen Sie eine Erklärung für diese Erscheinung!

Lernvokabeln

a) Verben

ẹrat *(Impf.)*	(er) war
fuit *(Perf.)*	(er) war
fuerat *(Plqpf.)*	(er) war gewesen
esse	sein, vorhanden sein
nātus est	er ist geboren (worden)
praeˈfuit	(er) leitete, befehligte
meruit	(er) verdiente
coepit	(er) fing an
dēˈdūxerat (dūcēbant 3)	(er) hatte herabgeführt, hingebracht
gessit	(er) trug, führte aus
susˈcēpit	(er) übernahm, unternahm
acˈcēpit	(er) erhielt, nahm an
creāvērunt	(sie) wählten
superāvit	(er) besiegte, überwand
iūdicāvit	(er) urteilte, hielt für . . .
coˈercuit	(er) zügelte, bekämpfte

b) Substantive

(Von nun an wird außer der Genitiv-Form auch das Genus angegeben.)

nātūra, nātūrae *f.*	Natur, Beschaffenheit
vīta, vītae *f.*	Leben, Lebensführung
ratiō, ratiōnis *f.*	(Berechnung), Art und Weise, Vernunft
mōs, mōris *m.*	Sitte
annus, annī *m.*	Jahr
cōnsul, cōnsulis *m.*	Konsul
cōnsulātus, cōnsulātūs *m.*	Konsulat
tribūnus, tribūnī *m.*	Tribun
mīles, mīlitis *m.*	Soldat
legiō, legiōnis *f.*	Legion
rēs, reī *f.*	Sache, Ding, Besitz
rēs pūblica	Staat
praetor, praetōris *m.*	Prätor
prōvincia, prōvinciae *f.*	Provinz
īnsula, īnsulae *f.*	Insel
poēta, poētae *m.*	Dichter
amīcus, amīcī *m.*	Freund; freundlich
causa, causae *f.*	Ursache, Streitsache
pācis *(Gen.)* causā *(Abl.)*	um des Friedens willen
sevēritās, sevēritātis *f.*	Strenge
lūxuria, lūxuriae *f.*	Genußsucht, Verschwendung
senātor, senātōris *m.*	Senator
cīvis, cīvis *m.*	Bürger

studium, studiī *n.*	Eifer, Beschäftigung
manus, manūs *f.*	Hand
mare, maris *n.*	Meer

c) Adjektive

(Der Nom. Sing. wird von nun an in den Formen für die drei Genera angegeben.)

clārus, clāra, clārum	berühmt
cupidus, -a, -um	begierig
praestāns (*Gen.* praestantis)	vorzüglich
singulāris, singulāris, singulāre	einzigartig
dūrus, -a, -um	hart
simplex (*Gen.* simplicis)	einfach
ille (*Abl.* illō)	jener
nōnnullī, nōnnullae, nōnnulla	einige
pūblicus, -a, -um	öffentlich, staatlich
omnis, -is, -e	jeder, ganz
cēterī, -ae, -a	(die) übrigen, (*Neutrum:* das Übrige)
summus, -a, -um	der höchste, oberste
acer, acris, acre	spitz, scharf, heftig

d) Präpositionen

propter *(beim Akk.)*	wegen
inter *(beim Akk.)*	zwischen, unter

e) Sonstige Wörter

iterum	wiederum, zum zweitenmal
duodecim (duo 2) *(nicht dekliniert)*	zwölf
post	= posteā
nōndum (nōn 1)	noch nicht
prīmum	zuerst, zum erstenmal
anteā (posteā 2)	vorher, früher
ūnā (ūnus 1)	zusammen
tamen	dennoch

f) Wendungen

domī mīlitiaeque	in Krieg und Frieden
stīpendia meruit	er tat Kriegsdienst
legiōnī *(Dat.)* praefuit	er befehligte eine Legion
nōnnullīs annīs *(Abl.)* post	einige Jahre später
bellō (nōndum) cōnfectō	als der Krieg (noch nicht) beendet war
homō novus	politischer Neuling
cōnsulātum gessit	er bekleidete das Konsulat
cōnsulātū peractō	nach Abschluß des Konsulates
reī pūblicae *(Gen.)* causā *(Abl.)*	um des Staates willen
summō studiō	mit höchstem Eifer

Lernpensum aus den Flexionstabellen

1) Substantive

2) Adjektive

5 Die gelehrigen Vögel

Die Hauptfigur dieser Geschichte ist Augustus, der Begründer der römischen Monarchie. Er heißt hier *Octavianus;* denn er gehörte von Hause aus dem Geschlecht der Octavier an und nannte sich *Gaius Octavius.* Er wurde dann von seinem Großonkel Caesar adoptiert. Sein Name lautete nunmehr ebenso wie der seines Adoptivvaters (also *Gaius Iulius Caesar*) – mit dem Unterschied, daß ein an seinen ursprünglichen Geschlechtsnamen angehängtes *-anus* seine eigentliche Herkunft andeutete (also vollständig *Gaius Iulius Caesar Octavianus*): So pflegten es die Römer, die sich gern der Adoption bedienten, um das Aussterben eines Geschlechts zu verhindern, in solchen Fällen zu halten. Octavian erhielt im Jahre 27 v. Chr. noch den Ehrennamen *Augustus,* was etwa „der Erhabene" bedeutet – eine Art Titel also. Da er außerdem noch den ursprünglichen Feldherrntitel *Imperator* als Vornamen führte, nannte er sich seither gewöhnlich *Imperator Caesar Augustus.*

Die Anekdote spielt im Jahre 29 v. Chr. Octavian hatte über ein Jahrzehnt ein Militärregime ausgeübt, wobei er sich mit Marcus Antonius, einem ehemaligen General Caesars, in die Befehlsgewalt teilte. Nach mancherlei Reibungen war es zum Krieg zwischen den beiden Machthabern gekommen; schon der erste Sieg, den Octavian errang, die Seeschlacht bei Actium (31 v. Chr.; an der Westküste Mittelgriechenlands), brachte die Entscheidung, und Octavian gebot seither als unbestrittener Alleinherrscher über das römische Weltreich. Er kehrte zwei Jahre darauf in die Hauptstadt zurück. Der Jubel, mit dem man ihn empfing, war wohlbegründet: Der Sieg über Antonius hatte eine hundertjährige Epoche der Revolutionen und Bürgerkriege beendet.

5.1. Grundtext

1. Octavianus, **cum** Antonium superavisset, Romam rediit. 2. Inter cives, **qui** victorem salutare cupiebant, erat homo quidam admodum callidus; corvum tenebat, **quem** verba docuerat: „Ave Caesar victor!" 3. Octavianus, **cum** verba corvi audivisset, avem officiosam emere statuit; itaque dispensatori praecepit, **ut** viginti milia nummorum pro pretio solveret. 4. Tum hominis socius, **ad quem** nihil ex Octaviani liberalitate pervenerat, invidia exarsit et affirmavit: „Habet iste et alium corvum non minus officiosum." 5. Sed alter corvus, **cum** iussu Octaviani praesto esset, statim verba, **quae** didicerat, expressit: „Ave victor Antoni!" 6. Ita enim homo callidus utrique eventui occurrerat. 7. Octavianus autem, **cum** omnes, **qui** circumstabant, magnum malum exspectarent, quieto animo praecepit homini callido, **ut** pretium cum socio divideret.

5.2. Nebensätze

5.2.1. Im Text 5.1. sind drei Arten von untergeordneten Sätzen, sogenannte Nebensätze, enthalten (vgl. 1.1.6.). Zum Vergleich bringen wir eine Fassung, in der es keine Nebensätze gibt. Dieser Fassung ist eine Übersetzung beigefügt.

1. Octavianus *Antonium superaverat et* Romam rediit.	1. Octavian *hatte Antonius überwunden und* kehrte nach Rom zurück.
2. *Cives victorem salutare cupiebant.* Inter cives erat homo quidam admodum callidus. Corvum tenebat. *Corvum verba docuerat:* „Ave Caesar victor!"	2. *Bürger wollten den Sieger begrüßen.* Unter den Bürgern befand sich ein sehr schlauer Mensch. Er hatte einen Raben. *Dem Raben hatte er die Worte beigebracht:* „Sei gegrüßt, siegreicher Cäsar!"
3. Octavianus *verba corvi audivit et* avem officiosam emere statuit. Itaque dispensatori *viginti milia nummorum pro pretio solvere* praecepit.	3. Octavian *hörte die Worte des Raben und* beschloß, den diensteifrigen Vogel zu kaufen. Daher wies er den Schatzmeister an, *zwanzigtausend Mark als Preis zu bezahlen.*
4. *Ad socium hominis callidi nihil ex Octaviani liberalitate pervenerat.* Tum socius invidia exarsit et affirmavit: „Habet iste et alium corvum non minus officiosum."	4. *An den Kollegen des schlauen Mannes war nichts von dem Geschenk Octavians gelangt.* Daraufhin entbrannte der Kollege vor Neid und behauptete: „Dieser Mann hat noch einen anderen, nicht minder diensteifrigen Raben."
5. Alter corvus *iussu Octaviani praesto fuit et* statim – *alia enim verba didicerat* – verba expressit: „Ave victor Antoni!"	5. Der andere Rabe *war auf Anordnung Octavians sofort zur Stelle und* gab unverzüglich – *er hatte nämlich andere Worte gelernt* – die Worte von sich: „Sei gegrüßt, siegreicher Antonius!"
6. Ita enim homo callidus utrique eventui occurrerat.	6. So hatte nämlich der schlaue Mann für beide Fälle vorgesorgt.
7. *Cives circumstabant; omnes cives magnum malum exspectabant, sed* Octavianus quieto animo *pretium cum socio dividere* homini callido praecepit.	7. *Bürger standen in unmittelbarer Nähe; alle Bürger erwarteten etwas sehr Schlimmes, doch* Octavian trug in völliger Ruhe dem schlauen Mann auf, *das Geld mit seinem Kollegen zu teilen.*

5.2.2. Im Text 5.1. sind die **Einleitungswörter** der **Nebensätze** fett gedruckt; in der zweiten Fassung und der dazugehörigen Übersetzung sind alle Wörter schräg gedruckt, auf die sich die Umwandlung jeweils erstreckt.
Lösen Sie folgende Aufgaben:

a) Teilen Sie die Einleitungswörter der Nebensätze in 5.1. nach ihrer lautlichen Form in drei Gruppen ein!

b) Dieser Dreiteilung entspricht in der zweiten Fassung ebenfalls eine Dreiteilung: An die Stelle der Nebensätze ist jeweils eine bestimmte andere Satzordnung getreten. Welche drei Gruppen ergeben sich jeweils im L (1. und 2. Fassung) und D (2. Fassung)?

c) Sie können auch im D Nebensätze bilden. Suchen Sie geeignete deutsche Einleitungswörter und verwandeln Sie mit deren Hilfe die schräg gedruckten Teile der Übersetzung in Nebensätze! Hierfür ein Beispiel:
Satzordnung der Übersetzung:

Bürger wollten den Sieger begrüßen. Unter den Bürgern befand sich ein sehr schlauer Mensch.

Satzgefüge mit Nebensatz:

Unter den Bürgern, die den Sieger begrüßen wollten, befand sich ein sehr schlauer Mensch.

d) Ordnen Sie die deutschen Einleitungswörter den drei Gruppen zu, in die Sie die lateinischen Einleitungswörter eingeteilt haben!

5.2.3. Übersetzen Sie nunmehr den Text 5.1.!

5.3. Das Relativpronomen

5.3.1. Eine der drei Gruppen von Nebensätzen des Textes 5.1. wird, wie Sie sahen, durch ein deklinierbares Wort mit dem Stamm *qu-* eingeleitet. Dieses Wort heißt **Relativpronomen** („bezügliches Pronomen"); die hierdurch eingeleiteten Nebensätze heißen **Relativsätze.** Das Relativpronomen bezieht sich nämlich auf ein Nomen im übergeordneten Satz, auf das sogenannte Beziehungswort.
Hierfür ein Beispiel:

Inter cives, qui victorem salutare cupiebant, erat homo quidam admodum callidus.

Das Relativpronomen *qui* hat die Merkmale:
Nominativ, Genus masculinum, Plural:

1. Der Nominativ erklärt sich daraus, daß das Relativpronomen in diesem Relativsatz die Stelle des Subjekts einnimmt.
2. Das Genus masculinum und der Numerus Plural erklären sich daraus, daß das Beziehungswort *cives* m. Plur. ist.

5.3.2. **a)** Auf welche Wörter beziehen sich die übrigen Relativpronomina des Textes 5.1.?
b) Bestimmen Sie diese Relativpronomina nach Kasus, Numerus und Genus!

5.4. Infinitiv

5.4.1. Der Text 5.1. enthält zwei infinite (nicht personenbestimmte) Verb-Formen; die Fassung 5.2.1. enthält zwei, der Text 4.1. eine weitere Form dieser Art.
Es handelt sich um **Infinitive des Präsens** (vgl. 1.2.2.).
a) Stellen Sie diese Infinitive (Inf.) zusammen! Was ist ihr gemeinsames Kennzeichen?
b) Welchen Satzteil stellen diese Inf. dar?

5.4.2. Einen weiteren Inf. Präs. haben Sie in 4.6.1. kennengelernt; er ist abweichend von den übrigen Infinitiv-Formen gebildet. Wie lautet er?

CIVIBus ET SIGNis MILITaribus A PARThis RECVPeratis
Rückseite eines Aureus des Augustus

AEGVPTo CAPTA
Rückseite eines Aureus des Augustus

5.5. **Bildung des Perfekts**

5.5.1. Das **Perfekt** und das **Plusquamperfekt** der lateinischen Verben enthalten jeweils den gleichen Stamm, den sogenannten **Perfekt-Stamm,** z. B.:

ded-it	(„er gab")	ded-erat	(„er hatte gegeben")
vīc-ērunt	(„sie siegten")	vīc-erant	(„sie hatten gesiegt")

Der Perfekt-Stamm unterscheidet sich meist durch bestimmte Kennzeichen vom sog. Präsens-Stamm, der im Inf. Präs. (und im Impf.) des Verbs enthalten ist. Man teilt die Perfekt-Stämme nach ihrem jeweiligen Kennzeichen in fünf Gruppen ein:

1) **u/v-Perfekt-Stämme,** z. B.:
von *habēre,* Präsens-Stamm *habe-*: Perfekt-Stamm *habu-*
von *salūtāre,* Präsens-Stamm *salūta-*: Perfekt-Stamm *salūtāv-*
(Perfekt- und Plusquamperfekt-Formen dieser Verben sind also z. B. *habuit, salutaverat.*)

2) **s-Perfekt-Stämme,** z. B.:
von *dīvidere,* Präsens-Stamm *dīvid-:* Perfekt-Stamm *dīvīs-*
(Eine Perfekt-Form dieses Verbs ist also z. B. *diviserunt.*)

3) **Dehnungs-Perfekt-Stämme** (oft mit Ablaut), z. B.:
von *venīre,* Präsens-Stamm *veni-*: Perfekt-Stamm *vēn-*
von *facere,* Präsens-Stamm *fac-*: Perfekt-Stamm *fēc-*
(Plqpf.- und Perf.-Formen dieser Verben sind also z. B. *venerant* und *fecerunt.*)

4) **Reduplizierte** (d. h. durch eine Art Verdoppelung der Stamm-Silbe gebildete) **Perfekt-Stämme,** z. B.:
von *parere,* Präsens-Stamm *par-*: Perfekt-Stamm *peper-*
(Eine Plqpf.-Form dieses Verbs ist also z. B. *pepererat.*)

5) **Wurzel-Perfekt-Stämme** (d. h. Perfekt-Stämme, die sich nicht vom Präsens-Stamm des Verbs unterscheiden), z. B.:
von *statuere,* Präsens-Stamm *statu-*: Perfekt-Stamm *statu-*
(Eine Perf.-Form dieses Verbs ist also z. B. *statuerunt.*)

Einige weitere Perfekt-Stämme sind abweichend von diesen Gruppen gebildet.

5.5.2. **a)** Übersetzen Sie die in 5.5.1. als Beispiele genannten Formen!
habuit · salutaverat · diviserunt · venerant · fecerunt · pepererat · statuerunt
b) Weisen Sie die Perf.- und Plqpf.-Formen des Textes 5.2.1. einer der in 5.5.1. aufgeführten Gruppen von Perf.-Stämmen zu; welche Formen lassen sich keiner dieser Gruppen zuweisen?

5.6. Konjunktive

5.6.1. In den Nebensätzen des Textes 5.1. finden Sie unter den finiten (personenbestimmten) Verb-Formen außer bekannten (Tempora) solche, die Sie noch nicht kennen (Konjunktive, Konj.).

a) Stellen Sie die Tempora der Nebensätze zusammen; gruppieren Sie sie nach ihrer Lautform!

b) Stellen Sie nun die Konjunktive zusammen und gruppieren Sie sie nach ihrer Lautform; geben Sie an, ob der Konjunktiv vom Präs.- oder vom Perf.-Stamm des betreffenden Verbs abgeleitet ist!

5.6.2. Die Konjunktive gliedern sich also in zwei Gruppen. Wir unterscheiden:

- **Konjunktiv II,** gebildet aus Inf. Präs. und Personalendung, z. B. *solvere-t*
- **Konjunktiv IV,** gebildet aus Perf.-Stamm mit *-isse-* und Personalendung, z. B. *superav-isse-t*

Sie ersehen aus diesen Bezeichnungen, daß später noch weitere Konj. vorkommen werden (Konj. I und Konj. III).

5.6.3. **a)** Prüfen Sie, wie die Konj. des Textes 5.1. im D wiedergegeben werden!

b) Welche Ausdrücke des Textes 5.1. entsprechen den beiden zusätzlichen Inf. der Fassung 5.2.1.?

c) Wie 5.4.1.b) festgestellt, sind die Inf. in 5.1., 5.2.1. und 4.1. Ergänzungen zu Verben (E_{Inf}). Welchen Satzteil stellen also die konjunktivischen *ut*-Sätze in 5.1.3. und 5.1.7. dar?

d) Welchen Satzteil stellen die konjunktivischen *cum*-Sätze in 5.1.1., 5.1.3., 5.1.5. und 5.1.7. dar?

5.7. Vorzeitigkeit

5.7.1. Ordnen Sie die finiten Verb-Formen der übergeordneten Sätze (Hauptsätze) des Textes 5.1. nach ihren Tempora!

5.7.2. In einem **erzählenden Text** wie 5.1. können wir das **Perfekt** als **„Leittempus“** ansehen (vgl. 3.4.2.d). Die beiden anderen Tempora und die beiden Konjunktive lassen sich auf dieses Leittempus beziehen, indem man die Begriffe **„vorzeitig“** und **„nicht-vorzeitig“** benutzt, d.h. untersucht, ob die in dem jeweiligen Tempus oder Konj. mitgeteilte Handlung der im Leittempus mitgeteilten vorausgeht oder nicht.
Weisen Sie demgemäß die Tempora und Konj. den Gruppen „vorzeitig“ und „nicht-vorzeitig“ zu!

5.8. Zusätzliche Übungen

5.8.1. **a)** Stellen Sie unter Berücksichtigung des Zusammenhangs in den bisherigen Texten sinnvolle Satzgefüge her!

1) Octavianus corvum emere statuit
2) Pastor regis uxori imperavit
3) Cato rem publicam capessere statuit
4) Marcus Porcius Cato censor luxuriam Romanorum coercuit
5) Ascanius novam urbem sub Albano monte condidit
6) Latinus Aeneae filiam in matrimonium dedit
7) Troiani naves ad litus Italiae appulerant

a) cum consulatum gessisset
b) quem homo callidus verba quaedam docuerat
c) ut praedam ex agris agerent
d) ut pueros educaret
e) cum pacem cum Troianis fecisset
f) cum magnum bellum inter Poenos Romanosque esset
g) quam Albam Longam appellavit

b) Um welche Art von Nebensätzen handelt es sich jeweils?

c) Bestimmen Sie die Tempora und Konj. der Nebensätze! In welchen Fällen liegt Vorzeitigkeit vor?

5.8.2. Handelt es sich bei den schräg gedruckten Satzteilen um freie Angaben (Ad) oder um Ergänzungen (E)?

1) Octavianus, cum Antonium superavisset, *Romam* rediit.
2) Dispensator viginti milia nummorum *pro pretio* solvit.
3) Homo callidus *utrique eventui* occurrerat.
4) Cato Ennium poetam *e Sardinia* Romam deduxit.
5) Homo callidus pretium *cum socio* divisit.
6) Cato multas inimicitias („Feindschaften“) *quieto animo* suscepit.
7) Cato puer *dura et simplici vitae ratione* assuevit.

Lernvokabeln

a) Verben

(Von nun an wird auch der Inf. Präs. aufgeführt.)

red'īre, rediit	zurückkehren
salūtāre, salūtāverat	begrüßen
cupere, cupiēbant (cupidus 4)	begehren, wünschen
tenēre, tenēbat	(fest)halten
docēre, docuerat	lehren
emere	nehmen, kaufen
statuere, statuit, statuērunt	festsetzen, beschließen
prae'cipere, praecēpit (ac'cēpit, sus'cēpit 4)	vorher nehmen, vorschreiben
solvere, solveret	lösen, zahlen
venīre (vēnerat 3)	kommen
per'venīre, pervēnerat (in'vēnit 2)	(hin)gelangen, in etwas geraten
habēre (habet 1, habuit, habuērunt 2)	haben, halten
discere, didicerat	lernen
oc'currere, occurrerat	entgegenlaufen, begegnen
ex'spectāre, exspectārent	erwarten, (ab-)warten
dīvidere, dīvideret, dīvīsērunt	trennen, teilen
facere, fēcērunt (fēcit 2)	machen, tun

parere, pepererat (peperit 2)	hervorbringen, gebären

b) Substantive

victor, -ōris, *m.* (vīcērunt 3)	Sieger
verbum, -ī *n.*	Wort
pretium, -iī *n.*	Preis, Lohn
invidia, -ae *f.*	Neid
iussū *(Abl.)*	auf Befehl
ēventus, -ūs *m.* (pervenīre)	Ereignis, Erfolg
animus, -ī *m.*	Geist, Herz, Mut

c) Adjektive, Zahlwörter

callidus, -a, -um	schlau, gewandt
vīgintī *(nicht dekliniert)*	zwanzig
mille (*Plur.* mīlia, -ium *n.*)	tausend
malus, -a, -um	schlecht
malum, -ī *n.*	(das) Übel
quiētus, -a, -um	ruhig

d) Pronomina

(Pron. werden wie Adj. mit den Formen für die drei Genera aufgeführt. Im Gen. Sing. haben sie meist *-īus,* im Dat. Sing. *-ī.*)

quī, quae, quod (*Gen. Sing.* cuius, *Dat. Sing.* cui)	welcher; der, wer
quīdam, quaedam, quoddam (*Gen. Sing.* cuiusdam)	ein bestimmter, ein
nihil	nichts
iste, ista, istud	dieser da, jener da
alius, alia, aliud	ein anderer
alter, altera, alterum	der eine, der andere (von zweien)
uterque, utraque, utrumque	jeder von beiden

e) Sonstige Wörter

cum *(beim Konj.)*	als
admodum	ziemlich, sehr
ut *(beim Konj.)*	daß, damit
prō *(beim Abl.)*	vor, für, anstelle
minus	weniger
enim *(nachgestellt)*	nämlich

f) Wendungen

corvum verba docuerat	er hatte dem Raben Worte beigebracht
prō pretiō solvere	als Preis bezahlen
iussū Octāviānī	auf Befehl des Octavian
praestō *(undeklinierbar)* esse	zur Stelle sein

Lernpensum aus den Flexionstabellen

1) Relativpronomen

2) quidam, quaedam, quoddam

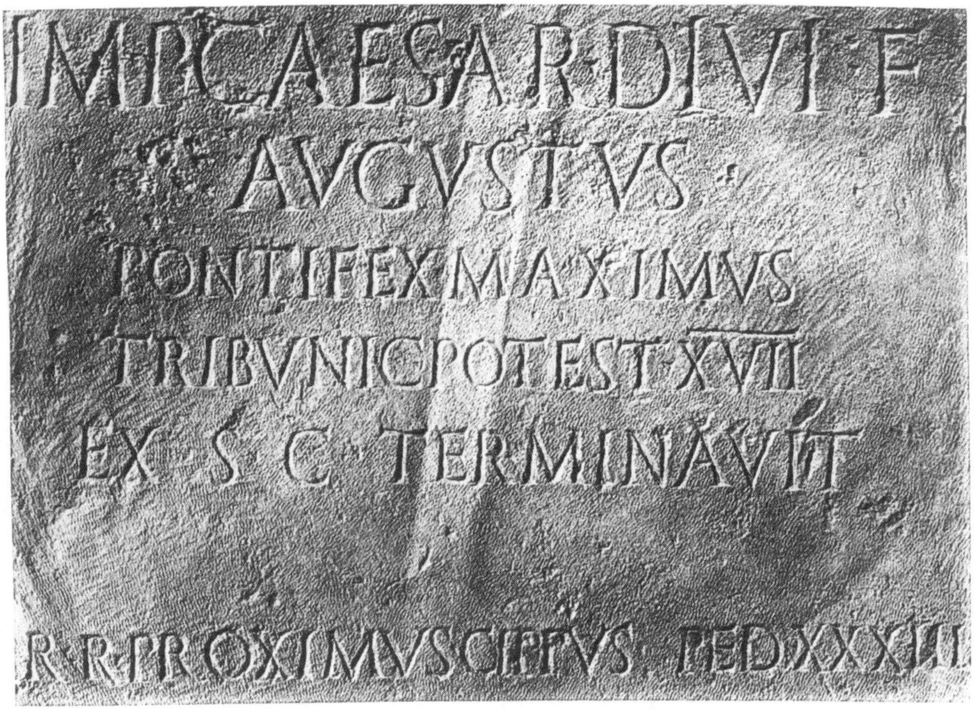

IMPerator CAESAR DIVI Filius / AVGVSTVS / PONTIFEX MAXIMVS / TRIBVNICia POTESTate XVII / EX Senatus Consulto TERMINAVIT / Recto Rigore PROXIMVS CIPPVS PEDes XXXIII

Grenzstein vom rechten Tiberufer in Rom

6 Caesar und Cato Uticensis

Der römische Geschichtsschreiber Sallust (86–35 v. Chr.) bringt in seinem Werke ‚Über die Verschwörung Catilinas' die vergleichende Charakteristik zweier Männer, die er für die bedeutendsten seiner Tage hielt: Caesars und Catos „des Uticensers" (nach Utica in Afrika, dem Ort von Catos Freitod). Die Zusammenstellung überrascht. Gewiß, die Wahl Caesars, des Eroberers von Gallien und Wegbereiters der römischen Monarchie, leuchtet sofort ein – doch wer war Cato Uticensis? Hätten nicht Cicero oder Pompeius – nach Caesar der bedeutendste Feldherr der untergehenden Republik – eher Anspruch darauf gehabt, dem Genie Caesars gegenübergestellt zu werden?
Marcus Porcius Cato Uticensis (95–46 v. Chr.), ein Urenkel des Zensoriers, war zweimal in entscheidender Stunde der eigentliche Gegenspieler Caesars. Das erste Mal prallten die beiden Männer in einer Senatsdebatte des Jahres 63 v. Chr. aufeinander. Der Konsul Cicero hatte einige Anhänger des Putschisten Catilina festgenommen. Man stritt um die Bestrafung: Caesar beantragte Haft, Cato forderte – mit Erfolg – die sofortige Hinrichtung. Sallust hat das denkwürdige Rededuell dem Sinne nach aufgezeichnet; unsere Charakteristik schließt sich unmittelbar daran an. Das zweite Mal standen Caesar und Cato einander während des cäsarisch-pompejanischen Bürgerkrieges (49–45 v. Chr.) auf dem Schlachtfeld gegenüber: Die noch vorhandenen pompejanischen Streitkräfte hatten sich großenteils in Afrika gesammelt; Caesar schlug sie vernichtend, und Cato gab sich daraufhin selbst den Tod.

Als Sallust seinen ‚Catilina' verfaßte, weilten beide Männer nicht mehr unter den Lebenden. Caesar hatte die Welt verändert; Cato aber, der den Gang der Ereignisse nicht merklich hatte beeinflussen können, war von der Nachwelt zu einer fast mythischen Figur, zum Symbol republikanischer Freiheit emporstilisiert worden. Diese Voraussetzungen machen verständlich, daß Sallust gerade Cato neben Caesar zu stellen wagte: Ihm kam es nicht auf den Erfolg, sondern auf die politisch-moralische Substanz der beiden Männer an.

ROMa M CATO PRO PRaetore VICTRIX
Vorder- und Rückseite eines Denars des Cato Uticensis

4 – 623/1

6.1. Grundtext

1. Sallustius, rerum Romanarum scriptor, Gaium Iulium *Caesarem* cum Marco Porcio *Catone* Uticensi, pronepote Censorii, *comparat:*
2. *Caesari* et *Catoni* genus, aetas, eloquentia *similia* fuerunt, magnitudo animi *par,* item gloria, sed *alia Caesari, alia Catoni.*

3. *Caesar* beneficiis ac liberalitate magnus habebatur,	integritate vitae *Cato* magnus habebatur.
4. *Caesar* clementia et misericordia clarus erat,	*Catoni* severitas dignitatem addiderat.
5. *Caesar* dando, sublevando, ignoscendo in gloriam venit,	*Cato* nihil largiendo in gloriam venit.
6. In *Caesare* miseris perfugium erat,	in *Catone* malis pernicies erat.
7. *Caesaris* facilitas laudabatur,	*Catonis* constantia laudabatur.
8. Postremo *Caesar* in animum induxerat laborare, vigilare, negotiis amicorum intentus proprias res neglegere.	
9. Magnum imperium, exercitum, bellum novum cupivit, ubi virtus splendere posset.	
	10. At *Catoni* studium modestiae, decoris, sed maxime severitatis erat; non divitiis cum divite neque potentia cum potente, sed cum strenuo virtute, cum innocente continentia certabat.
	11. Non videri, sed esse bonus studebat.
	12. Quamquam *Catoni* gloria curae non erat, tamen summa gloria *Catonem* ornabat.

6.2. Textaufbau

6.2.1. Übersetzung

1. Sallust, ein römischer Geschichtsschreiber, vergleicht Gaius Iulius Caesar mit Marcus Porcius Cato Uticensis, dem Urenkel des Censorius.
2. Bei Caesar und Cato waren Herkunft, Alter, Redegewandtheit ähn-

lich, ihre Geistesgröße war gleich, ebenso ihr Ruhm, jedoch in einer Weise bei Caesar, in einer anderen Weise bei Cato.
3. Caesar wurde wegen seiner Wohltaten und seiner Freigebigkeit für groß gehalten, Cato wurde wegen der Lauterkeit seiner Lebensführung für groß gehalten. 4. Caesar war durch Milde und Anteilnahme berühmt, dem Cato hatte seine Strenge Ansehen verschafft.
5. Caesar gelangte durch Geben, Helfen, Verzeihen zu Ehren, Cato wurde dadurch berühmt, daß er nichts verschenkte. 6. Bei Caesar fanden die Unglücklichen eine Zuflucht, bei Cato gab es für schlechte Menschen keinen Pardon. 7. An Caesar wurde die Umgänglichkeit gelobt, an Cato die Charakterfestigkeit.
8. Schließlich hatte Caesar sich vorgenommen, hart zu arbeiten, unermüdlich zu sein, mit den Angelegenheiten der Freunde beschäftigt die eigenen Interessen gering zu achten. 9. Große Macht, ein Heer, einen neuen Krieg wünschte er sich, wo seine Tüchtigkeit glänzen könnte.
10. Cato war dagegen das Bemühen um Bescheidenheit, um Anstand, am meisten aber um Sittenstrenge eigen; er wetteiferte nicht um Reichtum mit dem Reichen und nicht um Macht mit dem Mächtigen, sondern er stritt mit dem Unternehmenden um Tüchtigkeit, mit dem Uneigennützigen um Enthaltsamkeit. 11. Er bemühte sich nicht darum, gut zu scheinen, sondern es zu sein. 12. Obwohl der Ruhm Cato nicht am Herzen lag, zeichnete Cato dennoch das höchste Ansehen aus.

6.2.2. Texte bilden ein zusammenhängendes Ganzes. Sie sind oft durch Merkmale gekennzeichnet, die in einer Reihe von Sätzen wiederkehren. Hierdurch wird das Verständnis des Ganzen und seiner Teile erheblich erleichtert.

Der Text 6.1. ist nach einem solchen **einheitlichen Gesichtspunkt** gestaltet: Caesar und Cato werden einander gegenübergestellt. Die Anordnung der Textelemente und der Schrägdruck sollen Ihnen diesen Satz für Satz wiederkehrenden Gesichtspunkt anschaulich vor Augen führen.

a) Was für Wörter oder Wortgruppen sind durch Schrägdruck hervorgehoben, was wird durch deren Wiederkehr angezeigt?

b) Welche weiteren Wörter oder Wortgruppen sind einander gleich oder durch ihre Bedeutung miteinander verwandt und lassen daher ebenfalls die Einheit und Geschlossenheit des Textes deutlich werden?

c) Der Text besteht aus folgenden vier Abschnitten:

1) Satz 1	3) Satz 3– 7
2) Satz 2	4) Satz 8–12

Welche Aufgabe würden Sie jedem dieser Abschnitte im Hinblick auf den Vergleich zuschreiben?

d) Prüfen Sie, ob die Verbkomplexe der Sätze 3–7 in ihrer grammatischen Form und in der Wortwahl streng parallel gebaut sind **(Parallelismus)** oder ob sie in Form und Wortwahl Abwechslung **(Variation)** zeigen!

e) Wodurch unterscheidet sich der Abschnitt Satz 8–12 von dem Abschnitt Satz 3–7?

6.3. Aktiv und Passiv

6.3.1. Der Text 6.1. enthält zwei finite Verb-Formen, die eine Ihnen noch nicht bekannte Endung aufweisen. Nennen Sie sie!

6.3.2. Man unterscheidet beim Verb nicht nur finite und infinite Formen, Tempora und Modi (wie den Konj.), sondern auch **Aktiv** (Akt.) und **Passiv** (Pass.). Diese beiden Kategorien werden mit einem bildlichen Ausdruck als **Genera verbi** (Geschlechter des Verbs; Sing.: Genus verbi) bezeichnet. Die soeben von Ihnen genannten Formen sind passivisch.
Vergleichen Sie folgende beiden Formen:

habebat	(er, sie, es) hielt
habebatur	(er, sie, es) wurde gehalten

Vergleichen Sie folgende Sätze (vgl. 6.1.7.):

Passiv:	Caesaris facilitas laudabatur, Catonis constantia laudabatur.
Aktiv:	Caesaris facilitatem laudabant, Catonis constantiam laudabant.

a) Beschreiben Sie die Unterschiede; achten Sie hierbei besonders auf die Sj-Stelle! Was geschieht mit den Attr.?

b) Welcher Unterschied besteht im Sinn der Sätze?

6.3.3. Verwandeln Sie nun den Satz 6.1.3. aus dem Pass. ins Akt.! (Achten Sie auf die Wertigkeit des Verbs!)

6.4. Gerundium

6.4.1. Im Text 6.1. findet sich eine Reihe von Ad_{Abl}, die Angaben über das Mittel oder den Grund enthalten; sie antworten also auf Fragen wie: womit?, wodurch?.
Stellen Sie diese Ad_{Abl} zusammen; ordnen Sie sie nach der lautlichen Form ihrer Endung!

6.4.2. **a)** Stellen Sie alle Infinitive (vgl. 5.4.) des lateinischen Textes zusammen!
b) Stellen Sie jetzt alle Inf. der Übersetzung zusammen; vergessen Sie dabei die mit großen Anfangsbuchstaben geschriebenen nicht!
c) Welchen dieser deutschen Inf. entspricht im lateinischen Text kein Inf., sondern eine Ad_{Abl}?

d) Welche lautliche Übereinstimmung am Wortende zeigen diese lateinischen Formen, die sich von den lateinischen Inf. unterscheiden, jedoch im D meist durch Inf. wiedergegeben werden?
e) Welche lautliche Übereinstimmung zeigen diese Formen vor dem Kasus-Zeichen?

Dieses Kennzeichen charakterisiert zusammen mit der Kasus-Endung die Verb-Form des **Gerundiums,** die man als deklinierten Infinitiv (Präs. Akt.) ansehen kann. Das Gerundium kann also auch in anderen Kasus als dem Abl. auftreten.

6.4.3. Welche andere deklinierte, d. h. mit Kasus-Endungen statt mit Personalendungen versehene Verb-Form kennen Sie bereits?

Text 6.1. (veränderte Fassung)

6.5. 1. Sallustius, rerum Romanarum scriptor, Gaium Iulium *Caesarem* cum Marco Porcio *Catone* Uticensi, pronepote Censorii, *comparat:*
2. *His* genus, aetas, eloquentia *similia* fuerunt, magnitudo animi par, item gloria, sed *alia alii.*
3. *Caesar* beneficiis ac liberalitate magnus habebatur, integritate vitae *Cato*. 4. *Ille* clementia et misericordia clarus erat, *huic* severitas dignitatem addiderat. 5. *Ille* dando, sublevando, ignoscendo, *hic* nihil largiendo in gloriam venit. 6. In *illo* miseris perfugium erat, in *hoc* malis pernicies. 7. *Illius* facilitas, *huius* constantia laudabatur.
8. Postremo *Caesar* in animum induxerat laborare, vigilare, negotiis amicorum intentus proprias res neglegere. 9. Magnum imperium, exercitum, bellum novum cupivit, ubi virtus splendere posset. 10. At *Catoni* studium modestiae, decoris, sed maxime severitatis erat; non divitiis cum divite neque potentia cum potente, sed cum strenuo virtute, cum innocente continentia certabat. 11. Non videri, sed esse bonus studebat. 12. Quamquam *ei* gloria curae non erat, tamen summa gloria *eum* ornabat.

6.6. Demonstrativpronomina

6.6.1. Vergleichen Sie die Fassungen 6.1. und 6.5.: Welche Unterschiede stellen Sie fest?

6.6.2. Ordnen Sie die Wörter, die in 6.5. für die Namen Caesar und Cato eingetreten sind, nach ihrem Stamm! Es müssen sich vier Gruppen ergeben, da es sich um Kasus-Formen von vier verschiedenen Wörtern handelt.

6.6.3. Im Wörterverzeichnis werden Wörter dieser Art (es sind Pronomina) wie Adjektive im Nom. Sing. der drei Genera aufgeführt, z. B.:
alius, alia, aliud   ein anderer (eine andere, ein anderes)

Die drei übrigen Pronomina sind sogenannte **Demonstrativpronomina** (hinweisende Pronomina):

hīc, haec, hoc	dieser (diese, dieses)
ille, illa, illud	jener (jene, jenes)
is, ea, id	1. derjenige, der 2. er (wie ein Personalpron. der 3. Pers.; in dieser Bedeutung jedoch nicht im Nom.)

Bestimmen Sie alle Kasus-Formen dieser Pronomina, die sich in 6.5. finden; ziehen Sie 6.1. zum Vergleich heran!

6.6.4. Vergleichen Sie die Kasus-Formen der Demonstrativpronomina mit denen anderer Nomina; beschreiben Sie einige Besonderheiten!

6.6.5. Stellen Sie fest, in welcher Weise der Text durch die in der zweiten Fassung schräg gedruckten Eigennamen und Pronomina gegliedert ist (vgl. 6.2.2.c)! Beschreiben Sie, wie diese Wörter die Grenzen der Abschnitte kenntlich machen!

6.7. Stilmittel

6.7.1. **a)** Bestimmen Sie die Satzteile in 6.5.7. und beschreiben Sie deren Abfolge!
b) Welche Wirkung auf den Hörer oder Leser wird durch diesen **Parallelismus** erreicht?

6.7.2. **a)** Bestimmen Sie die Satzteile von 6.5.3. und vergleichen Sie deren Abfolge mit dem Parallelismus von 6.5.7.!
b) Die stilistische Figur, der wir hier begegnen, heißt **Chiasmus** (nach der Form des griechischen Buchstabens X – lies: Chi – , also Überkreuzstellung).
c) Auf welche Satzteile wirkt sich die Überkreuzstellung besonders aus?
d) Welche Wirkung auf den Hörer oder Leser wird durch den Chiasmus erreicht?

CAESAR
Vorder- und Rückseite eines Denars des Caesar

6.8. Zusätzliche Übungen

6.8.1. Formen Sie die Passiv-Sätze unter 1)–3) mit Hilfe der unter a)–g) angegebenen Satzteile in Aktiv-Sätze um! Es sind nur solche Satzteile angegeben, die bei der Umformung verändert werden. Beachten Sie, daß die übrigen Satzteile nicht verändert werden dürfen! Wo bleibt die Sj-Stelle unbesetzt?

1) Pueri a coniuge pastoris educabantur.
2) Urbs nova ab nomine uxoris Lavinium vocabatur.
3) Magnum malum a civibus exspectabatur.

a) exspectabant
b) coniunx
c) urbem novam
d) pueros
e) cives
f) educabat
g) vocabant

6.8.2. Setzen Sie im folgenden Text statt der schräg gedruckten Eigennamen Formen von *hic* und *ille* ein; entnehmen Sie die Ihnen noch nicht bekannten Formen der Flexionstabelle 1.3.3.!

Aeneas filius Anchisae regis fuit, *Romulus* filius Martis dei. Graeci patriam *Aeneae* expugnaverant, Amulius avum *Romuli* expulerat. *Aeneae* studium modestiae erat, gloriae autem studium *Romulo* erat. Latinus cum *Aenea* pacem fecit, cum *Romulo* pastores regnum Numitori restituerunt. Cives *Aeneam* patrem patriae appellaverunt, Romani *Romulum* regem habuerunt.

6.8.3. Übungstext

Cornelia, die Mutter der Gracchen

> Die Gracchen, ein Brüderpaar namens Tiberius Sempronius Gracchus († 133 v. Chr.) und Gaius Sempronius Gracchus († 121 v. Chr.), suchten – mit z. T. verfassungswidrigen Mitteln – in Rom eine Bodenreform durchzuführen; ihr Wirken leitete die etwa hundertjährige Epoche der römischen Revolution ein, die den Übergang von der Republik zur Monarchie herbeiführte. Ihre Mutter Cornelia war eine Tochter des älteren Scipio, des Siegers über Hannibal. Sie widmete sich nach dem frühen Tode ihres Mannes der Erziehung ihrer Kinder. Sie ist als eine der großen römischen Frauengestalten in die Geschichte eingegangen.

Campana quaedam matrona, cum Corneliam, matrem Gracchorum, viseret, ei ornamenta sua ostendit, quae erant pulcherrima illius saeculi. Cornelia autem, ut illi vere responderet, aliquamdiu tacebat et, cum e schola pueri redissent: „Haec“, inquit, „ornamenta sunt mea“.

Campāna aus Kampanien *(italische Landschaft mit der Hauptstadt Capua)* · **mātrōna** (verheiratete) Frau · **māter** Mutter · **vīsere** besuchen · **ōrnāmentum** Schmuck(stück) · **ostendere** (vor)zeigen · **pulcherrimus** sehr schön, der schönste · **saeculum** Zeitalter, Jahrhundert · **vērē** wahrhaftig, richtig · **respondēre** antworten · **aliquamdiū** eine Weile · **tacēre** schweigen · **schola** Schule · **inquit** *(eingeschoben)* sagte er (sie, es) · **meus** mein

6.9. Wortstudien

6.9.1. Wörter können – im L wie im D – nicht nur mit Präfixen (vgl. 4.8.1.), sondern auch mit **Suffixen** (Endsilben) versehen werden. Häufige Suffixe deutscher Subst. sind die Silben -heit, -keit (z. B. Freiheit, Fröhlichkeit); ihnen entsprechen die lateinischen Suffixe *-ia, -tudo, -tas*. Sammeln und ordnen Sie alle Subst. des Textes 6.1., die mit diesen Suffixen enden!

6.9.2. **a)** Der Stamm des Adj. *potens, potent-is* wird durch Anfügung des Suffixes *-ia* zu dem Subst. *potentia*. Bilden Sie entsprechend die zu *constantia, clementia, misericordia* gehörigen Adj. und geben Sie deren deutsche Bedeutung an!
b) Aus *magnus* und dem Suffix *-tudo* wird das Subst. *magnitudo*. Bilden Sie entsprechend die Subst. zu *similis* und *multi* und geben Sie deren deutsche Bedeutung an!

6.9.3. Was fällt Ihnen an der Form folgender Vokabeln auf?
divitiae „Reichtum“ · copiae „Truppen“ · inimicitiae „Feindschaft“

Lernvokabeln

a) Verben

comˈparāre, comparat (pār)	vergleichen
dare, dandō (dedit 2, dederat 3)	geben
adˈdere, addiderat	hinzufügen
īgnōscere, īgnōscendō	verzeihen
venīre, vēnit (vēnerat 3, inˈvēnit 2, perˈvēnerat 5, ēventus 5)	kommen
laudāre, laudābātur	loben
inˈdūcere, indūxerat (dūcēbant 3, dēˈdūxerat 4)	(hin)einführen, verleiten
labōrāre	sich anstrengen, leiden
neglegere	nicht beachten, vernachlässigen
cupere, cupīvit (cupiēbant 5, cupidus 4)	begehren, wünschen
posse, posset *(Konj. II)*	können
certāre, certābat	kämpfen, wetteifern
vidērī *(Inf. Pass.)*	scheinen
studēre, studēbat (studium 4)	sich bemühen
ōrnāre, ōrnābat	ausrüsten, schmükken
[vīsere, vīseret (videt 1)	besichtigen, besuchen

b) Substantive

aetās, aetātis *f.*	Lebensalter, Zeitalter
māgnitūdō, -dinis *f.* (māgnus 2)	Größe
glōria, -ae *f.*	Ruhm
beneficium, -iī *n.*	Wohltat
misericordia, -ae *f.* (miser 2)	Mitgefühl
dignitās, -ātis *f.*	Würde
perniciēs, -iēī *f.*	Verderben
negōtium, -iī *n.*	Beschäftigung, Geschäft
exercitus, -ūs *m.*	Heer
virtūs, -ūtis *f.*	Tapferkeit, Tugend, Tüchtigkeit
dīvitiae, -ārum *f. Plur.* (dīves)	Reichtum
potentia, -ae *f.* (potēns)	Macht

cūra, -ae *f.*	Sorge, Pflege
[saeculum, -ī *n.*	Zeitalter, Jahrhundert

c) Adjektive

similis, -is, -e	ähnlich
pār (*Gen.* paris)	gleich
proprius, -a, -um	eigen(tümlich)
dīves (*Gen.* dīvitis) (dīvitiae)	reich
potēns (*Gen*: potentis) (potentia)	mächtig
bonus, -a, -um (*Gegensatz:* malus 5)	gut

d) Pronomina

hīc, haec, hoc	dieser
ille, illa, illud	jener
is, ea, id	1. derjenige; der 2. er *(wie Personalpron. der 3. Pers.)*

e) Sonstige Wörter

item	ebenso, auch
ac	und
ubi (ibi 3)	wo
at	aber
māximē *(Adv.)* (*von* māgnus 2)	überaus, am meisten
neque	und nicht, auch nicht
quamquam	obgleich, obwohl

f) Wendungen

rēs Rōmānae	römische Geschichte
rēs propriae	eigene Interessen, persönliche Angelegenheiten
in animum indūcere	sich vornehmen
Catōnī cūrae nōn erat	Cato lag es nicht am Herzen

Lernpensum aus den Flexionstabellen

Demonstrativpronomina *hic, ille, is, iste*

7 Der dankbare Löwe (I)

Die römische Kaiserzeit, die längste Epoche ununterbrochenen Friedens und Wohlstandes, die der abendländischen Menschheit bislang zuteil wurde, hatte auch böse Nachtseiten. Zum Bösesten gehörten Volksbelustigungen von ausgesuchter Grausamkeit: die „Spiele“ der Gladiatoren („Schwertkämpfer“) und die Tierhetzen. Sie waren während der späten Republik aufgekommen; seit Augustus wurden sie in allen größeren Städten des Reiches veranstaltet. In Rom war vor allem das flavische Amphitheater, das Kolosseum, Schauplatz dieser „Spiele“ *(ludi);* dort konnten sich bis zu 50 000 Menschen versammeln, um sich einem von Blut und Sensationen aufgepeitschten Massenrausch hinzugeben.

Die Tierhetzen wurden mit den Raubtieren Afrikas und Asiens, ferner mit Stieren, Elefanten, Nashörnern usw. bestritten. Man stellte die Tiere zur Schau, man hetzte sie aufeinander, man ließ sie von geschickten und gut bewaffneten Jägern erlegen. Man benutzte sie außerdem für eine verschärfte Art öffentlicher Hinrichtung: Die hierzu Verurteilten wurden – im allgemeinen ohne Waffen – den Bestien ausgeliefert.

Vor diesem düsteren Hintergrund spielt die auf Rührung zielende Geschichte vom dankbaren Löwen. Sie hat sich offenbar großer Beliebtheit erfreut; sie ist in mehreren Fassungen auf uns gekommen, obwohl die Überlieferung nur einen kleinen Teil des unterhaltsamen oder erbaulichen Lesefutters breiter Schichten im römischen Kaiserreich bewahrt hat. Die hier verwendete Fassung entstammt einer Fabelsammlung des 4. oder 5. Jahrhunderts n. Chr., dem ‚Lateinischen Äsop‘ (unter dem Namen des Äsop kursierte eine berühmte griechische Fabelsammlung).

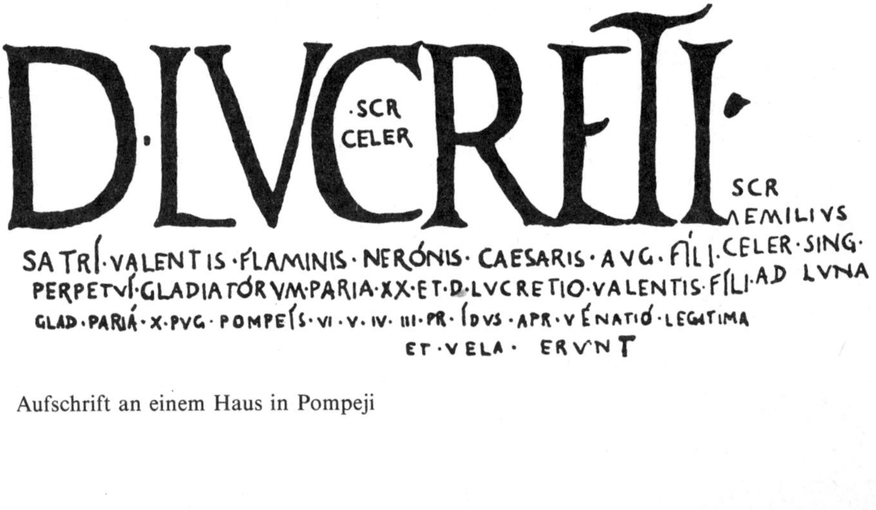

Aufschrift an einem Haus in Pompeji

7.1. **Grundtext**

1. a) In silva erravit leo.	In einem Walde streifte (einst) ein Löwe umher.
b) Subito spinam calcavit.	Plötzlich trat er sich einen Dorn in den Fuß.
c) In vulnere mox sanies collecta est.	In der Wunde sammelte sich bald Eiter.
d) Quam ob rem leo claudicare coepit.	Deshalb begann der Löwe zu lahmen.
2. a) Tum pastori occurrit.	Da begegnete er einem Hirten.
b) Pedem laesum suspendebat.	Den verletzten Fuß ließ er herabhängen.
c) Simul cauda blanditus est.	Zugleich schmeichelte er (dem Hirten) mit dem Schwanz.
3. a) Pastor vero, cum leonem videret, perturbatus est.	Als aber der Hirte den Löwen sah, erschrak er sehr.
b) Itaque nonnullas oves ei celeriter obiecit.	Deshalb warf er ihm rasch einige Schafe vor.
4. a) Leo autem non oves, sed medicinam quaerebat.	Der Löwe aber suchte keine Schafe, sondern Heilung.
b) Ideo pedem laesum in sinu pastoris posuit.	Deshalb legte er den verletzten Fuß in den Schoß des Hirten.
c) Tunc ille tumorem magnum vidit.	Da sah dieser eine große Geschwulst.
d) Deinde vulnus accurate inspexit.	Daraufhin sah er sich die Wunde genau an.
e) Postremo tumorem caute aperuit.	Schließlich öffnete er die Geschwulst vorsichtig.
5. a) Tumor patefactus erat.	Die Geschwulst war (nun) offen.
b) Ita saniem simul cum spina fudit.	So ergoß sie den Eiter zugleich mit dem Dorn.
6. a) Leo dolore iam levatus erat.	Der Löwe war nun von seinem Schmerz befreit.
b) Paulisper lateri pastoris assedit.	Eine Weile setzte er sich (noch) zur Seite des Hirten.
7. a) Deinde in silvam digressus est.	Alsdann entfernte er sich in den Wald.
b) Nam vires eius refectae erant.	Denn seine Kräfte waren wiederhergestellt.
8. Paulo post venatores leonem ceperunt, ut esset in ludo bestiario.	Bald darauf fingen Jäger den Löwen ein, damit er bei einer Tierhetze verwendet würde.

9.	a) Pastor autem falso crimine oppressus et ad bestias damnatus est.	Der Hirte aber wurde durch eine falsche Anschuldigung belastet und zur Hinrichtung durch wilde Tiere verurteilt.
	b) Qua de causa in eodem amphitheatro quo leo ad pugnam introductus est.	Aus diesem Grunde wurde er in demselben Amphitheater wie der Löwe zum Kampf vorgeführt.
10.	a) Leo primo pastorem vehementer aggressus est.	Der Löwe griff den Hirten zunächst heftig an.
	b) Attamen repente constitit.	Aber plötzlich blieb er stehen.
	c) Pastorem enim agnoverat.	Er hatte nämlich den Hirten erkannt.
	d) Hinc ad populum versus est.	Darauf wandte er sich dem Volke zu.
	e) Ingentem vocem emisit.	Er stieß ein mächtiges Gebrüll aus.
11.	a) Tum blande caudam movit. (blandus „schmeichelnd")	Dann bewegte er schmeichelnd den Schwanz.
	b) Quin etiam manus pastoris, qui iam prope exanimatus erat, leniter linxit.	Ja er leckte sogar behutsam die Hände des Hirten, der schon fast tot war (vor Angst).
12.	a) Populus valde miratus est.	Das Volk staunte sehr.
	b) Nimirum causam rei singularis cognoscere cupivit.	Natürlich wollte es die Ursache des einzigartigen Vorfalls kennenlernen.
	c) Causa breviter relata est.	Sie wurde in Kürze mitgeteilt.
	d) Statim magno cum clamore populus et pastori et leoni veniam petivit.	Sofort bat das Volk unter großem Geschrei um Gnade für den Hirten und den Löwen.
13.	Et ambo dimissi sunt: leo in silvam, pastor ad pecora.	Und (so) wurden beide entlassen: der Löwe in seinen Wald, der Hirte zu seinem Vieh.

Die Übersetzung ist um der Genauigkeit willen manchmal etwas schwerfällig. Wie lassen sich die Sätze 5.b), 6.b), 7.b), 11.a), 11.b) einfacher wiedergeben?

7.2. Perfekt und Plusquamperfekt Passiv

7.2.1. Das Perfekt Passiv und das Plusquamperfekt Passiv (Perf. / Plqpf. Pass.) bestehen im L aus je zwei Wörtern:

Das **Perf. Pass.**, z. B. *damnatus est,* besteht aus:
Partizip Perfekt Passiv (PPP) und **Präsens** von **esse** (3. Pers. Sing. *est,* Plur. *sunt*)

Das **Plqpf. Pass.**, z. B. *levatus erat,* besteht aus:
PPP und **Imperfekt** von **esse** (3. Pers. Sing. *erat,* Plur. *erant*)

7.2.2. **Partizip Perfekt Passiv**

a) Das PPP setzt sich zusammen aus:
Verbstamm + {*t* oder *s*} + Adj.-Endung der o/a-Dekl.
Bei den Verben auf *-are* und *-ire* bleibt der Verb-Stamm meist unverändert, z. B.:
levatus von levare
Im übrigen aber nimmt er oft eine besondere Gestalt an (sogenannter Perf.-Pass.-Stamm), z. B.:
oppressus von opprimere
refectus von reficere

b) Das PPP richtet sich – wie ein Adjektiv – in Kasus, Numerus und Genus nach seinem Beziehungswort, z. B.:
(pastor) oppress*us* est
(pastor et leo) dimiss*i* sunt

7.2.3. Stellen Sie aus 7.1. nach dem folgenden Muster zusammen: die Formen des Perf. und Plqpf. Pass., das Beziehungswort, dessen Genus sowie die Übersetzung!

Satz	Tempus	Beziehungswort	Genus	Übersetzung
1. c)	collecta est (Perf.)	sanies	f.	sammelte sich

7.2.4. **a)** Sie ersehen aus der Übersetzung, daß diese Pass.-Formen teils einen Vorgang, teils einen Zustand bezeichnen. Wie verteilen sich Vorgang und Zustand in 7.1. auf die Perf.- und die Plqpf.-Formen?

b) Wir betrachten nun die beiden Tempora je gesondert:
Für das lateinische Plqpf. Pass. finden wir im D
entweder „war(en) + PPP“ (mit oder ohne „worden“)
oder aber „war(en) + Adj.“.

Diese Ausdrucksmöglichkeiten sind jedoch im Prinzip vertauschbar; suchen Sie zu 5. a) und 11. b) eine Übersetzung mit deutschem PPP, zu 6. a) eine mit deutschem Adj.!

c) Für das lateinische Perf. Pass. finden wir im D teils passivische (z. B. „wurde verurteilt“), teils sogenannte reflexive (z. B. „sammelte sich“), teils aktivische Formen (z. B. „erschrak“).

1) Stellen Sie fest, wie sich die übrigen Übersetzungen auf diese drei Gruppen verteilen!
2) Auch hier lassen sich die verschiedenen Ausdrucksmöglichkeiten prinzipiell miteinander vertauschen: Suchen Sie eine passivische Übersetzung zu 1. c), 3. a) und 10. d), eine reflexive zu 12. a) und eine aktivische zu 7.a)! Sie bemerken, daß einige dieser Umformungen im vorliegenden Zusammenhang unpassend sind: Welche?

7.3. **Umformung Aktiv-Passiv**

7.3.1. **a)** Wir haben in 6.3.2./3. anhand von Impf.-Formen die Regeln kennengelernt, nach denen sich ein Satz von einem Genus Verbi ins andere umformen läßt. Diese Regeln gelten auch für Sätze in anderen Tempora:

Iudices pastorem damnaverunt. (iūdex „Richter")	Die Richter verurteilten den Hirten.
Pastor damnatus est.	Der Hirte wurde verurteilt.

b) In diesem passivischen Satz ist nur ausgedrückt, was geschehen ist, nicht aber, wer das Geschehen bewirkt hat („die Richter").
Wenn man auch diesen Umstand mitteilen will, muß man dem Satz eine $Ad_{Präp}$ zufügen: *a iudicibus* „von den Richtern". Dies ist aber eine freie, vom Verb nicht erforderte Angabe.

c) Diese „Täterverschweigung" ist – im L ebenso wie im D – eine typische Ausdrucksmöglichkeit des Pass.; sie wird gern verwendet, wenn es auf das Geschehen, nicht auf den Täter ankommt (z. B.: „In der Uhlandstraße werden Rohrleitungen verlegt; der Verkehr wird umgeleitet.").

7.3.2. Warum können Sie den folgenden Satz nicht ohne weiteres ins Akt. umformen?
Statim homines convocati sunt.

Fügen Sie eine passende Angabe ein, die Ihnen die Umformung ermöglicht, und formen Sie um!

7.3.3. Formen Sie die folgenden Sätze ins Pass. um! (Die nicht regelmäßig gebildeten PPP können Sie im Wörterverzeichnis nachschlagen.) Übersetzen Sie das Ergebnis!

1) Sallustius Catonem laudavit.
2) Sallustius Catonem et Caesarem laudavit.
3) Sallustius Caesaris facilitatem, Catonis constantiam laudavit.
(facilitās „Zugänglichkeit, Umgänglichkeit"; cōnstantia „Standhaftigkeit")
4) Cato Censorius Ennium poetam Romam deduxerat.
5) Pastor vulnus leonis accurate inspexit.

7.3.4. Formen Sie die folgenden Sätze ins Akt. um und übersetzen Sie das Ergebnis! (Die nicht regelmäßig gebildeten Perf.-Stämme können Sie im Wörterverzeichnis nachschlagen.)

1) Omnes censores Romani a Catone severitate superati sunt.
2) Postremo Cato censor creatus est (a Romanis).
3) Consulatus a Catone una cum amico Flacco gestus est.
4) Oppidum Lavinium ab Ascanio posteris relictum erat.
(posterī „Nachkommen")

7.4. **Deponentien**

7.4.1. **a)** Es gibt im L Verben, die keine aktiven finiten Formen bilden, sondern nur passive. Derartige Pass.-Formen lassen sich also nicht als Umformungen aktiver Formen verstehen.
Man nennt diese Verben **Deponentien** (Dep.; Sing.: das Deponens).

Im Wörterverzeichnis werden sie im Inf. Präs. Pass. aufgeführt, der stets auf *-i* endet (vgl. *videri* 6.1.11.).
Das Perf. der Deponentien ist zusammengesetzt, z. B. *miratus est.*

b) Für die Wiedergabe im D verwendet man nicht das Pass., sondern entweder aktive oder reflexive Formen, z. B.:

Deponens	aktivische Wiedergabe	reflexive Wiedergabe
mirari	staunen	sich wundern
blandiri	schmeicheln	–
aggredi	angreifen	–
digredi	weggehen	sich entfernen

7.4.2. Übersetzen Sie folgende Formen!

1) digressus est
2) miratus est
3) aggressi sunt
4) blandiebantur
5) loquebantur (loqui „sprechen“)
6) mirabantur

BONIS BENE / QVIA MALI NON SVNT
Hausinschrift aus Leptis Magna (Tripolitanien)

7.5. Verwendung der Adjektive im Satz; Adverb-Form der Adjektive

7.5.1. Adjektive haben im Satz hauptsächlich drei Funktionen:

- als Attribut (vgl. 2.5.)
- als E_{Nom} bei *esse* (vgl. 4.6.1.)
- als Ad_{Adv}, d. h. als freie Angabe im Satz

Diese Funktionen stimmen im L und D überein; die beiden Sprachen unterscheiden sich jedoch in der Verteilung der flektierten und nichtflektierten Formen. Vergleichen Sie:

Attr.	Simplic*i* vita assuevit. Verba simplic*ia* ei satis erant. Verbis simplic*ibus* loquebatur.	Er gewöhnte sich an ein einfach*es* Leben. Einfach*e* Worte waren ihm genug. Er redete in einfach*en* Worten.
E_{Nom}	Cato clar*us* erat. Eius constantia clar*a* erat. Catonis virtutes clar*ae* erant.	Cato war *berühmt*. Seine Festigkeit war *berühmt*. Seine persönlichen Vorzüge waren *berühmt*.
Ad_{Adv}	Simplic*iter* et clar*e* loquebatur. Simplic*iter* et clar*e* loquebantur.	Er sprach *einfach* und *klar*. Sie sprachen *einfach* und *klar*.

Beantworten Sie für das L und das D die folgenden Fragen:

a) Wo richtet sich das Adj. in seiner Endung in Kasus, Numerus und Genus nach seinem Beziehungswort?
b) Wo tritt das Adj. mit dem unveränderten Stamm ohne Endung auf?
c) Wo tritt es zwar mit einer Endung auf, jedoch mit einer stets gleichbleibenden (die sich also nach keinem Beziehungswort richtet)?

7.5.2. In der Verwendung als Ad_{Adv} erhält das lateinische Adj. eine besondere Form, die **Adverb-Form.**

a) Sie endet in der Regel
bei Adj. der o/a-Dekl. auf **-ē,** z. B. *clare,*
bei Adj. der i-Dekl. auf **-iter** oder **-ter,** z. B. *simpliciter.*

b) Bei einigen Adjektiven wird das Adverb abweichend gebildet, insbesondere:

bene	von	bonus	„gut“
aliter	von	alius	„anders“

Das Adverb *valde* „sehr“ stammt von dem Adj. *validus* „stark, gesund“ ab.

c) Von Adj. der o/a-Dekl. gibt es auch Adverb-Formen auf *-ō,* z. B.:

primo „zuerst“	postremo „zuletzt“
tuto „sicher“	subito „plötzlich“

Welcher Kasus liegt hier vor?

7.5.3. Der Text 7.1. enthält sieben Adjektive in Adverb-Form (*valde, subito* und *repente* nicht mitgerechnet). Stellen Sie diese sieben Adverb-Formen zusammen und nennen Sie das zugrundeliegende Adj. im Nom. Sing. m.!

7.5.4. Setzen Sie in die folgenden Sätze jeweils die passende Adj.-Form aus der Auswahlliste ein! Begründen Sie Ihre Wahl!

a) Alter corvus („Rabe“) statim ea verba, quae dominus („sein Herr“) eum ... docuerat, expressit: „Ave („sei gegrüßt“) victor Antoni!“
[callidus / callida / callide / callidum]

b) Cato Uticensis etiam in innocentes ... (1) ... erat, Caesar autem in omnes ... (2) ... (innocēns „unschuldig“)
[1: severos / severus / severe / severis (sevērus „streng“)]
[2: clementer / clementes / clemens / clementi (clēmēns „mild“)]

c) Caesar et Cato vitam ... (1) ... modo egerunt, sed uterque ... (2) ... laboravit. (modus „Maß, Weise, Art“)
[1: diversus / diverso / diverse (dīversus „verschieden“)]
[2: constantes / constanter / constans (cōnstāns „stetig, standhaft“)]

d) Octavianus homini callido ... imperavit, ut pretium cum socio divideret.
[quietus / quieto / quiete / quietum]

e) Socius pecuniam („Geld“) ab illo ... accepit.
[cupidus / cupide / cupidam / cupido]

7.6. Konjunktive des Passivs

7.6.1. Wiederholung: Wie werden die Formen des Konj. II und des Konj. IV im Aktiv gebildet (vgl. 5.6.2.)?

7.6.2. Vergleichen Sie die folgenden Formen des Konj. II Akt. und Pass.:

solvere-t	solvere-tur
exspectare-nt	exspectare-ntur

7.6.3. **Konjunktiv IV Pass.** wird gebildet aus **PPP** + **Konj. II** von **esse,** z. B.:
perturbatus esset (bei einem Beziehungswort im Sing. m.)
refectae essent (bei einem Beziehungswort im Plur. f.)

7.7. Die Konjugation

7.7.1. Wir unterscheiden beim **Verb** folgende drei Stämme (vgl. 5.5. und 7.2.):
1) **Präsens-Stamm** (hierzu gehören u. a.: Inf. Präs., Impf. Akt. und Pass., Konj. II Akt. und Pass.)
2) **Perfekt-Stamm** (hierzu gehören u. a.: Perf. und Plqpf. Akt., Konj. IV Akt.)
3) **Perfekt-Passiv-Stamm** (hierzu gehören u. a.: Perf. und Plqpf. Pass., Konj. IV Pass.)

7.7.2. Nach ihrem Präs.-Stamm teilt man die lateinischen Verben **fünf Konjugationen** zu; das unterscheidende Kennzeichen ist hierbei der Stamm-Auslaut (d. h. der letzte Laut des Stammes).

	Inf. Präs.	3. Pers. Sing. Impf.	Stamm
a-Konjugation	damnā-re	damna-ba-t	damna-
e-Konjugation	vidē-re	vide-ba-t	vide-
i-Konjugation	audī-re	audi-e-ba-t	audi-
konsonantische Konjugation	mitt-e-re statu-e-re	mitt-e-ba-t statu-e-ba-t	mitt- statu-
gemischte Konjugation	cup-e-re	cupi-e-ba-t	cup-

a) Die a-, e- und i-Konjug. umfassen die Verben, deren Stämme auf *-a-, -e-* und *-i-* auslauten.

b) Der konsonantischen Konjug. gehören an:
1) die meisten Verben, deren Stamm mit einem Konsonanten auslautet;
2) die Verben, deren Stamm mit einem *-u-* auslautet.
Beide Gruppen schieben zwischen Stamm und Endung einen Übergangsvokal ein, z. B. ein kurzes *-e-*.

c) Der gemischten Konjug. gehört eine Anzahl von Verben an, deren Stamm mit einem Konsonanten auslautet. Diese Konjug. zeigt Kennzeichen teils der konsonantischen (z. B. Inf. Präs.), teils der i-Konjug. (z. B. Impf.).

7.8. Beiordnende Konjunktionen

7.8.1. **a)** Wir unterscheiden unterordnende Konjunktionen wie *ut* und *cum,* die Nebensätze einleiten (vgl. 5.2.), und beiordnende Konjunktionen. **Beiordnende Konjunktionen** verbinden Sätze zu einer **Satzreihe,** ohne den einen Satz zu einem Satzteil (E oder Ad) des anderen Satzes zu machen.
Vergleichen Sie:

Beiordnung:	Unterordnung:
Octavian besiegte Antonius; dann kehrte er nach Rom zurück.	Als Octavian Antonius besiegt hatte, kehrte er nach Rom zurück.

b) Stellen Sie die beiordnenden Konjunktionen des Textes 7.1. zusammen; unterscheiden Sie hierbei folgende Gruppen:
1) weiterführende oder eine Reihenfolge bezeichnende Konjunktionen, z. B. *tum* „dann";
2) kausale (begründende) Konjunktionen, z. B. *quam ob rem* „deshalb";
3) entgegensetzende Konjunktionen, z. B. *vero* „aber";
4) sonstige Konjunktionen.

7.8.2. Es ist wichtig, den Geltungsbereich jeder Konjunktion zu erkennen:
a) Welche Elemente (Wörter, Wortgruppen, Sätze oder dgl.) werden durch das Wort *et* verknüpft in 2.1.2., 2.1.6., 4.1.3. (zweimal!)?
b) Wie übersetzen Sie *habet et alium corvum* (5.1.4. – *corvus* „Rabe")?
c) Welche Wörter gehören zum *cum*-Satz in 5.1.7.?

7.9. Zusätzliche Übungen

7.9.1. Stellen Sie aus den folgenden Sj und Verbkomplexen sinnvolle Sätze her; übersetzen Sie diese!

1) Voces magnae	a) collectae sunt.
2) Bella	b) captus est.
3) Troiani	c) ad luxuriam inductus non est.
4) Copiae	d) inter utrumque divisa est.
5) Oppidum	e) in litore positum erat.
6) Leo	f) emissae erant.
7) Caesar et Cato	g) multis virtutibus ornati erant.
8) Consulatus	h) nondum confecta sunt.
9) Pecunia	i) iam peractus erat.
10) Cato	k) ex patria expulsi erant. (expulsus: PPP zu expellere „vertreiben")

7.9.2. Verbinden Sie je ein Element aus 1) bis 9) mit einem aus a) bis i), so daß sich das bei 1) bis 9) genannte Tempus ergibt!

1) Multi homines damnat-	(Plqpf.)	a) -um erat.
2) Pes leonis laes-	(Plqpf.)	b) -a erat.
3) In silva a leone spina calcat-	(Perf.)	c) -us est.
4) Nonnullae oves leoni obiect-	(Perf.)	d) -i erant.
5) Oppidum Lavinium ab Ascanio relict-	(Plqpf.)	e) -us erat.
6) A leone medicina quaesit-	(Plqpf.)	f) -a sunt.
7) Omnes censores a Catone superat-	(Perf.)	g) -i sunt.
8) Beneficia Caesaris laudat-	(Perf.)	h) -a est.
9) Remus a fratre interfect- (interfectus: PPP zu interficere „töten")	(Perf.)	i) -ae sunt.

7.9.3. Welche der genannten Formen des Adj. *simplex* paßt jeweils in den Satz? (Es können Formen mehrfach verwendet werden und andere unverwendet bleiben!)
1) Pastor ... vivebat. (vīvere „leben")
2) Pastores ... vivebant.
3) Romani primo pastores ... erant.
4) In domibus ... vivebant. (domus „Haus")
5) Vestimenta ... habebant. (vestīmentum „Kleidungsstück")

a) simplicia	d) simplici	g) simplicibus
b) simplices	e) simpliciter	h) simplex
c) simplicis	f) simplicium	

Bestimmen Sie die nicht verwendeten Formen!

7.10. **Wortstudien**

Zwischen Wörtern verschiedener Sprachen gibt es nur selten Wortgleichungen. Oft reicht ein einzelnes deutsches Wort als Bedeutungsangabe für ein lateinisches nicht aus. Das Wörterverzeichnis gibt dann mehrere Übersetzungsmöglichkeiten an, die man im Zusammenhang betrachten muß. Für *vox* z. B. wird üblicherweise angegeben „Stimme, Wort". Dies wäre ausführlicher folgendermaßen darzustellen:

vox I. Stimme (= Fähigkeit zum Sprechen, Rufen, Singen usw.)
II. (Was mit der Stimme hervorgebracht wird:) Äußerung, d. h. Laut, Wort, Ausspruch, Satz oder Ruf (beim Löwen: Gebrüll)

Lernvokabeln

a) Verben

(Von nun an werden aufgeführt: Inf. Präs. Akt.; Perf. Akt.; PPP in der Form auf *-um*, wenn es von dem betreffenden Verb gebildet werden kann.)

col'ligere	collēgit	collēctum	sammeln
laedere	laesit	laesum	verletzen
vidēre	vīdit	vīsum	sehen
ob'icere *(sprich: objicere)*	obiēcit	obiectum	entgegenwerfen
quaerere	quaesīvit	quaesītum	suchen, fragen
pōnere	posuit	positum	setzen, stellen, legen
īn'spicere	īnspēxit	īnspectum	betrachten, inspizieren
re'ficere (facere 5)	refēcit	refectum	wiederherstellen
capere	cēpit	captum	fassen, fangen
intrō'dūcere	intrōdūxit	intrōductum	hineinführen
dē'dūcere	dēdūxit	dēductum	herführen, herabführen
mittere	mīsit	missum	loslassen, schicken
ē'mittere	ēmīsit	ēmissum	loslassen
dī'mittere	dīmīsit	dīmissum	wegschicken, entlassen
gerere	gessit	gestum	tragen, ausführen
re'linquere	relīquit	relictum	zurücklassen
loquī *(Dep.)*	locūtus est		sprechen, sagen

b) Substantive

pēs, pedis *m.*	Fuß
populus, -ī *m.*	Volk
causa, -ae *f.*	Sache, Ursache, Grund
pecus, -coris *n.*	Vieh
iūdex, -dicis *m.* (iūdicāre 4)	Richter
dominus, -ī *m.*	Herr
modus, -ī *m.*	Maß, Weise, Art
pecūnia, -ae *f.* (pecus)	Geld

c) Adjektive

celer, -ris, -re	schnell
vehemēns (*Gen.* -ntis)	heftig
lēnis, -is, -e	sanft
brevis, -is, -e	kurz
validus, -a, -um	stark, gesund
sevērus, -a, um	ernst, streng
dīversus, -a, -um	entgegengesetzt, verschieden
cōnstāns (*Gen.* -ntis)	standhaft

d) Adverbien

subitō	plötzlich
simul	zugleich
iam	nun, nunmehr, schon
repente	plötzlich
prope	beinahe, nahe bei
valdē (validus)	sehr
satis	genug
bene	gut
aliter (alius 5)	anders
tūtō	sicher

e) Konjunktionen

quam ob rem / quā dē causā	deshalb, aus diesem Grunde
vērō / autem / sed / at	aber
ideō	deshalb
prīmō (prīmum 4)	zuerst
paulō post	bald danach
hinc	hierauf (von hier)
quīn etiam	ja sogar
et . . . et	sowohl . . . . als auch, und

f) Präpositionen

ob *(beim Akk.)*	1. wegen; 2. gegen . . . hin

Lernpensum aus den Flexionstabellen

Aktiv und Passiv von Impf., Perf., Plqpf., Konj. II, Konj. IV aller Konjugationen (jeweils 3. Pers. Sing. und Plur.)

8 Der dankbare Löwe (II)

8.1. Der Text 7.1. wird im folgenden in der linken Spalte in einer anderen, weniger einfachen Fassung gegeben; die erste Fassung ist zum Vergleich daneben gesetzt.

1. In silva cum erraret leo, spinam calcavit et collectā intus sanie claudicare coepit. (intus „innen“)	a) In silva erravit leo. b) Subito spinam calcavit. c) In vulnere mox sanies collecta est. d) Quam ob rem leo claudicare coepit.
2. Tum pastori occurrit et suspenso pede laeso cauda blanditus est.	a) Tum pastori occurrit. b) Pedem laesum suspendebat. c) Simul cauda blanditus est.
3. Hic vero cum leonem videret, perturbatus nonnullas oves ei celeriter obiecit.	a) Pastor vero, cum leonem videret, perturbatus est. b) Itaque nonnullas oves ei celeriter obiecit.
4. Cum autem leo, qui non oves, sed medicinam quaerebat, pedem laesum in sinu pastoris posuisset, ille tumorem magnum vidit et vulnere accurate inspecto caute aperuit.	a) Leo autem non oves, sed medicinam quaerebat. b) Ideo pedem laesum in sinu pastoris posuit. c) Tunc ille tumorem magnum vidit. d) Deinde vulnus accurate inspexit. e) Postremo tumorem caute aperuit.
5. Patefactus tumor saniem simul cum spina fudit.	a) Tumor patefactus erat. b) Ita saniem simul cum spina fudit.
6. Leo dolore levatus paulisper lateri pastoris assedit.	a) Leo dolore iam levatus erat. b) Paulisper lateri pastoris assedit.
7. Deinde viribus refectis in silvam digressus est.	a) Deinde in silvam digressus est. b) Nam vires eius refectae erant.
8. Paulo post venatores leonem ceperunt, ut esset in ludo bestiario.	Paulo post venatores leonem ceperunt, ut esset in ludo bestiario.
9. Pastor autem falso crimine oppressus et ad bestias damnatus in eodem amphitheatro quo leo ad pugnam introductus est.	a) Pastor autem falso crimine oppressus et ad bestias damnatus est. b) Qua de causa in eodem amphitheatro quo leo ad pugnam introductus est.
10. Leo pastorem vehementer aggressus repente constitit et, cum pastorem agnovisset, ingentem vocem ad populum versus emisit.	a) Leo primo pastorem vehementer aggressus est. b) Attamen repente constitit. c) Pastorem enim agnoverat. d) Hinc ad populum versus est. e) Ingentem vocem emisit.

11. Tum blande caudam movit, pastoris prope iam exanimati manus leniter linxit.	a) Tum blande caudam movit. b) Quin etiam manus pastoris, qui prope iam exanimatus erat, leniter linxit.
12. Populus valde miratus causam rei singularis cognoscere cupivit, causāque breviter relatā magno cum clamore et pastori et leoni veniam petivit.	a) Populus valde miratus est. b) Nimirum causam rei singularis cognoscere cupivit. c) Causa breviter relata est. d) Statim magno cum clamore populus et pastori et leoni veniam petivit.
13. Et ambo dimissi sunt: leo in silvam, pastor ad pecora.	Et ambo dimissi sunt: leo in silvam, pastor ad pecora.

8.2. Eingliederung von Aussagen durch Partizipien: Allgemeines

8.2.1. Die beiden Fassungen unterscheiden sich im wesentlichen dadurch, daß die linke Fassung lange, **komplexe Satzgebilde,** die rechte hingegen kurze, einfache Einzelsätze enthält. Die komplexen Satzgebilde sind indes selten durch Nebensätze oder durch Satzreihen bedingt, die mittels beiordnender Konjunktionen verknüpft werden; auffällig ist vielmehr, daß gerade die beiordnenden Konjunktionen wegfallen. Die komplexen Satzgebilde beruhen auf einer anderen Art der Aussagenverknüpfung, die für das L sehr charakteristisch ist.
An welcher Wortart läßt sich – außer den Konjunktionen – der Unterschied der beiden Textfassungen besonders deutlich ablesen?

8.2.2. Die **Partizipien** (Part.) sind ihrer Form nach **Nomina** (sie werden also dekliniert); ihrem Inhalt nach aber sind sie Verben*: Sie enthalten eine **verbale Aussage** über das jeweilige **Beziehungswort.** Dieses Beziehungswort erkennt man daran, daß das Part. in Kasus, Numerus und Genus mit ihm übereinstimmt.

Beispiel:

Leo pedem laesum in sinu pastoris posuit. (7.1.4./8.1.4.)

Dieser Satz enthält zwei verbale Aussagen:

1. Das finite Verb *posuit* (zu dem die Satzteile *pedem* und *in sinu pastoris* gehören) sagt etwas über das Sj *leo* aus: Der Löwe legte den Fuß in den Schoß des Hirten.
2. Das Part. *laesum* sagt etwas über das Beziehungswort *pedem* aus: Dieser Fuß ist verletzt.

---

* Das Wort Partizip (von *particeps* „teilhabend“) ebenso wie der in deutschen Grammatiken dafür benützte Ausdruck Mittelwort soll darauf hindeuten, daß das Partizip „in der Mitte“ zwischen Verb und Nomen steht und an der Natur beider Wortarten „teilhat“.

8.3. **Partizipiale Eingliederungen: erster Typ**

8.3.1. Der Text 8.1. enthält acht Stellen, in denen sich rechts eine Form des Perf. Pass. oder des Plqpf. Pass., links dagegen nur das unveränderte PPP (ohne die zugehörige *esse*-Form) findet.
a) Nennen Sie diese PPP der linken Spalte!
b) Weshalb gehören die PPP *collecta* und *relata* nicht hierher (vgl. 4.3.1.c)?

8.3.2. Man kann diese partizipialen Ausdrücke als **Umformungen** verstehen, bei denen je zwei Sätze zu einem verbunden worden sind. Hierfür ein Beispiel:

I	Leo dolore levatus erat.	
II	Leo	lateri pastoris assedit.
III	Leo dolore levatus	lateri pastoris assedit.

Fügen Sie in derselben Weise die folgenden Satzpaare zusammen und übersetzen Sie das Ergebnis!

a) I Leo cauda blanditus erat.
II Leo manus pastoris linxit.

b) I Rhea Silvia in custodiam data erat.
(custōdia „Gefängnis")
II Rhea Silvia ibi vitam miseram egit.
(Das Wort *ibi* fällt bei der Zusammenfügung weg: Weshalb?)

c) I Cato censor creatus erat.
II Cato omnes censores severitate superavit.

8.3.3. **a)** Diese partizipialen Eingliederungen sind ihrer Kasus-Form nach Ad_{Nom} (vgl. 4.3.1.b).

Vergleichen Sie die folgenden Sätze!

1) Ibi puer dura ratione vitae assuevit. (4.3.2.)
Hier besteht die Ad_{Nom} aus einem einzelnen Subst. (*puer* „als Junge").
2) Cato tribunus militum legioni praefuit. (4.1.6.)
Hier besteht die Ad_{Nom} aus einem Subst. mit Attr. *(tribunus militum).*
3) Leo pastorem vehementer aggressus repente constitit. (8.1.10.)
Hier ist der Kern der Ad_{Nom} ein Partizip *(aggressus),* also eine Verb-Form, die auf Grund ihrer Wertigkeit eine E *(pastorem)* bei sich hat und durch eine Ad_{Adv} *(vehementer)* erweitert ist.

Beachten Sie, daß dieser Satz, als Ganzes betrachtet, nur vier Satzteile enthält, das Sj *(Leo),* eine partizipiale Ad_{Nom} *(pastorem vehementer aggressus),* eine Ad_{Adv} *(repente)* und das finite Verb. Die Worte *pastorem* und *vehementer* sind also keine selbständigen Glieder des Satzganzen, sondern Bestandteile der Ad_{Nom}. Erst innerhalb dieser Ad_{Nom} ist *pastorem* E_{Akk} und *vehementer* Ad_{Adv} zu *aggressus.*

b) Welche der nach 8.3.1. von Ihnen zusammengestellten PPP haben E oder Ad bei sich? Nennen Sie die betreffenden Wörter!

c) Bestimmen Sie das Zeitverhältnis zwischen dem PPP und dem finiten Verb des Satzes, in den das PPP eingegliedert ist! (Ist das PPP vorzeitig oder nicht?)

8.3.4. **a)** Die partizipiale Eingliederung im Satz 11 unterscheidet sich in einem Punkte von den bisher beschriebenen: In welchem?

Man kann auch diese Konstruktion als die Verbindung zweier selbständiger Sätze verstehen:

I	Pastor	prope iam exanimatus erat.	
II	Leo pastoris		manus linxit.
III	Leo pastoris	prope iam exanimati	manus linxit.

Bei der Eingliederung von Satz I in Satz II ändert sich dreierlei:
1) Das Wort *pastor* (Satz I) entfällt, da es – als Gen. *pastoris* – bereits in Satz II enthalten ist.
2) Das PPP *exanimatus* muß an den Gen. *pastoris* – an das Beziehungswort – angeglichen werden und somit *exanimati* lauten.
3) Die Form von *esse* entfällt.

b) Diese Art von Eingliederung ist bei jedem Kasus möglich, je nach dem Kasus des Beziehungswortes.
Wir nennen alle in 8.3. beschriebenen Partizipialkonstruktionen künftig **Ad**$_{\mathbf{Part}}$ (ohne Unterscheidung des Kasus).
Stellen Sie in 4.7.2. eine Ad$_{\text{Part}}$ im Akk. fest!

c) Diese Partizipialkonstruktion heißt auch **Participium coniunctum** („verbundenes Partizip"); gemeint ist die Verbindung, die durch das Beziehungswort zwischen dem Part. und dem übrigen Satz hergestellt wird.

8.3.5. Fügen Sie jeweils den Satz I als Ad$_{\text{Part}}$ in den Satz II ein! Vergessen Sie nicht die Angleichung an das Beziehungswort!

a) I Pastor prope iam exanimatus erat.
II Leo pastorem vehementer aggressus est.

b) I Pastor prope iam exanimatus erat.
II Populus pastori veniam petivit.

c) I Leo in amphitheatrum introductus erat.
II Pastor leonem non agnovit.

d) I Leo in amphitheatrum introductus erat.
II Populus vocem leonis audivit.

8.4. Partizipiale Eingliederungen: zweiter Typ

8.4.1. **a)** Im Text 4.1. finden sich zwei Ad_{Abl}, die als Hauptbestandteil ein PPP enthalten; sie wurden deshalb $\mathbf{Ad_{Abl+Part}}$ genannt (vgl. 4.3.1.c). Nennen Sie diese beiden $Ad_{Abl+Part}$!

b) Diese Konstruktion läßt sich ebenfalls als partizipiale Eingliederung, d. h. als **Umformung** ursprünglich selbständiger Sätze verstehen. Hierfür ein Beispiel:

I Bellum nondum confectum erat.
II Cato rem publicam capessivit. (capessere „ergreifen")

III Cato bello nondum confecto rem publicam capessivit.

Welche vier Satzteile enthält Satz III?

c) Man nennt diese Konstruktion auch **Ablativus absolutus** („losgelöster" oder „loslösbarer Ablativ"); gemeint ist, daß das Partizip samt seinem Beziehungswort aus dem Satz herausgelöst werden kann.

d) Im Text 8.1. (linke Spalte) finden sich ebenfalls partizipiale Eingliederungen dieser Art, z. B. in 8.1.7.:

I Vires eius refectae erant.
II In silvam digressus est.

III Viribus refectis in silvam digressus est.

Das Wort *eius* ist im Satz III nicht mehr nötig; die enge Verbindung der Aussagen schließt jeden Zweifel aus, daß die Kräfte des Löwen gemeint sind.

e) Nennen Sie weitere $Ad_{Abl+Part}$ des Textes 8.1. (linke Spalte)!

8.4.2. Verbinden Sie die folgenden Satzpaare, indem Sie Satz I partizipial in Satz II eingliedern. Übersetzen Sie das Ergebnis!

a) I Rhea Silvia in custodiam data erat.
II Amulius pueros eius in Tiberi exposuit.
(custōdia „Gefängnis")

b) I Frater Amulii ex oppido expulsus erat.
II Amulius Rheam Silviam sacerdotem fecit.
(expulsus: PPP zu expellere)

c) I Urbs Troia expugnata erat.
II Aeneas cum suis patriam reliquit.
(suī „seine Angehörigen, die Seinen")

8.5. Wortstellung in Sätzen mit partizipialen Eingliederungen

8.5.1. **a)** Vergleichen Sie folgende Sätze:
1) Leo dolore levatus paulisper lateri pastoris assedit.
2) Pastor falso crimine oppressus ad bestias damnatus est.

3) Populus valde miratus causam rei cognoscere cupivit.
4) Leo pastorem vehementer aggressus repente constitit.

Diese Sätze enthalten je fünf Bestandteile (Sj, finites Verb, E oder Ad zum finiten Verb, Part., E oder Ad zum Part.), und zwar stets in gleicher Reihenfolge.
Beschreiben Sie diese Reihenfolge!

b) Man spricht hier von **geschlossener Stellung** der Partizipialkonstruktion: Die vom Part. abhängigen Teile (E oder Ad) werden von dem Beziehungswort des Part. und dem Part. selbst eingeschlossen.
Diese Stellung ist üblich, aber nicht verbindlich. Wo sie vorliegt, kann man schon an ihr erkennen, ob eine E oder Ad zum Part. oder zum finiten Verb gehört.

8.5.2. **a)** In welchen der folgenden Sätze ist die übliche Abfolge von Part. und Beziehungswort vertauscht?
b) In welchen Sätzen liegt keine geschlossene Stellung vor, da es keine vom Part. abhängige E oder Ad gibt?
1) Collecta intus sanie claudicare coepit.
2) Suspenso pede laeso cauda blanditus est.
3) Vulnere accurate inspecto tumorem caute aperuit.
4) Pastoris prope iam exanimati manus linxit.
5) Causa breviter relata magno cum clamore utrique veniam petiverunt.

8.6. Übersetzung von Partizipialkonstruktionen

8.6.1. Im D kann die starke Verflechtung der Aussagen, wie sie in lateinischen Sätzen mit partizipialen Eingliederungen vorliegt, nicht immer nachgeahmt werden: Das Ergebnis wären oft schwerfällige Gebilde. Andererseits würde die völlige Auflösung in kleine Einzelsätze (wie in der Übersetzung zu 7.1.) den Fluß der Erzählung hemmen.

8.6.2. Man kann sechs Übersetzungsmöglichkeiten unterscheiden. Hierfür ein einfaches Beispiel:

Troiani e patria expulsi in Italiam venerunt.

1) Die Trojaner, aus ihrer Heimat vertrieben, kamen nach Italien. (Oder: Aus ihrer Heimat vertrieben, kamen die Trojaner nach Italien.)
2) Die aus ihrer Heimat vertriebenen Trojaner kamen nach Italien.
3) Die Trojaner waren aus ihrer Heimat vertrieben und kamen daraufhin nach Italien.
4) Die Trojaner, die aus ihrer Heimat vertrieben waren, kamen nach Italien.

5) Nachdem die Trojaner aus ihrer Heimat vertrieben worden waren, kamen sie nach Italien.
6) Nach ihrer Vertreibung aus der Heimat kamen die Trojaner nach Italien.

Selten sind bei einem Satz alle diese Möglichkeiten gleich gut anwendbar. Man muß je nach dem Zusammenhang eine passende wählen.

8.6.3. **a)** Bei den sechs Übersetzungen von 8.6.2. wurden verschiedene Konstruktionen und für die Wiedergabe des lat. PPP zum Teil verschiedene Wortarten verwendet: Welche?

b) In der Übersetzung 3) sind die beiden Aussagen des lateinischen Satzes am stärksten verselbständigt. Welche Wörter, die im L keine Entsprechung haben, wurden hierbei eingefügt?

c) Man könnte die Übersetzung 5) auch mit „weil" beginnen lassen. Welchen Sinn schriebe man dann der Aussage des lateinischen Part. zu? Wie müßten entsprechend die Übersetzungen 3) und 6) lauten?

d) In einem bestimmten Zusammenhang könnte man aus dem lateinischen Satz auch einen anderen Sinn herauslesen: „Obwohl die Trojaner aus ihrer Heimat vertrieben waren, kamen sie nach Italien" (anstatt umzukommen oder irgend etwas zu tun, was näher gelegen hätte).
Wie müßten entsprechend die Übersetzungen 3) und 6) lauten?

8.6.4. Formulieren Sie nach dem Muster von 8.6.2. sechs Übersetzungen zum folgenden Satz!
Antonius ab Octaviano superatus in Aegyptum perfugit.
(perfugere „flüchten")

8.6.5. Bei den PPP der Deponentien ist die Vorzeitigkeit (vgl. 8.3.3.c.) manchmal verblaßt, z. B.:
Leo cauda blanditus pastori occurrit.
In diesem Satz kann das PPP *blanditus* einfach mit „schweifwedelnd" (gleichzeitig) übersetzt werden.

8.6.6. Übersetzen Sie den Text 8.1.!

8.7. Zusätzliche Übungen

8.7.1. Cicero Dolabellam longo gladio accinctum vidit.
(Cicero sah Dolabella, der mit einem langen Schwert umgürtet war.)
Dieser Satz läßt sich folgendermaßen zerlegen:
I Dolabella longo gladio accinctus erat.
II Cicero Dolabellam vidit.
Übersetzen Sie die folgenden Sätze und zerlegen Sie sie, wie oben gezeigt:
1) Pastoris coniunx pueros ad Tiberim inventos educavit.
(inventus: PPP zu invenire)
2) Quintum Ennium e Sardinia deductum Romani postremo omnibus poetis anteponebant. (antepōnere „vorziehen")

8.7.2. **a)** Übersetzen Sie:
Antonio superato Octavianus Romam rediit.
Dieser Satz läßt sich zerlegen in:
I Antonius superatus erat.
II Octavianus Romam rediit.

b) Übersetzen Sie die folgenden Sätze und zerlegen Sie sie, wie oben gezeigt!
1) Pastoribus convocatis Romulus Remusque urbem novam condiderunt.
2) Romulus Remusque rege iniusto interfecto Numitori regnum restituerunt.
(interfectus: PPP zu interficere „töten")

8.7.3. Übersetzen Sie folgenden Satz so, daß jede verbale Aussage einen selbständigen Satz bildet!
Ludo finito pastor ex amphitheatro dimissus ad pecora iam diu relicta rediit.
(vgl. 8.1.13. – fīnīre „beenden")

8.7.4. **a)** Übersetzen Sie den folgenden Satz!
Octavianus avem hominis callidi emere statuit; dispensatori praecepit, ut pecuniam solveret. (vgl. 5.1.3)
(avis „Vogel"; dispēnsātor „Schatzmeister")

b) In welche Form müßten Sie den Ausdruck *supra memoratus* (zu deutsch: „oben erwähnt") bringen, damit er in den Satz eingegliedert werden kann und als Aussage verstanden wird über:
1) Octavianus
2) avem
3) hominis callidi
4) dispensatori
5) pecuniam

c) Aus welchem Grunde läßt sich der Ausdruck *Antonio superato* ohne weiteres (d. h. ohne Angleichung des Partizips an ein Beziehungswort im Satz) einfügen? Übersetzen Sie ihn!

OCEANVS Libertus victoriarum XIII Vicit
ARACINTVS Libertus victoriarum . . . IIII periit
SEVERVs libertus victoriarum XIII periit
ALBANVS SCauri Libertus victoriarum XIX Vicit
Wandzeichnung in Pompeji

Lernvokabeln

a) Verben

(Von den Deponentien werden aufgeführt: der Inf. Präs. und das Perf.)

errāre	errāvit	errātum	irren, umherstreifen
perˈturbāre	perturbāvit	perturbātum	(stark) in Verwirrung bringen
aperīre	aperuit	apertum	öffnen
fundere	fūdit	fūsum	ausgießen
levāre	levāvit	levātum	hochheben, erleichtern
asˈsīdere	assēdit		sich dazusetzen
dīgredī *(Dep.)*	dīgressus est		weggehen
agˈgredī *(Dep.)*	aggressus est		angreifen
opˈprimere	oppressit	oppressum	unterdrücken, bedrängen
damnāre	damnāvit	damnātum	verurteilen
cōnˈsistere	cōnstitit		sich hinstellen, stehenbleiben
cōˈgnōscere	cōgnōvit	cōgnitum	erkennen, kennenlernen
vertere	vertit	versum	wenden
movēre	mōvit	mōtum	bewegen
mīrārī *(Dep.)*	mīrātus est		sich wundern, staunen
cupere	cupīvit	cupītum	wünschen, begehren
reˈferre	rettulit	relātum	zurückbringen, berichten
petere	petīvit	petītum	(um etwas) bitten, etwas haben wollen

b) Substantive

silva, -ae *f.*	Wald
vulnus, -neris *n.*	Wunde
dolor, -ōris *m.*	Schmerz
latus, lateris *n.*	Seite
vīrēs, vīrium *f.* (*Plur. von* vīs 3)	Kräfte
lūdus, -ī *m.*	Spiel
crīmen, -minis *n.*	Beschuldigung
pūgna, -ae *f.*	Kampf
clāmor, -ōris *m.*	Geschrei

c) Adjektive

falsus, -a, -um	falsch
ingēns (*Gen.* -ntis)	ungeheuer, gewaltig

d) Pronomina

īdem, eadem, idem	derselbe

Lernpensum aus den Flexionstabellen

1) idem, eadem, idem
2) Impf., Perf., Plqpf., Konj. II, Konj. IV (jeweils 3. Person) von *esse*

9 Vergil

Der nüchterne Bericht von Vergils Leben geht auf Sueton (ca. 70–130 n. Chr.) zurück, einen Schriftsteller, der sich vor allem durch seine Kaiserbiographien einen Namen gemacht hat.

Der Dichter habe sich – so heißt es dort nach der Angabe des Geburtstages und -ortes – zunächst in Cremona aufgehalten; dort sei ihm als Fünfzehnjährigem die *toga virilis* („Männertoga") verliehen worden. Die Toga war das Oberkleid, sozusagen der Straßenanzug des Römers. Sie hatte beim freigeborenen Knaben am Rande einen roten Streifen. Wenn der Knabe von seinem Vater für mündig erklärt wurde (im 15. oder 16. Lebensjahr), erhielt er eine Toga ohne Streifen, eben die Männertoga.

Vergils Studien und erste dichterische Versuche fielen in die furchtbare Zeit der Bürgerkriege unter Caesar und nach Caesars Ermordung. Die siegreichen Truppen erhielten Land, das durch Enteignungen beschafft wurde; auch Vergil verlor hierbei seinen Besitz. Doch Asinius Pollio, ein einflußreicher Politiker, verwendete sich mit Erfolg für Vergil; Vergil wiederum widmete ihm zum Dank einige seiner Hirtengedichte (‚Bucolica'). Der Dichter fand bald darauf Zugang zu Maecenas, dem Freund des Augustus und Förderer der Künste; er hat dieser dauerhaften Beziehung in den ‚Georgica', einem Lehrgedicht über die Landwirtschaft, ein würdiges Denkmal gesetzt. Sein letztes Werk, die nicht mehr ganz vollendete ‚Aeneis', feierte den trojanischen Stammvater der Römer, den das julische Geschlecht (das Geschlecht Caesars und des Augustus) als seinen Ahnherrn betrachtete. Vergil zollte hierin der Herrschaft des Augustus einen aufrichtigen Tribut – doch in dem Maße war die Bürgerkriegsvergangenheit nicht für ihn vergessen, daß er es über sich gebracht hätte, in den Besitz eines Verbannten, d. h. eines Republikaners und Anhängers der Caesarmörder, der enteignet und des Landes verwiesen worden war, einzutreten.

9.1. Grundtext

1. P. Vergilius Maro Mantuanus, parentibus modicis, Cn. Pompeio Magno M. Licinio Crasso primum consulibus Iduum Octobrium die in pago natus est, qui Andes dicitur et abest a Mantua non procul.

1. P.: Publius *(römischer Vorname)* · **Mantuānus:** *Adj., abgeleitet von Mantua (Stadt in Oberitalien)* · **parentēs:** *pater et mater* · **modicus** mäßig, bescheiden · **Cn. Pompēiō . . . cōnsulibus** als Gnaeus Pompeius Magnus und Marcus Licinius Crassus zum 1. Male Konsuln waren = *im Jahre 70 v. Chr.* · **Īduum Octōbrium diē** am Tage der Iden des Oktober = *am 15. Oktober* · **pāgus** Dorf · **quī Andēs dīcitur** welches Andes genannt wird · **abest:** *vgl. ab, esse* · **procul** weit

2. Initia aetatis Cremonae egit usque ad virilem togam, quam quinto decimo anno natali suo accepit isdem illis consulibus iterum duobus, quibus erat natus.
3. Tum adulescens Cremona Mediolanum et Mediolano paulo post ad urbem transiit.
4. Studiis confectis, inter quae mathematicae quoque operam dederat, plerumque Neapoli habitavit; etiam Romae, quo rarissime commeabat, domum habuit.
5. Ex liberalitatibus amicorum magnam pecuniam possedit; bona autem cuiusdam exulis, quae ei ab Augusto oblata sunt, accipere non sustinuit.
6. Corpore et statura fuit grandi, facie rusticana, valetudine varia; nam saepe a stomacho et a faucibus et dolore capitis laborabat.
7. Primo Bucolica scripsit, ut Asinium Pollionem aliosque, qui eum bellis civilibus adiuverant, celebraret.
8. Deinde in honorem Maecenatis Georgica composuit septemque annis perfecit;
9. novissime Aeneidem inchoavit, in qua Romae simul et Augusti origo continetur.
10. Huic operi quinquaginta unum annos natus summam ma-

2. initium: *Subst. zu inīre* · **Cremōnae** in Cremona *(Stadt in Norditalien)* · **ūsque ad** bis · **quīntus decimus** der fünfzehnte · **nātālis** (diēs) Geburtstag · **duōbus:** *Abl. von duo* zwei · **īsdem ... duōbus:** *d. h. im Jahre 55 v. Chr.*
3. adulēscēns junger Mann, jüngerer Mann *(bis ca. 30 Jahre)* · **Cremōnā Mediōlānum trānsiit** er zog von Cremona nach Mailand · **urbs** *hier:* Rom · **trāns** hinüber, hindurch
4. studia *(Plur.)* die Studien · **quoque** auch · **mathēmaticae** *(Dat.)* **operam dare** auf die Mathematik Mühe verwenden · **plērumque** meistens · **Neāpolī habitāvit** er wohnte in Neapel · **etiam Rōmae ... habuit** auch in Rom, wohin er sehr selten ging, hatte er ein Haus
5. līberālitās Freigebigkeit · **pecūniam possēdit** *(Perf. von possīdere)* er bekam Geld · **bona** *(n. Plur.)* Hab und Gut, Besitz · **exul** verbannt · **oblātus:** *PPP von offerre* anbieten · **sustinuit:** *Perf. von sustinēre* etwas über sich bringen, auf sich nehmen
6. corpus Körper · **statūra** Statur, Gestalt · **grandis** mächtig · **faciēs** Gesicht · **rūsticānus** bäurisch · **valētūdō** das gesundheitliche Befinden · **varius** verschieden, wechselhaft · **saepe ā stomachō ... labōrābat** oft litt er an Magen und Hals und an Kopfschmerzen · **caput** Kopf
7. scrīpsit: *Perf. von scrībere* schreiben · **bellum cīvīle** Bürgerkrieg · **adiūvī:** *Perf. zu adiuvāre* helfen · **celebrāre** preisen, feiern
8. in honōrem Maecēnātis zu Ehren des Maecenas · **Geōrgica composuit** er verfaßte die Georgica · **perfēcit:** *Perf. von perficere* vollenden, abschließen
9. novissimē zuletzt · **inchoāre** beginnen · **continētur** (es) ist enthalten
10. opus Werk · **quīnquāginta ūnum annōs nātus** 51 Jahre alt · **summam manum impōnere** letzte Hand anlegen

num imponere ideoque triennium continuum in Graeciam et Asiam secedere statuit.

11. Sed cum iter ingressus Athenis Augusto, qui ab oriente Romam contendit, occurrisset, una cum eo domum redire destinavit.

12. In itinere languorem nactus est eumque navigatione vehementer auxit.

13. Itaque gravi morbo affectus Brundisium appulit, ubi diebus paucis post obiit, ante diem undecimum Kalendas Octobres C. Sentio Q. Lucretio consulibus.

14. Ossa eius Neapolim translata sunt.

· **triennium** drei Jahre · **continuus** zusammenhängend · **sēcēdere** weggehen
11. iter Weg, Reise · **ingressus:** *PPP von ingredī (Dep.)* antreten · **Athēnīs** *(Abl. Plur.)* in Athen · **oriēns** der Orient · **Rōmam contendit** er eilte nach Rom · **domum** nach Hause · **dēstināre** bestimmen, beschließen
12. languor Schwächeanfall · **nactus:** *PPP von nanciscī (Dep.)* bekommen · **nāvigātiō** Schiffahrt, Seereise · **auxit:** *Perf. von augēre* vermehren, steigern
13. gravī morbō affectus schwer krank *(eigentlich:* mit schwerer Krankheit behaftet) · **Brundisium** nach Brundisium *(heute Brindisi)* · **diēbus . . . post** nach wenigen Tagen · **obīre** verscheiden, sterben · **undecimus** der elfte · **ante diem . . . Octōbrēs** am 11. Tage vor den Kalenden des Oktober = *am 21. September* · **C. Sentiō . . . cōnsulibus:** *d. h. im Jahre 19 v. Chr.*
14. ossa *(n. Plur.)* die Gebeine · **Neāpolim** nach Neapel · **trānslātus:** *PPP von trānsferre* überführen

Übersetzen Sie den Text!

9.2. Ortsangaben

9.2.1. Man kann die E und Ad, die wir je nach ihrer Form als E_{Akk}, $E_{Präp}$ usw. und als Ad_{Abl}, Ad_{Adv} usw. bezeichnen, auch nach ihrem Inhalt (ihrem Aussagegehalt) ordnen. Dann heben sich als wichtige Gruppen heraus:

- die Ortsangaben (z. B. *in silva*)
- die Zeitangaben (z. B. *illo tempore*)

Wir beschäftigen uns jetzt mit den Ortsangaben.

9.2.2. **Ortsangaben** durch Präposition und Substantiv ($Ad_{Präp}$ oder $E_{Präp}$):

a) in mit Akkusativ bezeichnet das **Wohin,** z. B.:
in Italiam · in agros · in silvam

b) in mit Ablativ bezeichnet das **Wo,** z. B.:
in Italia · in agris · in silva

c) ex (e) mit Ablativ bezeichnet das **Woher,** z. B.:
ex Italia · ex agris · e silva

9.2.3. In bestimmten Fällen verwendet das L Ortsangaben ohne Präp. In 9.1. finden Sie elf Ortsangaben dieser Art, z. B.:

Wohin	Woher	Wo
Mediolanum (S. 3) „nach Mailand"	Cremonā (S. 3) „von Cremona"	Cremonae (S. 2) „in Cremona"

Außerdem finden Sie in 4.1. drei Beispiele, in 5.1. ein Beispiel.
Stellen Sie alle diese Beispiele (aus 9.1., 4.1., 5.1.) nach dem obigen Muster, geordnet nach Wohin/Woher/Wo, zusammen!

9.2.4. Wir prüfen diese Liste nach Wortinhalt und Kasus-Verwendung:

a) Wortinhalt: Es handelt sich im allgemeinen um Städtenamen. Welche Angaben machen hiervon eine Ausnahme?

b) In der Spalte „Wohin" findet sich nur ein Kasus, der Akk. Die Regel lautet demnach:

Städtenamen antworten auf die Frage „Wohin?" mit dem reinen Akkusativ (ohne Präp.); dasselbe gilt für einige andere Subst., z. B. *domum* „nach Hause".

c) In der Spalte „Woher" findet sich ebenfalls nur ein Kasus. Wie lautet die Regel?

d) Die Spalte „Wo" läßt zwei Typen erkennen:

1) Städtenamen im Sing. der a- und o-Dekl. antworten auf die Frage „Wo?" mit dem **Lokativ,** einem sonst ausgestorbenen Kasus; er endet auf *-ae* oder *-ī,* lautet also meist ebenso wie der Gen. (z. B.: *Romae* „in Rom"; *Brundisii* „in Brundisium").
Daß indes kein Gen. vorliegt, ist an *domi* „zuhause" ersichtlich: Wie lautet der Gen. von *domus?*
2) Städtenamen im Plur. sowie Städtenamen der konsonantischen und der i-Dekl. antworten auf die Frage „Wo?" mit dem (reinen) Ablativ (z. B. *Athenis* „in Athen"; *Carthagine* „in Karthago"; *Neapoli* „in Neapel").

9.2.5. Wie sich aus 9.2.4. ergibt, bezeichnet der reine Abl. bei Städtenamen manchmal sowohl das „Woher?" als auch das „Wo?". Gleichwohl sind derartige Ortsangaben im Satzzusammenhang fast nie doppeldeutig.

Übersetzen Sie die folgenden Sätze und bestimmen Sie, wodurch die Eindeutigkeit bewirkt wird!
1) Vergilius Athenis Augusto occurrit.
2) Cum eo Athenis Romam contendit.
3) Caesar Roma navibus Alexandriam transiit.

4) Tiberius plerumque Capreis, in insula prope Neapolim sita, habitavit. (situs, -a, -um „gelegen, liegend")

9.2.6. Die bisher behandelte ausführliche Ausdrucksweise bei Ortsangaben wird nur benutzt, wenn der betreffende Ort namentlich genannt werden soll, z. B. wenn er in einem Text erstmals vorkommt. Im weiteren Zusammenhang desselben Textes wird nur noch darauf verwiesen (vgl. 1.3.). Wir können also **Ortsnennungen** und **Ortshinweise** unterscheiden. Als Ortshinweise dienen eigene, meist kurze Wörter, die Ortsadverbien (Ad_{Adv}), z. B.:

ibi	dort	eo	dorthin
hic	hier	inde	von dort

9.3. Der Ablativ

9.3.1. Man unterscheidet beim **Ablativ drei Hauptbedeutungen:**

a) Der Abl. bezeichnet den Ort, von dem man herkommt oder getrennt ist: sogenannter **Ablativus separativus** (von *sēparāre* „trennen").
Dieser Abl. kann auch die Herkunft oder Trennung im übertragenen Sinne bezeichnen.

Woher?

	in eigentlichem Sinn	in übertragenem Sinn
reiner Ablativ	Mediolano (ad urbem transiit)	parentibus modicis (natus est)
Abl. mit Präp.	ab oriente (Romam contendit)	ex liberalitatibus (amicorum pecuniam possedit)

b) Der Abl. bezeichnet den Ort, an dem man sich befindet: sogenannter **Ablativus locativus** (von *locāre* „an einen Ort stellen").
Auch bei diesem Abl. gibt es eine übertragene Bedeutung: Er bezeichnet nicht nur den Punkt im räumlichen Sinne, sondern auch den Zeitpunkt oder Zeitraum.

Wo? Wann?

	örtlich	zeitlich
reiner Ablativ	Athenis (Augusto occurrit)	bellis civilibus (eum adiuverunt)
Abl. mit Präp.	in pago (natus est)	in itinere (languorem nactus est)

c) Der Abl. bezeichnet das „Wie“, „Womit“, „In-welcher-Hinsicht“, „Um-wieviel“, kurz: die Umstände, unter denen etwas geschieht: sogenannter **Ablativus sociativus** (von *sociare* „begleiten, gemeinsame Sache machen“).
Diese Bedeutungsrichtung des Abl. hat, wie Sie an der Vielzahl der Fragemöglichkeiten sehen, besonders viele Spielarten, entsprechend der Vielzahl von Umständen, die bei einem Vorgang beobachtet werden können.

Wie?	reiner Abl.	Vergilius corpore grandi erat. (9.1.6.)
	Abl. mit Präp.	Populus magno cum clamore veniam petivit. (7./8.1.12.)
Womit?	reiner Abl.	Aeneas navibus in Siciliam venit. (3.1.3.)
	Abl. mit Präp.	Aeneas cum sociis patriam reliquit. (3.1.3.)
In welcher Hinsicht?	reiner Abl.	Caesar beneficiis magnus habebatur. (6.1.3.)
	Abl. mit Präp.	Romulus et Remus controversiam de imperio habuerunt. (2.1.16.)
Um wieviel?		Vergilius diebus paucis post obiit. (9.1.13.)

In dem Beispiel *Aeneas navibus in Siciliam venit* bezeichnet der Abl. das Werkzeug einer Tätigkeit; nach diesem Gebrauch wird der Abl. sociativus in manchen Grammatiken auch insgesamt **Ablativus instrumentalis** („Ablativ des Mittels und Werkzeugs“) genannt.

9.3.2. Die folgenden Sätze enthalten je ein Satzglied im reinen Abl. Ordnen Sie diese Abl. den drei Hauptbedeutungen zu! Geben Sie für jeden Abl. zwei deutsche Präp. als Übersetzungsmöglichkeiten an!

1) Invidia exarsit. (5.1.4. – exarsit: Perf. von exardescere „entbrennen“)
2) Illo tempore magnum bellum erat. (4.1.4.)
3) Quinto Fabio Maximo consule in Sicilia erat. (4.1.6.)
4) Omnes censores severitate superavit. (4.1.13.)
5) Iussu Octaviani praesto erat. (5.1.5.)
6) Caesar dando et ignoscendo in gloriam venit. (6.1.5.)
7) Pastor falso crimine oppressus est. (7.1.9.)
8) Vergilius Cremona Mediolanum venit. (9.1.3.)

9.3.3. Übersetzen Sie die folgenden Sätze! Welche der schräg gedruckten Endungen *(-a, -e, -i, -o, -is, -ibus)* kennzeichnen einen Abl.? Geben Sie die Gründe an, die jeweils für die Bestimmung des Kasus maßgeblich sind!

1) Numa Pompilius, unus e reg*ibus* Romanorum, iustiti*a* eminuit.
(iūstitia „Gerechtigkeit“; ēminēre „hervorragen“)

2) Romul*i* tempor*e* Romani saepe bell*a* fecerant ali*is* popul*is*, sed Num*a* Pompili*o* reg*e* pax erat continu*a*.
3) Obiit anno octogesim*o* aetat*is*.
(octōgēsimus „achtzigster")
4) Cum ingent*i* popul*i* dolor*e* sepultus est.
(sepultus est „er wurde bestattet")
5) Vit*a* eius poster*is* exemplum singular*e* dedit.
(posterī „Nachkommen"; exemplum „Beispiel")

9.3.4. Der Ablativ als Satzteil

Der Text 9.1. enthält 24 Ausdrücke in reinem Ablativ. [Zusammengehörige Wörter wie *quinto decimo anno* gelten hierbei als ein Ausdruck. Mitgezählt sind *primo* (S. 7) und *una* (S. 11), nicht jedoch *quo* (S. 4) und *ideo* (S. 10).]

a) Sechs dieser Ausdrücke sind Ergänzungen zu Verben, also Bestimmungen, die von der Bedeutung (der Wertigkeit) des Verbs gefordert werden: E_{Abl}. Stellen Sie sie fest!

b) Zwei weitere Ausdrücke sind Bestimmungen zu Satzteilen, also weder E zum Verb noch Ad zum Satz als ganzem. Stellen Sie sie fest!

c) Die restlichen Ausdrücke sind freie Angaben zum Satz als ganzem: Ad_{Abl}. In dieser Weise wird der Abl. auch sonst am häufigsten verwendet.

9.4. Zahlwörter

9.4.1. **a)** Stellen Sie aus 9.1. sowie aus 1.1.1., 2.4.1., 4.1.5. und 5.1.3. Zahlwörter zusammen und weisen Sie sie den Gruppen Grundzahlen (wie z. B.: eins, zwei, drei ...) und Ordnungszahlen (wie z. B.: der erste, der zweite, der dritte ...) zu!

b) Welche dieser Zahlwörter tragen Kasus-Kennzeichen und richten sich im Satz nach ihrem Beziehungswort?

9.4.2. **a)** Prägen Sie sich die folgenden **Grundzahlen** ein:

1 ūnus	6 sex	Ferner:
2 duo	7 septem	20 vīgintī
3 trēs	8 octō	100 centum
4 quattuor	9 novem	1000 mille
5 quīnque	10 decem	

Dekliniert werden die Grundzahlen:
ūnus, -a, -um (Gen. ūnīus, Dat. ūnī) — duo, duorum — trēs (n. tria), trium
mīlia, mīlium (Plur. von mīlle)

Die übrigen hier genannten Zahlen sind nicht deklinierbar.

b) Alle weiteren Grundzahlen sind aus den oben genannten Zahlen zusammengesetzt oder abgeleitet. Hierbei treten folgende Endungen auf:
1) -ginta „-zig“ (für Zehnerzahlen, nicht dekl.) z. B. quadrāginta „vierzig“
2) -gentī, -ae, -a/centī, -ae, -a „-hundert“ (für Hunderterzahlen, dekl.) z. B. quadringenti „vierhundert“, sescenti „sechshundert“

Die Zahlen 18 und 19, 28 und 29 usw. werden vom folgenden Zehner aus bestimmt:

duodēvīgintī	18 (eigentlich: zwei weniger als zwanzig)
undēvīgintī	19 (eigentlich: eins weniger als zwanzig)
duodētrīginta	28
undēquādraginta	39

c) Prägen Sie sich die folgenden **Ordnungszahlen** ein:

prīmus	der erste	sextus	der sechste
secundus	der zweite	septimus	der siebte
tertius	der dritte	octāvus	der achte
quārtus	der vierte	nōnus	der neunte
quīntus	der fünfte	decimus	der zehnte

Die Endungen für Zehner und Hunderter lauten bei den Ordnungszahlen:

1) -gēsimus/-cēsimus	„-zigste“, z. B.:
quadrāgēsimus	„der vierzigste“, trīcēsimus „der dreißigste“
2) -gentēsimus/-centēsimus	„-hundertste“, z. B.:
quādringentēsimus	„der vierhundertste“, sēscentēsimus „der sechshundertste“

9.4.3. Übersetzen Sie die folgenden Zahlen!
a) Grundzahlen: undecim · tredecim · viginti duo · septuaginta tres · octoginta · quingenti nonaginta

b) Ordnungszahlen: duodecimus · septimus decimus · quinquagesimus · septuagesimus sextus · centesimus vicesimus · millesimus nongentesimus septuagesimus quintus

9.4.4. **a)** Der Text 9.1. enthält zwei Datumsangaben mit Monat und Tag. Nennen Sie sie!

b) Im römischen **Kalender** hatten drei Tage eines jeden Monats feste Namen, und zwar hieß:
- der 1. Tag: **Kalendae** („die Kalenden“),
- der 5., mitunter der 7. Tag: **Nōnae** („die Nonen“),
- der 13., mitunter der 15. Tag: **Īdūs,** Gen. *Īduum* („die Iden“).

Von diesen Fixpunkten aus wurden die übrigen Tage durch Zurückrechnen bestimmt; hierbei zählte man sowohl den Fixpunkt als auch den Tag, den man bestimmen wollte, mit, z. B.:
Der 28. hieß, wenn der betreffende Monat 30 Tage hatte: *ante diem quartum Kalendas . . .* („am 4. Tag vor den Kalenden des . . .“), wenn hingegen 31 Tage, *ante diem quintum Kalendas . . .* („am 5. Tag vor den Kalenden des . . .“).
Die Monatsnamen wurden stets in adjektivischer Form zu den Fixtagen gestellt: *Kalendae Octobres* („die Kalenden des Oktober“) usw.

9.5. **Zusätzliche Übungen**

9.5.1. Ordnen Sie die präpositionalen Abl. der folgenden Sätze den Begriffen separativ, lokativ und soziativ zu! Geben Sie zu Satz 4) zwei präpositionale Übersetzungsmöglichkeiten an!

1) Amulius Rheam a matrimonio prohibuit. (2.1.6.)
2) Una cum amico consulatum gessit. (4.1.10.)
3) Ascanius sub monte Albano novam urbem condidit. (3.1.12.)
4) Cato a censura cognomen („Beiname“) Censorium accepit. (4.1.14.)
5) Vergilius ex liberalitate amicorum magnam pecuniam possedit. (9.1.5.)

9.5.2. Übersetzen Sie die folgenden Sätze!

1) Copias Latini celeriter convocatas Troiani vicerunt. (vgl. 3.1.6.–7.)
2) Pueri in ripa Tiberis relicti ab uxore pastoris alebantur. (vgl. 2.1.9.–11.)
3) Romulus Remum interfecit et solus in urbe regnavit. (vgl. 2.1.17.)
   (sōlus „allein“; rēgnāre „herrschen“)
4) Romulus fratre interfecto regnavit. (vgl. 2.1.17.)
5) Cato Romae censor luxuriam severe coercuit. (vgl. 4.1.13.)

9.6. **Wortstudien**

per heißt „durch“. Komposita mit *per* bezeichnen eine Handlung, die bis zum Ende durchgeführt wird. Erklären Sie danach die folgenden Wörter!
perficere · peragere · pervenire · perturbare · perfugium (6.1.6., vgl. 8.6.4.)

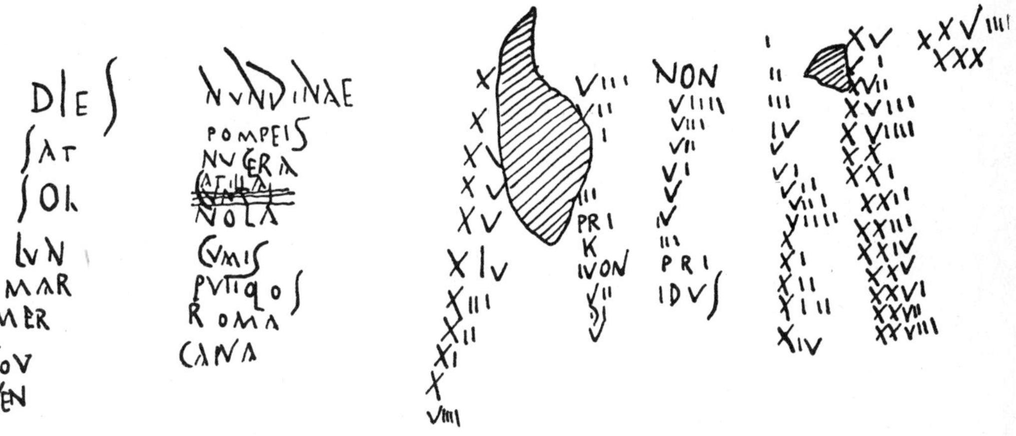

DIES SATurni SOLis LVNae MARtis MERcuri IOVis VENeris
NVNDINAE POMPEIS NVCERIA ATỊLLA NOLA CVMIS PVTIOLOS ROMA CAPVA
Kritzelei an der Wand eines Ladens in Pompeji

Lernvokabeln

a) Verben

nāscī *(Dep.)*	nātus sum		geboren werden, entstehen
dīcere	dīxit	dictum	sagen, nennen
abˈesse (esse 4)	āfuit		wegsein
agere	ēgit	actum	treiben, tun
acˈcipere	accēpit	acceptum	annehmen, empfangen
trānsˈīre	trānsiit		hinübergehen
redˈīre	rediit	reditum	zurückkehren
obˈīre (mortem)	obiit		sterben
cōnˈficere (facere 5, reˈficere 7)	cōnfēcit	cōnfectum	vollenden, ausführen
perˈficere	perfēcit	perfectum	
afˈficere *(mit E_{Abl})*	affēcit	affectum	versehen (mit etw.)
habitāre (habēre 1)	habitāvit	habitātum	(be-)wohnen
possīdere	possēdit	possessum	bekommen, in Besitz nehmen
ofˈferre (reˈferre 8)	obtulit	oblātum	anbieten
trānsˈferre	trānstulit	trānslātum	hinübertragen
susˈtinēre (tenēre 3)	sustinuit	sustentum	aushalten
conˈtinēre	continuit	contentum	fēsthalten, enthalten
scrībere	scrīpsit	scrīptum	schreiben
adˈiuvāre *(mit E_{Akk})*	adiūvit	adiūtum	helfen, unterstützen
celebrāre *(mit E_{Akk})*	celebrāvit	celebrātum	jemanden feiern, preisen
comˈpōnere (pōnere 7)	composuit	compositum	zusammensetzen, abfassen
imˈpōnere	imposuit	impositum	einsetzen, auferlegen
inˈgredī *(Dep.)* (agˈgredī, dīˈgredī 8)	ingressus est		hineingehen, antreten
conˈtendere	contendit	contentum	sich anstrengen, eilen
ocˈcurrere	occurrit	occursum	entgegenlaufen
apˈpellere	appulit	appulsum	hinsteuern, landen
nancīscī *(Dep.)*	na(n)ctus est		erlangen, bekommen
augēre	auxit	auctum	vermehren

b) Substantive

parentēs *(Plur.)* -tum *m.*	Eltern
diēs, diēī *m.*	Tag
initium, -ī *n.*	Anfang
adulēscēns, -ntis *m.*	junger Mann
studia *(n. Plur.)* (*vgl.* summō studiō 4)	Studien
opera, -ae *f.*	Mühe, Anstrengung
opus, operis *n.*	Arbeit, Werk
domus, -ūs *f.* (dominus 7, domum)	Haus
bona *(n. Plur.)*	Güter, Vermögen, Hab und Gut
corpus, corporis *n.*	Körper
valētūdō, -dinis *f.*	Gesundheit
caput, capitis *n.*	Kopf
honor, -ōris *m.*	Ehre, Ehrenamt
iter, itineris *n.*	Weg, Reise
morbus, -ī *m.*	Krankheit
exemplum, -ī *n.*	Beispiel

c) Adjektive

modicus, -a, -um (modus 7)	mäßig, bescheiden
grandis, -is, -e	groß, bedeutend, großartig
varius, -a, -um	verschieden
cīvīlis, -is, -e (cīvis 4)	bürgerlich, Bürger-
continuus, -a, -um	ununterbrochen
gravis, -is, -e	schwer, ernst
paucī, -ae, -a *(Plur.)*	wenige
situs, -a, -um	gelegen, liegend

d) Adverbien

procul	weit, entfernt
plērumque	meistens
quō	wohin
eō	dorthin
hīc	hier
saepe	oft
domum	nach Hause
domī	zu Hause
domō	von zuhause

e) Sonstige Wörter

ūsque ad	bis
quoque	auch
ante *(beim Akk.)*	vor

f) Wendungen

aetātem agere	sein Leben verbringen
operam dare *(m. Dat.)*	sich bemühen (um etwas) (eigentl. „Mühe geben")
bellum cīvīle	Bürgerkrieg
statūrā grandī fuit	er war von mächtigem Wuchs
quīnquāginta annōs nātus	50 Jahre alt
morbō affectus	krank (eigentl. „mit Krankheit behaftet")

Lernpensum
Zahlen (9.4.2.)

10 Scipio Nasica und Ennius

Quintus Ennius (239–169 v. Chr.), der große Vorklassiker der römischen Dichtung, stammte aus Süditalien. Er wurde, wie uns schon bekannt ist (L. 4), von Cato Censorius aus Sardinien nach Rom gebracht; er hatte dort wahrscheinlich in einer Einheit römischer Bundesgenossen Kriegsdienst gegen Karthago geleistet. Er betätigte sich in Rom als vielseitiger Schriftsteller von großer Fruchtbarkeit; meist bearbeitete er – wie es damals üblich war – griechische Werke, vor allem Tragödien. Sein Hauptwerk indes, das Epos ‚Annales' (‚Jahrbücher'), war eine durchaus selbständige Leistung; es behandelte in 18 Büchern die Geschichte Roms von der Ankunft des Aeneas in Italien bis zur eigenen Gegenwart. Leider sind von allen Werken des Ennius nur noch Fragmente von meist geringem Umfang erhalten.

Unsere Geschichte ist der ciceronischen Schrift ‚De oratore' (‚Über den Redner') entnommen; Cicero legt dort dar, welche Fähigkeiten und Eigenschaften er von einem überragenden, vor allem durch seine Redegabe wirkenden Politiker erwartet. Zu dieser Redegabe zählt nach Ciceros Meinung nicht zuletzt der treffsichere, zündende Witz; eine lange Partie der Schrift bringt daher eine Fülle von Beispielen.

Wir mögen gewiß auch über den geistreichen Einfall des Scipio Nasīca schmunzeln (gemeint ist ein nicht unwichtiger Repräsentant des bedeutenden Hauses der Scipionen); wir schätzen indes die Anekdote vor allem deshalb, weil sie uns einiges über die soziale Stellung des Ennius verrät. Der uns geläufige Typus des „freien Schriftstellers" war nämlich im antiken Rom unbekannt, ja unvorstellbar; wer dort sein poetisches Talent entfalten wollte, bedurfte der Protektion durch einen adligen Herrn. So auch Ennius, der sich der Gunst des älteren Scipio Africanus (des Siegers über Hannibal) und anderer Aristokraten erfreut hat. Unsere Geschichte zeigt, daß diese Protektion dem Dichter nicht einmal das Gefühl der Abhängigkeit auferlegte – Maecenas, dessen Name zum Inbegriff taktvoller Künstlerpatronage geworden ist, hatte also Vorgänger unter den großen Herren der römischen Republik.

10.1. Grundtext

1. Scipio Nasica ad poetam Ennium venit. Eum ab ostio quaesivit. Ancilla dixit: „Ennius domi non est."
Nasica autem sensit: „Illa domini iussu id dixit; Ennius domi est."

1. **ōstium** Tür · **eum quaesīvit** (er) fragte nach ihm
ancilla Magd · **sēnsit** (er) merkte

2. Paucis post diebus Ennius ad Nasicam venit. Eum ab ostio quaesivit.
Ille clamavit: „Domi non *sum*."
3. Tum Ennius: „Quid? *Ego* non cognosc*o*" inquit, „vocem *tuam*?"

4. Hic Nasica: „Homo *es* impudens! Paucis ante diebus *ego te* quaesiv*i*, et ancilla *tua mihi* dixit: ‚Domi non est.' Et *ego* ei credid*i*. *Tu* autem *mihi* non cred*is* ipsi?"

2. clāmāvit: *Verb zu clāmor (8)* · **sum** ich bin

3. quid? was? · **ego** ich · **cōgnōscō:** *1. Pers. Sing. Präs. von cōgnōscere (8)* · **inquit** *(eingeschoben)* (er) sagte · **tuus** dein

4. es du bist · **impudēns** unverschämt · **ante** *(Adv.)* vor · **tē** dich *(zur Übersetzung vgl. S. 1)* · **quaesīvī:** *1. Pers. Sing. zu quaesīvit* · **mihi** mir · **crēdidī** ich glaubte, habe geglaubt · **tū** du · **crēdis:** *2. Pers. Sing. Präs. zu crēdidī* · **ipsī:** *Dat. von ipse* selbst

---

10.2. Die 1. und 2. Person

10.2.1. Erzählung und Gespräch

Die L. 2 bis 9 brachten durchweg **erzählende Texte.** Auch der Text dieser Lektion ist als Ganzes eine Erzählung. In ihn eingeschoben sind jedoch Gespräche, in denen nicht erzählt (Vergangenes aus der Distanz berichtet), sondern eine gegenwärtige Situation besprochen und dazu Stellung genommen wird. Wir können aus ihnen zwei typische Merkmale **besprechender Texte** oder Textteile ableiten:

a) Während man beim Erzählen oft nur die 3. Pers. benötigt (in der man über etwas berichtet), finden wir hier auch die 1. und 2. Pers., in der man von sich selbst spricht bzw. seinen Partner anredet.

b) Im Gespräch tritt das Tempus Präsens auf.

10.2.2. Die Unterscheidung der drei **grammatischen Personen** tritt in drei Wortarten zutage:

- in den finiten Verb-Formen,
- in den Personalpronomina (D: ich, du, mir, dir usw.),
- in den Possessivpronomina (D: mein, dein usw.).

Im Text 10.1. sind diese Elemente schräg gedruckt. Ordnen Sie sie in eine Tabelle folgender Art ein!

		1. Pers.	2. Pers.
Verb-Formen	Präs.		
	Perf.		
Personalpronomina			
Possessivpronomina			

10.2.3. Das **Personen-Kennzeichen** hat bei allen drei Wortarten verweisenden Sinn (vgl. 1.3.): Das Possessivpron. *tuam* in S. 3 verweist z. B. auf den Namen *Nasica (vocem tuam: vocem Nasicae),* das Possessivpron. *tua* in S. 4 auf den Namen *Ennius (ancilla tua: ancilla Ennii).*

a) Auf welche Namen verweist die Personalendung der 3. Pers. in den Verben *venit* und *quaesivit* in S. 1 und in S. 2?

b) Welchen Satzteil stellen diese Namen jeweils dar?

10.2.4. **a)** Die Personen-Kennzeichen der finiten Verb-Formen verweisen zwar stets auf den gleichen Satzteil – nämlich auf das Subjekt; jedoch kann ein und dasselbe Personen-Kennzeichen in ein und demselben Text auf verschiedene Namen verweisen. Dies gilt nicht nur von den Personen-Kennzeichen der Verb-Formen, sondern auch von den Personal- und Possesivpronomina:

Die drei grammatischen Personen sind gewissermaßen sprachliche Rollen, deren Besetzung im Laufe eines Textes wechseln kann. Im Gespräch, das aus Rede und Gegenrede besteht, wechselt diese Besetzung auf jeden Fall.

b) Wie sind die folgenden Wörter, die sämtlich das Kennzeichen der 1. Pers. Sing. tragen, auf die beiden Namen *Ennius* und *Nasica* verteilt?

S. 2: sum
S. 3: ego, cognosco
S. 4: ego, quaesivi, mihi, credidi

c) Wie sind in diesen Sätzen die Formen der 2. Pers. Sing. verteilt? Welche Gesetzmäßigkeit läßt die Verteilung der 1. und 2. Pers. erkennen?

10.2.5. Wir haben oben festgestellt, daß das Personen-Kennzeichen einer finiten Verb-Form stets auf das Sj des Satzes verweist. Wenn das Sj nicht ausdrücklich genannt wird, muß im D die Sj-Stelle mit einem Pron. besetzt werden. Im L hingegen genügt die finite Verb-Form. Im Text 10.1. finden sich gleichwohl mehrfach Personalpron. der 1. und 2. Pers. in der Sj-Rolle.

Stellen Sie diese Pron. fest und versuchen Sie zu begründen, warum sie hier hinzugefügt wurden!

10.3. **Text 10.1.** in erweiterter und veränderter Fassung

10.3.1. 0. (Nasica:) Rem, amici, iocosam *vobis* narrare volu*mus*. Alter altero iam diu familiariter uti*mur*, sicut *vobis* notum est.

0. rēs iocōsa lustiger Vorfall · **vōbīs** euch *(Dat.)* · **volumus** wir wollen · **alter alterō familiāriter ūtimur** wir verkehren freundschaftlich miteinander · **sīcut** (so) wie · **nōtus** bekannt

(Amici:) Libenter attendi*mus,* si quid de *vestra* amicitia *nobis* narrare vul*tis.*

(Ennius:) Domus *nostrae* modico spatio distant, sicut *vos* non ignora*tis.*

1. Aliquando, Publi, ad *me* ven*isti. Me* ab ostio quaesiv*isti.* Ancilla *mea* autem *tibi* dixit: „Ennius domi non est". At *tu* sens*isti:* „Illa domini iussu id dixit; Ennius domi est."

2. Paucis post diebus *ego* ad *te* ven*i. Te* ab ostio quaesiv*i. Tu* autem clamav*isti:* „Domi non *sum*".

3. Tum *ego:* „Quid? *Ego* non cognosc*o*", inqu*am,* „vocem *tuam*?"

4. Hic *tu:* „Homo *es* impudens! Paucis ante diebus *ego te* quaesiv*i,* et ancilla *tua mihi* dixit: ‚Domi non est'. Et *ego* ei credid*i. Tu* autem *mihi* non credi*s* ipsi?"

libenter gern · **attendimus** wir passen auf, hören zu · **sī** wenn · **quid** etwas · **vester, vestra, vestrum** euer · **amīcitia** Freundschaft · **nōbīs** uns *(Dat.; vgl. vōbīs)* · **vultis** ihr wollt
noster, nostra, nostrum unser *(vgl. vester)* · **modicō spatiō distant** (sie) stehen eine mäßige Strecke auseinander · **vōs** ihr · **īgnōrātis** ihr wißt nicht, euch ist unbekannt
1. aliquandō eines Tages · **Publī** mein Publius (Anrede) · **mē:** *Akk. von ego* · **vēnistī:** *2. Pers. Sing. zu vēnit* · **quaesīvistī:** *vgl. vēnistī* · **meus** mein · **tibi:** *Dat. von tū* · **sēnsistī:** *vgl. vēnistī*
2. clāmāvistī: *vgl. venisti*
3. inquam: *1. Pers. Sing. zu inquit*

Übersetzen Sie diese Fassung!

10.3.2. Ordnen Sie die Verb-Formen und Pron. der 1. und 2. Pers. aus dem Text 10.3.1. in eine Tabelle folgender Art ein! (Beachten Sie, daß nun auch zwischen Sing. und Plur. unterschieden wird!) Geben Sie bei jeder Pronominalform auch den Kasus an!

		1. Pers.		2. Pers.	
		Sing.	Plur.	Sing.	Plur.
Verb-Formen	Präs.				
	Perf.				
Personalpronomina					
Possessivpronomina					

10.3.3. Übersetzen Sie die folgenden Sätze und bestimmen Sie die Pron. der 1. und 2. Pers.! (Erschließen Sie die Ihnen noch unbekannten Formen aus den entsprechenden Formen im Text 10.3.1; ziehen Sie im Zweifel die Flexionstabelle* zu Rate!)

1) *(Die Freunde zu Ennius und Nasica:)* Amicitiam vestram non ignoramus. Rem iocosam a vobis audire volumus.
2) *(Nasica zu den Freunden:)* Domus Ennii, amici mei, modico spatio a mea distat. – Servi nostri saepe veniunt a me ad illum aut ab illo ad me. (servus „Sklave“; aut „oder“)
3) *(Ennius zu Nasica:)* Servo meo credidisti, verbis meis non credis?

10.3.4. Übersetzen Sie folgende Anekdote; stellen Sie fest, welche der beiden Figuren jeweils mit den Verb-Formen und Pron. der 1. und 2. Pers. gemeint ist!

Herr und Sklave
Dominus quidam servum virgis coercebat propter desidiam.
Ille clamavit: „Cur *me* percuti*s*, domine? Nihil fec*i*!“
Dominus ei respondit: „Propter id ipsum *te* percuti*o*, quod nihil fec*isti*.“

virga Rute · **dēsidia** Faulheit
cūr? warum? · **percutere** schlagen · **domine:** *Anrede-Kasus von dominus*
respondēre antworten · **quod** weil

10.4. Das Präsens

10.4.1. **a)** Stellen Sie die Präsens-Formen der Texte 10.1. und 10.3.1. zusammen und übersetzen Sie sie (*utimur* in 10.3.1.0. ist eine passive Form des Präs. von dem Deponens *uti*)! Fügen Sie zu dieser Liste weitere Präsens-Formen aus 1.1.1.–1.1.3. und aus 6.1.1. hinzu!
b) Wie lauten die Kennzeichen aller Personen des Präs. Akt.? (Sehen Sie hierbei von der unregelmäßigen Form *sum* ab!)

10.4.2. **a)** Die Übersicht 7.7.2. nannte als Beispiel die Formen:

Inf. Präs.	3. Pers. Sing. Impf.	Stamm
damna-re	damna-ba-t	damna-

Wir fügen jetzt die 3. Pers. Sing. Präs. hinzu: *damna-t.*
Bilden Sie die entsprechende Form von *videre* und *audire!*
b) Aus welchen Teilen bestehen demnach die Formen des Präs.?

10.4.3. Achten Sie bei der Benutzung der Flexionstabellen auf folgende Besonderheiten der Präsens-Bildung!

* Der Genitiv des Pers.-Pron ist formgleich mit dem Genitiv Sing. m. des Possessivpronomens *(mei, tui, sui, nostri, vestri)* und dient als E_{Gen} oder Attribut.

a) In der **a-Konjug.** verschwindet der Stamm-Auslaut *-a-* vor dem Kennzeichen *-ō* (1. Pers. Sing.), z. B. *damn-ō.*

b) In der **i-Konjug.** wird vor dem Kennzeichen *-nt* (3. Pers. Plur.) ein *-u-* eingeschoben, z. B. *audiunt.*

c) In der **konsonantischen Konjug.** wird vor dem Kennzeichen aller Personen – außer der 1. Pers. Sing. – und weiterhin vor der Endung des Inf. ein Vokal eingeschoben: *-e-*, *-i-*, oder *-u-;* z. B.:
ag-i-mus (dagegen in der i-Konjug.: *audī-mus*), *ag-u-nt, ag-e-re* (dagegen in der e-Konjug.: *vidē-re*); aber: *ag-ō.*

d) In der **gemischten Konjug.** wird vor alle Personen-Kennzeichen ein *-i-* eingeschoben, z. B. *cup-i-ō, cup-i-s, cup-i-t* usw. Beim Inf. dagegen und dem hiervon abgeleiteten Konj. II wird ein *-e-* eingeschoben, z. B.:
cup-e-re, cup-e-ret.

10.5. Die Stammformen

10.5.1. Die fünf Gruppen von Perfekt-Stämmen (vgl. 5.5.1.) und die fünf Konjugationen (vgl. 7.7.2.) überschneiden sich vielfältig: u/v-Perfekte, Dehnungsperfekte, reduplizierte Perfekte usw. kommen in allen oder den meisten Konjug. vor. Es ist daher zweckmäßig, sich von den wichtigeren Verben eine Reihe von **Stammformen** einzuprägen:
Inf. Präs., 1. Pers. Sing. Präs., 1. Pers. Sing. Perf., PPP.

Beispiele:

	1. Pers. Sing.		
Inf. Präs.	Präs.	Perf.	PPP
dare	dō	dedī	datum
vidēre	videō	vīdī	vīsum
audīre	audiō	audīvī	audītum
dīcere	dīcō	dīxī	dictum
capere	capiō	cēpī	captum

10.5.2. Bei Deponentien gibt es nur drei Stammformen:
Inf. Präs. (vgl. 7.4.1.), 1. Pers. Sing. Präs. (die sich von der entsprechenden Aktiv-Form nur durch ein angehängtes *-r* unterscheidet) und 1. Pers. Sing. Perf.

Beispiele:

	1. Pers. Sing.	
Inf. Präs.	Präs.	Perf.
ingredī	ingredior	ingressus sum
nancīscī	nancīscor	na(n)ctus sum

10.5.3. In den Wörterverzeichnissen dieses Buches werden von nun an die Verben mit Stammformen aufgeführt[1].

Die Stammformen bereits gelernter Verben werden nachgetragen; hiervon sind diejenigen Verben der a- und i-Konjug. ausgenommen, deren Perf. auf *-āvī/-īvī* und deren PPP auf *-ātum/-ītum* endet, sowie die Verben der a-, e-, i- und kons. Konjug., deren Stammreihen in verkürzter Form (ohne Präs.) in den Wörterverzeichnissen seit L. 7 bereits aufgeführt sind.

10.6. **Der Vokativ**

10.6.1. Im Gespräch wird die 2. Pers. manchmal mit Namen angeredet. Als Anrede-Kasus dient in der Regel der Nom., z. B.:

Scipio „mein Scipio"; amici „liebe Freunde" (10.3.1.0.)

10.6.2. **a)** Nur die Wörter der o-Dekl., die auf *-us* oder *-ius* enden, haben im Sing. einen besonderen Anrede-Kasus. Dieser Kasus heißt **Vokativ** (Vok.; von *vocāre* „rufen").

b) Die Texte 10.3.1. und 10.3.4. enthalten je ein Beispiel für den Vok. der Wörter auf *-us* und *-ius*. Wie lauten diese Formen und welche Regel ergibt sich aus ihnen?

c) Der Vok. von „mein Sohn" heißt *mī fīlī.*

10.7. **Text 10.1.** in anderer Fassung
(Die erste Fassung ist zum Vergleich rechts daneben gesetzt.)

1. Scipio Nasica, cum ad poetam Ennium venisset eumque ab ostio quaesivisset et ancilla dixisset *Ennium domi non esse,* sensit *illam domini iussu id dixisse* et *eum domi esse.*	Scipio Nasica ad poetam Ennium venit. Eum ab ostio quaesivit. Ancilla dixit: „Ennius domi non est." Nasica autem sensit: „Illa domini iussu id dixit; Ennius domi est."
2. Paucis post diebus cum ad Nasicam venisset Ennius et eum ab ostio quaereret, clamavit Nasica *se*[2] *domi non esse.*	Paucis post diebus Ennius ad Nasicam venit. Eum ab ostio quaesivit. Ille clamavit: „Domi non sum."

---

[1] Die traditionellen lateinischen Lexika führen Verben in der 1. Pers. Sing. Präs. Akt. an; die übrigen Stammformen werden danach angegeben, der Inf. Präs. oft zuletzt.

[2] *se* ist Akk. eines Pron. der 3. Pers.; Form und Verwendung im ganzen werden in L. 11 erläutert.

3. Tum Ennius: „Quid? Ego non cognosco“, inquit, „vocem tuam?“ 4. Hic Nasica: „Homo es impudens! Ego cum te quaererem paucis ante diebus, ancillae tuae credidi *te domi non esse*. Tu mihi non credis ipsi?“	Tum Ennius: „Quid? Ego non cognosco“, inquit, „vocem tuam?“ Hic Nasica: „Homo es impudens. Paucis ante diebus ego te quaesivi, et ancilla tua mihi dixit: ‚Domi non est‘. Et ego ei credidi. Tu autem mihi non credis ipsi?“

10.8. Indirekte (abhängige) Aussagen im A. c. I.

10.8.1. **a)** Vergleichen Sie die beiden folgenden lateinischen Sätze einschl. ihrer Verdeutschungen! Nennen Sie alle Unterschiede der Schreibweise, der Wortformen und des grammatischen Aufbaus, die Sie im D und im L beobachten!

1) Ancilla dixit: „Ennius domi non est.“	Die Magd sagte: „Ennius ist nicht zu Hause.“
2) Ancilla dixit Ennium domi non esse.	Die Magd sagte, Ennius sei nicht zu Hause.

b) Man bezeichnet die unter 2) im L verwendete indirekte Weise der Aussage nach den für sie charakteristischen Formen als **A. c. I.** (Accusativus cum Infinitivo: Akk. mit Inf.)

c) In 10. 7. 1.–4. sind noch vier weitere A. c. I. enthalten. Nennen Sie die betreffenden Akk. und Inf.!

10.8.2. Man kann diese Konstruktion als **Umformung** eines zunächst selbständigen Satzes auffassen, der von einem übergeordneten Verb abhängig und hierdurch zu einer indirekten Aussage gemacht wird, z. B.:

direkte Form:	Ennius domi non est.
indirekte Form:	Ennium domi non esse (ancilla dixit.)

a) Formulieren Sie eine Regel für die Umformung der einzelnen Teile (Sj, fin. Verb, sonstige Satzteile)!

b) Eine Ergänzung dieser Regel können Sie der folgenden Umformung entnehmen:

direkte Form:	Ennius Nasicae familiaris est.
indirekte Form:	Ennium Nasicae familiarem esse (amici non ignorabant.)

Formulieren Sie die ergänzende Regel!

10.8.3. Ordnen Sie nach diesem Muster den Sätzen 1)–4) je einen passenden Satz der rechten Spalte als indirekte Aussage zu!

1) Amici non ignorabant	a) Catoni gloria curae non est.
2) Romanis proverbium („Sprichwort") erat	b) Sallustius Catonem cum Caesare comparat.
3) Lēgimus („wir haben gelesen")	c) Domus Ennii modico spatio a domo Nasicae distat.
4) Sallustius admirabatur (≈ mirabatur)	d) Etiam capillus („Haar") unus habet umbram („Schatten") suam.

10.8.4. **a)** Sie bemerken, daß mehrere der von Ihnen nach 10.8.3. gebildeten A. c. I. zwei Glieder im Akk. enthalten, z. B.:
etiam capillum unum habere umbram suam
Hier ist *capillum unum* Sj_{Akk} (der „charakteristische" Akk. des A. c. I.), *umbram suam* hingegen E_{Akk} zu *habere*.

b) Welcher der in 10.7.1.–4. vorkommenden A. c. I. hat ebenfalls eine E_{Akk}?

c) Formen Sie die folgenden indirekten Aussagen in direkte um (setzen Sie das Verb ins Präs.)!
1) (Sallustius sensit) Caesarem magnum imperium cupere.
2) (Hominis socius confirmavit) habere istum et alium corvum.
(cōnfirmāre „versichern"; corvus „Rabe")

10.8.5. Vergleichen Sie die beiden A. c. I.:

1) Dixit Ennium domi non *esse*.	Sie sagte, Ennius sei nicht zu Hause.
2) Sensit illam domini iussu id *dixisse*.	Er spürte, daß sie das auf Befehl ihres Herrn gesagt hatte.

a) Ordnen Sie die Inf. *esse* und *dixisse* den Begriffen vorzeitig und nicht-vorzeitig zu!

b) Die Form *dixisse* ist ein Inf. Perf. Akt. Gliedern Sie sie nach Perf.-Stamm und Endung auf!
Bilden Sie entsprechend die Inf. Perf. zu:
quaerere · agere · credere · sentire · esse

10.8.6. Übersetzen Sie den Text 10.7.!

10.9. Zusätzliche Übungen

10.9.1. Übersetzen Sie: Ego tu sum, tu es ego, unius animi sumus.

10.9.2. Fügen Sie die gesuchte Form nach dem jeweils voranstehenden Muster hinzu!

qui : cuius	= ille : ?	facere : feci	= quaerere : ?
ego : me	= tu : ?	aggredi : aggressus est	= mirari : ?
habere : habebat	= esse : ?	ille : illum	= is : ?
vivere : vixisti	= venire : ?	urbs : urbis	= bellum : ?

10.10. **Wortstudien**

Nennen Sie zu den folgenden flektierten Formen die Grundform, unter der das jeweilige Wort im Lexikon zu finden ist (vgl. Anm. zu 10.5.3.)!
cognovit · pedi · digressi sunt · lateris · modice · dierum · operum · originem · composuerant · legis (2 Möglichkeiten!)

Lernvokabeln

a) Verben

venīre	veniō	vēnī	ventum	kommen
quaerere	quaerō	quaesīvī	quaesītum	1. suchen, 2. nach etwas oder jemandem fragen
esse	sum	fuī		sein
sentīre	sentiō	sēnsī	sēnsum	fühlen, merken, meinen
clāmāre (clāmor 8)	clāmō	clāmāvī	clāmātum	schreien, rufen
inquam/inquit				sag(t)e ich, sagt(e) er
crēdere	crēdō	crēdidī	crēditum	glauben, anvertrauen
velle	volō	voluī		wollen
ūtī *(Dep.)* *(mit E_{Abl})*	ūtor	ūsus sum		(etw.) gebrauchen, (mit jmd.) verkehren
īgnōrāre	īgnōrō	īgnōrāvī	īgnōrātum	nicht wissen
co'ercēre	coerceō	coercuī	coercitum	zusammenhalten, zügeln
respondēre	respondeō	respondī	respōnsum	antworten
facere	faciō	fēcī	factum	tun, machen
cupere	cupiō	cupīvī	cupītum	begehren, wünschen
dare	dō	dedī	datum	geben
audīre	audiō	audīvī	audītum	hören
capere	capiō	cēpī	captum	nehmen, fangen
in'gredī *(Dep.)*	ingredior	ingressus sum		hineingehen, antreten
legere	legō	lēgī	lēctum	lesen
ad'mīrārī *(Dep.)* (= mīrārī 8)	admīror	admīrātus sum		sich wundern, bewundern
cōn'fīrmāre	cōnfīrmō	cōnfīrmāvī	cōnfīrmātum	stärken, versichern

b) Substantive

amīcitia, -ae *f.* (amīcus 4)	Freundschaft
spatium, -ī *n.*	Strecke, Zeitraum
servus, -ī *m.*	Sklave

c) Adjektive

familiāris, -is, -e	vertraut, befreundet
meus, -a, -um	mein
tuus, -a, -um	dein

suus, -a, -um	sein
noster, nostra, nostrum	unser
vester, vestra, vestrum	euer

d) Sonstige Wörter

egō / tū	ich / du
nōs / vōs	wir / ihr
ipse, ipsa, ipsum	selbst
quid?	was?
quid *oder* aliquid	etwas, irgend etwas
ante *(Adv.)*	vor
sīcut	so wie
libenter	gerne
sī	wenn
aliquandō	irgendwann, einst
aut	oder
cūr?	warum?
quod	weil

e) Wendungen

dominī iussū	auf Befehl des Herrn
paucīs ante diēbus	wenige Tage zuvor
paucīs post diēbus	wenige Tage später
alter alterō familiāriter ūtimur	wir sind miteinander befreundet (*eigentl.* „wir verkehren miteinander in freundlicher Weise“)
nōn īgnōrās	du weißt ganz genau

Lernpensum aus den Flexionstabellen

1) Präs. Akt. aller Konjugationen
2) Perf. Aktiv
3) Präs., Impf., Perf., Plqpf. von *esse*
4) Personal- und Possessivpronomen der 1. und 2. Person

11 Simonides und die Dioskuren

Simonides war ein berühmter Dichter der griechischen Klassik (556–466 v. Chr.). Seine Werke waren für den Vortrag durch Chöre bestimmt; er hat wohl als erster die ursprünglich dem Götterkult vorbehaltene Chordichtung für „weltliche" Zwecke benutzt: für Preis- und Trauerlieder auf angesehene Männer. Es waren meist Angehörige adliger Häuser, die er besang (zu seiner Zeit wurden die meisten griechischen Staaten noch monarchisch regiert); er arbeitete auf Bestellung und weilte bald an diesem, bald an jenem Fürstenhof.

So kam er auch nach Thessalien im Norden Griechenlands, zum dortigen Herrscher Skopas. Der Unglücksfall, von dem unsere Geschichte weiß, hat wirklich stattgefunden; er gab Anlaß zu der Legende, der Dichter sei auf wunderbare Weise von den Tyndariden (den Söhnen des Tyndareos) Kastor und Pollux, den „Nothelfern" der Griechen, gerettet worden. (Die Tyndariden wurden auch Dioskuren, d. h. „Söhne des Zeus", genannt, da die Gemahlin des Tyndareos, Leda, sie der Sage nach von Zeus empfangen haben soll, der sie in Gestalt eines Schwanes besuchte.)

Die Legende setzt zutreffend voraus, daß sich die von Simonides gedichteten Lieder nicht mit dem Preis des Gefeierten, z. B. eines Siegers in einem Sportwettkampf, begnügten, daß sie vielmehr das gegenwärtige Ereignis mit der Erzählung einer Götter- oder Heldensage zu verbrämen pflegten – die Kunst bestand darin, beides, Gegenwart und sagenhafte Vergangenheit, wirkungsvoll zu verflechten und aufeinander zu beziehen.

Die Geschichte von der wunderbaren Rettung des Simonides ist oft erzählt worden; unsere Fassung entstammt, wie der Text der vorigen Lektion, der ciceronischen Schrift ‚De oratore'.

C. ALlius ROMA
Vorder- und Rückseite eines Denars

11.1. **Grundtext**

1.	*Dicunt* cenavisse Crannone, in oppido Thessaliae, Simonidem apud Scopam, fortunatum hominem et nobilem, atque cecinisse id carmen, quod in eum scripsisset, in quo multa ornandi causa poetarum more in Castorem scripta et Pollucem essent; tum nimis sordide Scopam Simonidi dixisse:	Simonides cenavit Crannone, in oppido Thessaliae, apud Scopam, fortunatum hominem et nobilem, atque cecinit id carmen, quod in eum scripserat, in quo multa ornandi causa poetarum more in Castorem scripta et Pollucem erant; tum nimis sordide Scopas Simonidi dixit:	Simonides speiste in Krannon, einer Stadt Thessaliens, bei Skopas, einem wohlhabenden und vornehmen Manne, und sang das Lied, das er auf ihn geschrieben hatte, in welchem vieles zur Ausschmückung nach der Gepflogenheit der Dichter auf Kastor und Pollux gemünzt war. Da sagte Skopas allzu schäbig zu Simonides:
2.	„Dimidium eius, quod pactus sum, tibi pro hoc carmine dare volo; reliquum a tuis Tyndaridis, quos aeque laudavisti, petere potes.“		„Die Hälfte von dem, was ich vereinbart habe, will ich dir für dies Lied geben; den Rest kannst du von deinen Tyndariden, die du (ja) ebenso gefeiert hast, fordern.“
3.	Paulo post *ferunt* Simonidi nuntiatum esse:	Paulo post Simonidi nuntiatum est:	Kurz darauf wurde dem Simonides gemeldet:
4.	„Prodi! Duo iuvenes stant ad ianuam, qui magnopere te evocant.“		„Komm heraus! Zwei junge Männer stehen an der Tür, die dich dringend herausbitten.“
5.	Illum surrexisse, prodisse, vidisse neminem.	Simonides surrexit, prodiit, vidit neminem.	Simonides stand auf, ging hinaus, sah (aber) niemanden.
6.	Hoc interim spatio conclave illud, ubi epularetur Scopas, concidisse.	Hoc interim spatio conclave illud, ubi epulabatur Scopas, concidit.	In diesem Augenblick (eigentlich: in dieser Zeitspanne, inzwischen) stürzte der Saal, in dem Skopas zu Tische saß, zusammen.
7.	Ea ruina ipsum cum cognatis suis oppressum esse et interisse.	Ea ruina ipse cum cognatis suis oppressus est et interiit.	Bei diesem Einsturz wurde er selbst mit seinen Verwandten verschüttet und fand den Tod.

Der Text ist hier (ausgenommen die Sätze 2 und 4) in zwei lateinischen Fassungen gegeben. Stellen Sie fest:

a) Worin unterscheiden sich die Fassungen? Beachten Sie die in der linken Spalte schräg gedruckten Wörter (*ferunt* „sie berichten, man berichtet, es heißt“)!

b) Welche der beiden Fassungen ist in der rechten Spalte übersetzt?

11.2. **A. c. I.** (Fortsetzung)

11.2.1. Verben mit Ergänzung im A. c. I.

a) Der A. c. I. hat eine abhängige (indirekte) Aussage zum Inhalt. Die Verben, die solchen Aussagen übergeordnet sind, lassen sich in drei Bedeutungsgruppen einteilen:

- Verben des Sagens und Mitteilens
- Verben des Denkens, Meinens, Empfindens, Wahrnehmens
- Verben der „Gemütsbewegung" (Sich-Freuen, Sich-Ärgern usw.)

b) Ordnen Sie die Verben, die in 10.7., 10.8.3., 10.8.4. und 11.1. den A. c. I. übergeordnet sind, diesen drei Gruppen zu!

11.2.2. **a)** Nennen Sie die zehn Inf., die in den A. c. I. des Textes 11.1. (linke Spalte) vorkommen!
b) Hierunter finden sich zwei Inf. Perf. Pass.: Nennen Sie sie! Beschreiben Sie die Form; vergleichen Sie sie mit den finiten Formen des Perf. und Plqpf. Pass.!
c) Beim Inf. *nuntiatum esse* (S. 3) fehlt der zweite grundlegende Bestandteil des A. c. I., das Sj_{Akk}. Was steht an seiner Stelle, d. h.: Was ist es, das gemeldet worden sein soll?
d) Nennen Sie die Sj_{Akk} der übrigen Inf.!

11.2.3. **a)** Welche Inf. in den A. c. I. des Textes 11.1. sind vorzeitig (vgl. 10.8.5.)?
b) Welcher der beiden anderen, in Satz 2 vorkommenden Inf. ist vorzeitig?
c) Im Verhältnis wozu sind die Inf. als vorzeitig oder nicht-vorzeitig aufzufassen?
d) Ergänzen Sie in folgendem Satz den Inf. und übersetzen Sie!
Dicunt amicos, qui Vergilium adiuverant, Bucolicis celebrat ... esse. (vgl. 9.1.7.)

11.3. **Nebensätze in der indirekten Rede**

11.3.1. In der linken Spalte des Textes 11.1. sind drei Nebensätze in indirekte Aussagen (A. c. I.) eingefügt.

a) Stellen Sie die finiten Verben dieser Nebensätze und die entsprechenden Verben der mittleren Spalte zusammen! Bestimmen Sie diese sechs Verb-Formen nach Tempus oder Konjunktiv und nach dem Genus Verbi!

b) Welche Konjunktive sind vorzeitig?

11.3.2. Wir haben in 10.8.2. die Regeln für die Umformung von Sätzen in indirekte Aussagen (A. c. I.) aufgestellt. Formulieren Sie eine ergänzende Regel für die Nebensätze, die in indirekte Aussagen eingefügt sind!

11.3.3. Übersetzen Sie folgende Sätze!
1) Dicunt amicos, qui Vergilium adiuvissent, Bucolicis celebratos esse.
2) Ferunt languorem, quem Vergilius in itinere cepisset, navigatione vehementer auctum esse.
(languor „Schwächeanfall", nāvigātiō „Seefahrt")
Vergleichen Sie Satz 1) mit 11.2.3. d)! Versuchen Sie den Unterschied zu erklären!

11.4. **Aufforderungen in indirekter Form**

11.4.1. Bisher kamen in indirekter (abhängiger) Form nur Aussagesätze vor, wie sie in erzählenden Texten oder Textteilen vorherrschen. Im Gespräch erscheinen neben den Aussagen auch Aufforderungen.
Vergleichen Sie:
direkte Form: Nuntiatum est Simonidi: „Prodi!" (11.1.4.)
indirekte Form: Nuntiatum est Simonidi, ut prodiret.

a) Vergleichen Sie die indirekte Form des Aufforderungssatzes nach Form und Inhalt mit den abhängigen *ut*-Sätzen im Text 5.1.!
b) Warum wäre ein Konj. IV in solchen Sätzen unsinnig?

11.4.2. Übersetzen Sie den folgenden Satz; versetzen Sie die Aufforderung im L und im D in die indirekte Form!
Ennius ancillae Nasicae imperavit: „Ianuam aperi et dominum voca!"
(ancilla „Magd"; aperī, vocā: *Befehlsformen im Sing.*)

11.5. **Indirekte Rede** (Zusammenfassung)

In der indirekten Rede stehen
a) Aussagen im **A. c. I.**, und zwar:
1. das Subjekt im Akkusativ
2. die mit dem Subjekt kasusgleichen (kongruenten) Teile ebenfalls im Akkusativ,
3. das finite Verb im Inf. Präs., bei Vorzeitigkeit im Inf. Perf.

(Die übrigen Teile der Aussage bleiben unverändert!)
b) Nebensätze im **Konjunktiv,**
c) Aufforderungen als **Nebensätze** (mit oder ohne *ut*) ebenfalls im **Konjunktiv.**

11.6. **Reflexive Pronomina**

11.6.1. **a)** Bei den Pron. der 1. und 2. Pers. ergibt sich stets aus der Sprechsituation, auf wen sie verweisen:
Die 1. Pers. ist der jeweils Sprechende,
die 2. Pers. der jeweils Angeredete.

Die 3. Pers. hingegen ist vieldeutig, da in jeder Sprechsituation viele „Dritte“ gemeint sein können. Die Sprache sieht hier immerhin eine Unterscheidungsmöglichkeit vor:
Es gibt für die 3. Pers. zwei Arten von **Pronomina: reflexive** und **nicht-reflexive.**
Der Unterschied ergibt sich aus den folgenden Beispielen:

	reflexiv	nicht-reflexiv
Dat. Sing.	Manum *sibi* lavat. Er wäscht *sich* die Hand.	Manum *ei* lavat. Er wäscht *ihm* die Hand.
Akk.	Videt *se* in speculo. Er sieht *sich* im Spiegel.	Videt *eum* in speculo. Er sieht *ihn* im Spiegel.
Abl.	Narrat de *se*. Er erzählt von *sich*.	Narrat de *eo*. Er erzählt von *ihm*.
Dat. Plur.	Manus *sibi* lavant.	Manus *eis* lavant.
Akk.	Vident *se* in speculo.	Vident *eos* in speculo.
Abl.	Narrant de *se*.	Narrant de *eis*.

b) Übersetzen Sie die Plural-Beispiele!

c) Stellen Sie fest, auf welchen Satzteil das reflexive Pron. in jedem Satz verweist!

d) Die Formen des reflexiven Pron. stimmen im Sing. und Plur. überein (im L ebenso wie im D): Wie erklärt sich, daß Verwechslungen gleichwohl unmöglich sind?

e) Übersetzen Sie!
1) Videt eam in speculo. – 2) Narrat de ea. – 3) Vident eas in speculo. – 4) Narrat de eis.
In welchen dieser Sätze läßt die lateinische, in welchen die deutsche Fassung eindeutig erkennen, ob das Pron. auf ein Nomen im Sing. oder Plur., im m. oder f. verweist?

11.6.2. **a)** Soeben wurden nur die **Personalpronomina** der 3. Pers. behandelt; sowohl im D als auch im L gibt es dabei den Unterschied zwischen reflexiven (auf das Sj verweisenden) und nicht-reflexiven Pron.
Wir befassen uns jetzt mit den **Possessivpronomina** der 3. Pers.:
Hier gibt es im L den Unterschied zwischen reflexiven und nicht-reflexiven Pron., im D hingegen nicht.

b) Vergleichen Sie die lateinische und die deutsche Fassung des Satzpaares 1) und übersetzen Sie entsprechend die Satzpaare 2)–5)!

1) Simonides carmen suum cecinit. Scopas carmen eius non laudavit.	Simonides sang sein Lied. Scopas lobte sein Lied nicht.

2) Matrona Corneliae ornamenta sua ostendit.
Cornelia ornamenta eius non laudavit. (vgl. 6.8.3.)
(mātrōna „Frau“; ōrnāmentum „Schmuck“; ostendere „zeigen“)
3) Troiani classem suam ad litus Italiae appulerunt.
Latini classem eorum aggressi sunt. (vgl. 3.1.4.)
(classis „Flotte“)
4) Troiani naves suas ad litus Italiae appulerunt.
Latini naves eorum aggressi sunt.
5) Etiam matronae Romanorum ornamenta sua libenter ostendebant.
Interdum ornamenta earum non laudabantur. (interdum „manchmal“)

c) Stellen Sie die Wörter zusammen, die in den lateinischen Sätzen das reflexive und das nicht-reflexive Besitzverhältnis ausdrücken! Leiten Sie hieraus eine Regel ab!

d) Die deutsche Wiedergabe der Satzpaare unterscheidet nicht zwischen reflexivem und nicht-reflexivem Sinn des Possessivpronomens: „Sein Lied“ steht für *carmen suum* und für *carmen eius*.
Im Normalfall entsteht aus dieser Mehrdeutigkeit im D kein Mißverständnis, da der Zusammenhang den Sinn klarmacht.
Suchen Sie für die nicht-reflexiven Pron. der Satzpaare 1) bis 5) eine Verdeutschung, die den nicht-reflexiven Sinn eindeutig hervorhebt!

11.6.3. Reflexivpronomina im A. c. I.

a) Übersetzen Sie die folgenden Sätze, soweit keine Übersetzung angegeben ist, und versuchen Sie zu erklären, warum dort im L das reflexive Personalpron. verwendet wird, im D dagegen nicht (obwohl auch das D ein reflexives Personalpron. kennt)!
1) Nasica clamavit se domi non esse.
2) Servus clamavit se nihil fecisse.
3) Latini questi sunt praedam sibi ex agris actam esse.
Die Latiner beklagten sich, ihnen sei Beute (d. h. Vieh) aus den Feldern weggetrieben worden.
4) Homo callidus confirmavit socium a se nihil accepisse.
Der schlaue Mann versicherte, daß sein Kollege nichts von ... erhalten habe.

b) Übersetzen Sie folgende Sätze!
1) Latini questi sunt Troianos praedam ex agris suis egisse.
2) Latini questi sunt praedam ex agris suis actam esse.
3) Ennius audiverat Nasicam ad domum suam venisse.

c) Wir halten fest:
In einem A. c. I. verweist das Reflexivpron. in der Regel auf das nominativische Sj des übergeordneten Verbs (da der A. c. I. als Satzteil empfunden wird), nicht auf das Sj_{Akk} des A. c. I. Im D kann in diesem Falle kein Reflexivpron. verwendet werden.

11.6.4. Zusammenfassung

a) Im L gibt es **reflexive Personal-** und **Possessivpronomina** der 3. Pers. Sie beginnen sämtlich mit **s- (sibi, se; suus)**.
Sie verweisen auf das Sj; im A. c. I. können sie auf das Sj des übergeordneten Verbs verweisen.

b) Als **nicht-reflexives Pronomen** der 3. Pers. wird **is, ea, id** verwendet:
als Personalpron. in allen Kasus,
als Possessivpron. in den Genitiven *eius, eorum/earum.*

c) *suus, -a, -um* als adjektivisches Attribut erscheint stets im gleichen Kasus, Numerus und Genus wie sein Beziehungswort; *eius, eorum/earum* als substantivisches Attribut erscheint stets im Genitiv.

11.6.5. **a)** Prüfen Sie den Satz 6.5.12.: Warum muß dort das Personalpron. *ei, eum* lauten, warum darf es nicht *sibi, se* lauten?

b) Prüfen Sie die Sätze 7.1.7.b) und 9.1.2.: Warum muß das Possessivpron. in dem einen Falle *eius,* in dem anderen *suo* lauten?

c) Wählen Sie zwischen *suum* und *eius*!
1) Leo pedem (suum/eius) in sinu pastoris posuit.
(leō „Löwe"; sinus „Schoß")
2) Pastor pedem (suum/eius) inspexit.

d) Erklären Sie, warum in 6.5.7. als nicht-reflexives Pron. der 3. Pers. nicht *eius,* sondern *illius* und *huius* verwendet wird!

11.7. Verwendungsweisen des Pronomens is, ea, id

11.7.1. Wir haben in 11.6. zwei Verwendungsweisen von *is, ea, id* kennengelernt:
- in allen Kasus: Personalpronomen der 3. Pers., nicht-reflexiv
- nur im Genitiv: Possessivpronomen der 3. Pers., nicht-reflexiv

11.7.2. Eine dritte Verwendungsweise finden wir in *ea ruina* (11.1.7.).
Welches deutsche Pron. wird hier verwendet?

11.7.3. *is, ea, id* hat außerdem manchmal die Aufgabe, auf ein Relativpron. vorauszuweisen, z. B.:
is, qui . . . derjenige, welcher . . . (vgl. 11.8.2. 4)

11.8. velle — nolle — malle

11.8.1. *velle* „wollen" und seine Komposita *nolle* (aus *non velle*) „nicht wollen" sowie *malle* (aus *magis velle*) „lieber wollen" gehören zu den Verben mit unregelmäßigem Präs. (vgl. Flexionstabelle 2.3.).

11.8.2. Bestimmen Sie die folgenden Formen dieser Verben und übersetzen Sie die Sätze:

1) Cur pecuniam tuam dividere non vis?
2) Nemo pecuniam suam dividere vult.
3) Idem velle atque idem nolle, ea demum firma amicitia est („... das erst ist feste Freundschaft").
4) Volo is esse, quem tu me esse voluisti.
5) Cives victorem salutare volebant.
6) Cato divitiis cum divite certare nolebat.
7) Cato esse quam videri bonus malebat. (vgl. 6.1.11.)
8) Scopas Simonidi dixit, ut reliquum a Tyndaridis peteret, si vellet.
9) In magnis rebus et (= etiam „auch") voluisse satis est.

11.9. **Zusätzliche Übungen**

11.9.1. **a)** Stellen Sie fest, ob die Inf. der folgenden Sätze vorzeitig oder nichtvorzeitig sind! Übersetzen Sie die Sätze!

1) Servus clamavit se nihil fecisse.
2) Dominus respondit servum pigrum esse. (piger „faul")
3) Latini questi sunt praedam ex agris actam esse.
4) Amici Vergilium Brundisii obisse audiverunt.

b) Ergänzen Sie die PPP-Form und übersetzen Sie die Sätze!

1) Ferunt Georgica a Vergilio in honorem Maecenatis script ... esse. (9.1.8.).
2) Dicunt Vergilio magnam pecuniam ex liberalitate amicorum dat ... esse. (9.1.5. – liberalitas „Freigebigkeit")

11.9.2. Im folgenden sind zwei direkte Reden aus 11.1. in indirekte umgeformt. Ergänzen Sie die Verb-Formen und übersetzen Sie die Sätze!

1) Scopas dixit Simonidem reliquum a Tyndaridis, quos aeque celebr.... , petere posse. (S. 2)
2) Nuntiatum est Simonidi duos iuvenes stare ad ianuam, qui magnopere eum evoc ... (S.3/4)

11.9.3. Unus ex amicis narravit Nasicam ad Ennium venisse et ab ostio eum quaesivisse. Wie müßte dieser Satz lateinisch und deutsch lauten, wenn nicht einer der Freunde, sondern:

1) Nasica der Erzähler wäre: Nasica narravit ...
2) Ennius der Erzähler wäre: Ennius narravit ...

11.9.4. Übersetzen Sie!

Dicunt, cum cenaret Crannone Simonides apud Scopam cecinissetque id carmen, quod in eum scripsisset, in quo multa ornandi causa more poetarum in Castorem scripta essent et Pollucem, nimis sordide illum Simonidi dixisse se dimidium eius, quod pactus esset, ei pro illo carmine dare velle; reliqua a suis Tyndaridis, quos aeque laudavisset, peteret. Paulo post ferunt nuntiatum esse Simonidi, ut prodiret; stare ad ianuam duos iuvenes, qui magnopere eum evocarent.

11.10. **Wortstudien**

11.10.1. Vom PPP-Stamm der Verben können mit dem Suffix *-tor/-sor* Substantive gebildet werden. Diese bezeichnen den, der die betreffende Handlung ausführt, z. B.:

victor „Sieger“ von: vincere, vincō, vīcī, victum

pāstor „Hirt“ von: pāscere, pāscō, pāvī, pāstum („weiden“)

Erläutern Sie entsprechend die folgenden Subst.!

imperator · scriptor · aggressor · divisor · auctor („Schriftsteller, Autor“)

11.10.2. Ähnlich können vom PPP-Stamm Substantive der u-Dekl. gebildet werden, die die betreffende Handlung bezeichnen, z. B.:

ēventus „Ereignis, Erfolg“ von: ēvenīre, -iō, ēvēnī, ēventum („sich ereignen“)

Erläutern Sie entsprechend folgende Wörter!

transitus · interitus · sensus · usus

Lernvokabeln

a) Verben

cēnāre	cēnō	cēnāvī	cēnātum	speisen, essen
posse (potes *2. Pers. Sing. Präs.*)				können
ferre	ferō	tulī	lātum	tragen, bringen, berichten
(reˈferre 8, ofˈferre, trānsˈferre 9)				
nūntiāre	nūntiō	nūntiāvī	nūntiātum	melden, verkünden
prodˈīre	prodeō	prodiī	proditum	hervorkommen, vorrücken
(redˈīre 5, trānsˈīre 9)				
interˈīre	intereō	interiī	interitum	untergehen
stāre	stō	stetī	statum	stehen
surgere	surgō	surrēxī	surrēctum	aufstehen, sich erheben
conˈcidere	concidō	concidī		zusammenfallen
lavāre	lavō	lāvī	lautum	waschen
osˈtendere	ostendō	ostendī		zeigen
agˈgredī *(Dep.)*	aggredior	aggressus sum		angreifen
(diˈgredī 8, inˈgredī 9)				
querī *(Dep.)*	queror	questus sum		(sich, etwas) beklagen
aperīre	aperiō	aperuī	apertum	öffnen
nōlle (velle 10)	nōlō	nōluī		nicht wollen
mālle	mālō	māluī		lieber wollen
acˈcipere (capere 7)	accipiō	accēpī	acceptum	annehmen, empfangen
dīvidere	dīvidō	dīvīsī	dīvīsum	trennen, teilen

b) Substantive

carmen, -minis *n.*	Spruch, Gedicht, Lied
iuvenis, -is *m.*	junger Mann
ruīna, -ae *f.*	Sturz, Einsturz
mātrōna, -ae *f.*	Frau, Ehefrau
ōrnāmentum, -ī *n.*	Schmuck
classis, -is *f.*	Flotte
ūsus, -ūs *m.* (ūtī 10)	Gebrauch, Nutzen, Übung

c) Adjektive

sordidus, -a, -um	schmutzig, geizig
reliquus, -a, -um (relinquere 2)	übrig
aequus, -a, -um	gleich
fīrmus, -a, -um (cōnˈfīrmāre 10)	fest

d) Pronomina

nēmō (*Gen.* nūllīus, *Dat.* nēminī, *Abl.* ā nūllo)	niemand
nūllus, -a, -um	keiner

e) Präpositionen

apud *(beim Akk.)*	bei

f) Sonstige Wörter

atque	und
nimis	zu sehr
māgnopere	sehr
interim	inzwischen
interdum	manchmal

Lernpensum aus den Flexionstabellen

1) Pers.- und Poss.-Pronomina der 3. Pers.
2) Präs., Impf., Perf., Plqpf., Konj. II und IV von *velle, nolle, malle*
3) Impf., Plqpf., Konj. II, Konj. IV in allen Formen des Akt. von allen Stammklassen

12 Von der Kürze des Lebens

Eine Reflexion des Philosophen Seneca (4 v. Chr. – 65 n. Chr.), die heute geschrieben sein könnte; ein Text ohne konkretes Geschehen, ohne bestimmte Personen; ein allgemeines Räsonnement. Subjekt ist „man“: „Man“ klagt über die Kürze des Lebens; „man“ brauchte indes nicht zu klagen, wenn „man“ die zu Gebote stehende Zeit richtig zu verwenden wüßte.

Die Zeit, die Lebensdauer erscheint als „Kapital“, das die Natur einem jeden Menschen verliehen hat – man kann dieses Kapital richtig oder falsch „anlegen“. Über „richtig“ und „falsch“ befindet der Autor unseres Textes, der Philosoph: Auf der einen, der „falschen“ Seite stehen Habsucht, Geschäftigkeit, Ehrgeiz und Gewinnstreben, kurz „Begierden“ *(cupiditates)*, ferner Planlosigkeit und die Bereitschaft, sich für die Nichtigkeiten anderer einspannen zu lassen – doch was steht auf der anderen, der „richtigen“ Seite? In diesem Punkte ist unser Text weniger bestimmt: Er spricht von Muße, von Geschäftslosigkeit – was meint er damit?

Es geht unserem Autor um ein fundamentales Problem: um die Zeitlichkeit des Menschen, um das Bewußtsein, das der Mensch von seiner Zeitlichkeit haben kann und haben sollte. Nichts anderes bedeutet im Grunde jene „Muße“: ein Leben, in dem jeder Augenblick sich selbst genügt, weil es sich vor dem stets bewußten Hintergrund des jederzeit möglichen Todes abspielt.

12.1. Grundtext

1. Multis mortalibus mos est malignitatem naturae accusare: nos in exiguum temporis spatium creari queruntur; hanc brevem aetatem, quae nobis data sit, tam velociter, tam rapide transcurrere clamant.
2. Re autem vera satis longa vita nostra est, si tota bene collocatur.
3. Nos non exiguum tempus habere, sed multum perdere apparet. Supremo demum die appropinquante aetatem, quam transire non intelleximus, transisse sentimus.

1. mortālis sterblich, der Sterbliche · **malīgnitās** Schlechtigkeit · **accūsāre** anklagen · **exiguus** klein, gering · **creārī** geschaffen werden · **data sit** gegeben sei · **tam** so · **velociter, rapidē** schnell · **trānscurrere** vorübereilen
2. rē vērā in Wirklichkeit · **longus** lang · **tōtus** ganz · **collocātur:** *3. Pers. Sing. Präs. Pass. von collocāre* aufstellen, einrichten, ordnen, (Geld) anlegen
3. perdere zugrunde richten, verlieren · **appāret** es ist offenkundig · **suprēmō diē appropinquante** wenn der letzte Tag naht · **dēmum** endlich, erst · **intellēximus:** *Perf. von intellegere* bemerken, einsehen

4. Ita est: non accipimus brevem vitam, sed facimus.
5. Alium insatiabilis tenet avaritia, alium in supervacuis laboribus operosa sedulitas; alium fatigat alienis iudiciis semper subiecta ambitio; alium spes lucri circa omnes terras, omnia maria ducit.
6. Cupiditates nostrae nos respirare non sinunt; numquam otium agere nobis licet.
7. Hominum pravitatem satis mirari non possum:
praedia sua occupari a nullo patiuntur – sed in vitam suam alios incedere sinunt; pecuniam suam nemo dividere vult – sed tempus quam prodige aliis distribuunt!
8. Audio multos dicentes:
„A sexagesimo anno in otium secedere placet; e septuagesimo anno negotiis vacuus esse volo!“
9. Et quis tibi longioris vitae auctor est? Quis spem tuam explere potest? Non pudet te reliquias vitae tibi reservare?
10. Quam serum est tunc vivere incipere, cum finis vitae instat!
11. Quam stultum est otium in sexagesimum annum differre et omnia ex aetate sperare, ad quam pauci perveniunt!

5. insatiābilis unersättlich · **avāritia** Habgier · **supervacuus** überflüssig · **labor** Mühe, Arbeit · **operōsus** geschäftig · **sēdulitās** Emsigkeit · **fatīgāre** müde machen · **aliēnus** fremd · **iūdicium** Urteil, Meinung · **semper** immer · **subiectus** unterworfen · **ambitiō** Ehrgeiz · **spēs lucrī** Hoffnung auf Gewinn · **circā** *(beim Akk.)* um ... herum · **terra** Land
6. cupiditās Begierde · **respīrāre** aufatmen · **sinere** (zu-)lassen · **numquam** niemals · **ōtium** Muße, Ruhe · **licet** es ist erlaubt
7. prāvitās Verkehrtheit · **possum:** *1. Pers. Sing. Präs. von posse* können · **praedium** Landgut, Grundstück · **occupāre** besetzen · **patiuntur:** *von patī* zulassen · **incēdere** eindringen · **quam** wie (sehr) · **prōdigus** verschwenderisch · **distribuere** verteilen
8. audiō ... dīcentēs ich höre viele sagen · **sēcēdere** sich zurückziehen · **vacuus** *(mit E_{Abl})* leer, frei *(von etw.)* · **placēre** gefallen
9. quis? wer? · **longior** länger · **auctor** Gewährsmann, Urheber, Autor · **explēre** erfüllen · **potest:** *3. Pers. Sing. Präs. von posse* · **pudet** es erfüllt mit Scham · **reliquiae** Überbleibsel, Trümmer · **reservāre** erhalten, aufbewahren
10. sērus spät · **vīvere** leben · **incipere** anfangen · **cum** wenn · **fīnis** Grenze, Ende · **īnstāre** bevorstehen
11. stultus töricht, dumm · **differre** aufschieben · **spērāre** (er)hoffen

12.2. Zur Texterschließung: wiederkehrende Elemente von Texten

12.2.1. Texte bilden ein zusammenhängendes Ganzes (vgl. 6.2.2.); dieses Ganze und seine Teile erläutern sich gegenseitig. Wer einen Text erfassen will, tut also gut daran, sich nicht lange mit den ersten Wörtern oder Sätzen aufzuhalten, um sie sofort möglichst genau zu übersetzen und von ihnen aus Vermutungen über den Sinn des Übrigen anzustellen. Es empfiehlt sich vielmehr, zunächst einmal den ganzen Text durchzusehen – mit dem Ziel, einen groben Überblick über dessen Form und Inhalt zu gewinnen.

Die auffälligsten Anzeichen für den Aufbau und Gedankenzusammenhang eines Textes sind Wiederholungen: die Wiederkehr von gleichen oder ähnlichen Elementen sowohl formaler als auch inhaltlicher Art. Die folgenden Fragen sollen Sie anleiten, in einem ersten Durchgang durch den Text auf derartige wiederkehrende Elemente zu achten und von ihnen aus auf den Sinn des Ganzen zu schließen.

12.2.2. **a)** Wir beginnen mit den Wörtern, genauer: mit all den Wörtern, die inhaltlich etwas besagen; die Formwörter (Pron., Konjunktionen usw.) bleiben hier außer Betracht.
Sammeln Sie aus 12.1. Wörter und Wortkombinationen, die

- wiederholt auftreten,
- bedeutungsgleich oder bedeutungsähnlich (synonym) sind,
- in der Bedeutung einander entgegengesetzt sind.

b) Versuchen Sie, diese Wörter nach **Sachgebieten** zu ordnen und diejenigen Sachgebiete, die dabei besonders hervortreten, durch eine Überschrift zu charakterisieren!

12.2.3. Wir befassen uns jetzt mit formalen Kennzeichen des Textes 12.1.:
a) Welche **Tempora** herrschen im Text vor? Was könnte sich hieraus für die Art des Textes ergeben (vgl. 10.2.1.)?
b) Welche **grammatischen Personen** (1., 2., 3. Sing./Plur.) kommen im Text vor? Sind bestimmte Personen bestimmten Teilen des Textes vorbehalten?
c) Der Punkt schließt Aussagen, das Fragezeichen Fragen, das Ausrufezeichen Ausrufe/Aufforderungen ab. Wie verteilen sich diese **Satzzeichen** und **-arten** über den Text?
d) Prüfen Sie, ob das Auftreten bestimmter grammatischer Personen und bestimmter Satzarten in bestimmten Teilen des Textes übereinstimmt! Welcher (vorläufige) Hinweis auf eine grobe Gliederung des Textes würde sich hieraus ergeben?

12.2.4. Übersetzen Sie den Text 12.1.!

12.3. **Der Infinitiv**

12.3.1. **a)** Unser Text enthält einige Inf. Präs. Pass. Die Form ist Ihnen von den Deponentien her bekannt (vgl. 7.4.). Welche der im Text enthaltenen Inf. auf *-i* sind Deponentien?
b) Bilden Sie die vier Inf. des Präs. Akt./Pass. und Perf. Akt./Pass. von *creare*! Ebenso von *ferre, opprimere, credere, respondere*!

12.3.2. **Unpersönliche Verben** mit Infinitiv / A. c. I.

a) Unpersönliche Verbkomplexe kommen nur in der 3. Pers. Sing. (und im Inf.) vor. Sie haben niemals ein Sj in Gestalt eines Subst. oder eines

„persönlichen“ Pron.; im D lassen sie sich leicht daran erkennen, daß sie durch das „unpersönliche“ (unbestimmte) Pron. „es“ eingeleitet werden (z. B. „es ist üblich“).
Stellen Sie alle unpersönlichen Verbkomplexe des Textes 12.1. zusammen; unterscheiden Sie hierbei nach der äußeren Form (*esse* mit E_{Nom}, sonstige Verben) zwei Gruppen!

b) Die unpersönlichen Verbkomplexe haben
- im L einen Inf. oder A. c. I.,
- im D einen Inf. oder einen daß-Satz bei sich.

Diese sind notwendige Elemente des Satzes: Sie vertreten die Stelle des Subjekts (Sj_{Inf}/Sj_{AcI}), z. B.:
Wenn wir fragen (12.1.1.): „Was ist (bei vielen Sterblichen) üblich?“, dann muß die Antwort lauten: „Die Schlechtigkeit der Natur anzuklagen“ oder „Daß sie die Schlechtigkeit der Natur anklagen“.

Stellen Sie sämtliche zu den unpersönlichen Verben des Textes 12.1. gehörigen Sj_{Inf} zusammen!

c) Unterscheiden Sie (vgl. 12.1.11.):

1) Stultum est otium differre.	Es ist töricht, die Freizeit aufzuschieben.
2) Stultum est nos otium differre.	Es ist töricht, daß wir die Freizeit aufschieben.

Wenn bei einem Inf. ein Akk. auftritt, kann es sich entweder um eine Ergänzung handeln (*otium* als E_{Akk} zu *differre*) oder um den Subjektsakkusativ eines A. c. I. (*nos* als Sj_{Akk} im A. c. I. *nos differre*). Welche der beiden Deutungen richtig ist, kann nur nach dem Sinn entschieden werden. Rein der Kasus-Form nach wäre es möglich, *otium* auch als Sj_{Akk} und *nos* als E_{Akk} aufzufassen: Warum läßt der Sinn diese Deutung nicht zu?

12.3.3. **a)** Sammeln Sie in einer Tabelle nach folgendem Muster die übrigen Verben des Textes 12.1., die eine Infinitiv-Konstruktion bei sich haben! Soweit der Inf. mit einem Akk. verbunden ist, entscheiden Sie, ob es sich um eine E_{Akk} zu diesem Inf. oder um das Sj_{Akk} eines A. c. I. handelt!

übergeordnetes Verb	Infinitiv	Akk. als E_{Akk}	Akk. als Sj_{Akk}

b) Welche der Inf. sind vorzeitig im Verhältnis zum übergeordneten Verb?

c) In die drei Bedeutungsgruppen aus 11.2.1. (Sagen/Wahrnehmen/Gemütsbewegung) können einige der Verben, die in 12.1. den Inf. oder A. c. I. übergeordnet sind, nicht eingeordnet werden: Welche?

12.4. **Das Partizip Präsens Aktiv**

12.4.1. **a)** Der Text 12.1. enthält zwei Formen des **Partizip Präsens Aktiv (PPA):** *appropinquante* (S. 3) und *dicentes* (S. 8).
Diese Formen setzen sich folgendermaßen zusammen:

appropinqua-nt-e	(Abl. Sing.)
dic-e-nt-es	(Akk. Plur.)

Welcher Verb-Stamm (Präs.-, Perf.- oder Perf.-Pass.-Stamm) ist im PPA enthalten? Welcher Deklination folgt das PPA?

b) Wir halten fest:
Das PPA hat ein spezifisches Kennzeichen: das Suffix *-nt-*.
Der Nom. Sing. lautet *appropinquans, dicens;* dort ist also das *t* des Suffixes ausgefallen (vgl. *mon-s, mont-is).*

c) In der Bedeutung entspricht das PPA dem deutschen Part. Präs., z. B. „sagend".

12.4.2. Konstruktionen mit dem PPA

a) Das PPA wird ebenso in den Satz eingegliedert wie das PPP:
- als Ad_{Part} (Participium coniunctum)
- als $Ad_{Abl+Part}$ (Ablativus absolutus)

Wir haben die Eingliederung des PPP als eine Zusammenfügung zweier ursprünglich selbständiger Sätze erklärt, wobei der einzugliedernde Satz vorzeitig gegenüber dem anderen ist (8.3.2.). Die Sätze mit einem PPA lassen sich entsprechend als Zusammenfügungen gleichzeitiger Sätze erklären, z. B.:

I	Supremus dies appropinquat.	Der letzte Tag naht.
II	Aetatem transisse sentimus.	Wir fühlen, daß das Leben vergangen ist.

III Supremo die appropinquante aetatem transisse sentimus.

Zwischen welchen beiden Verb-Formen des Satzes III besteht Gleichzeitigkeit, zwischen welchen Vorzeitigkeit?

b) Außerdem finden wir in 12.1.8. noch eine andere Konstruktion: **Akkusativ mit Partizip** (A.c.P.).
Sie läßt sich in der Bedeutung mit dem A.c.I. vergleichen, aber nicht gleichsetzen:

A.c.P.: Audio multos dicentes ...	Ich höre viele sagen ...
A.c.I.: Audio multos dicere ...	Ich höre, daß viele sagen ...
	oder: Ich höre, viele sagen ...

Beschreiben Sie den Bedeutungsunterschied zwischen den Konstruktionen!

12.5. posse

12.5.1. Die vom Präs.-Stamm abgeleiteten Formen des Verbs *posse* („können") setzen sich zusammen aus: *pot-* („mächtig"; vgl. *potens, potentia*) und den Formen von *esse*.
Vor den mit *s-* anlautenden Formen von *esse* ist das *-t-* zu *-s-* geworden (vgl. 4.8.2.), z. B. *pot-sum* → *possum*.
Der Inf. Präs. und der hiervon abgeleitete Konj. II lautet *posse, posset*.

12.5.2. **a)** Stellen Sie aus folgenden Sätzen Formen von *posse* zusammen und bestimmen Sie sie: 6.1.9., 11.1.2., 12.1.7., 12.1.9.!

b) Wie lautet das Präs. von *posse*, wie die 3. Pers. Sing. und Plur. Impf.?

12.6. Zusätzliche Übungen

12.6.1. Steht die Partizipialkonstruktion im Dat. oder Abl.?
1) Leoni in silva erranti pastor occurrit. (leō „Löwe")
2) Aliis bellum gerentibus ipse otium ago.
3) Populo magna cum voce clamante leo et pastor dimissi sunt.

12.6.2. Übersetzen Sie!
1) Nasicae quaerenti Ennium ancilla („Magd") dixit domi non esse. (vgl. 10.1.1.)
Erläutern Sie die doppelte Funktion des Akk. *Ennium*!
2) Hominis socius confirmavit habere illum et alium corvum. (vgl. 5.1.4.) (corvus „Rabe")

12.6.3. Übersetzen Sie die Sätze 1)–8) und beantworten Sie jeweils folgende Fragen: Liegt ein A.c.I. oder ein bloßer Inf. vor? Ist die Infinitiv-Konstruktion vorzeitig oder nicht?
1) Cur me cum amicis meis esse non sinis?
2) In otio cum amicis esse mihi placet.
3) Vitam brevem esse apparet.
4) Te pecunia nostra uti non patimur.
5) Augustus intellexit hominem callide utrique eventui occurrisse.
6) Fama est urbem Romam a Romulo et Remo conditam esse.
(fāma „Sage, Gerücht"; conditus PPP zu condere „gründen")
7) Hominis socius nihil sibi datum esse questus est.
8) Legimus Romae quotannis duos consules creatos esse.

12.7. Wortstudien

12.7.1. **a)** Das Wort **alius, -a, -ud** hat zwei Übersetzungsmöglichkeiten: „einer" und „ein anderer".
Wenn das Wort zweimal in unmittelbarer Nachbarschaft auftritt, dann müssen beide Übersetzungen miteinander verbunden werden, z. B.: *alii* (Dat.) *aliud placet.:* „Dem einen gefällt das eine, dem anderen das andere." oder: „Dem einen gefällt dies, dem anderen das."

Wenn das Wort eine Reihe von Satzgliedern einleitet, wie in 12.1.5., dann muß man mit „ein dritter" usw. fortfahren.
Übersetzen Sie!
1) Aliis alia placent. – 2) Aliud alii a natura datum est. – 3) Mortalium alii de severitate parentum, alii de invidia fratrum, alii de luxuria filiorum, alii de malignitate omnium queruntur.
Welcher Kasus liegt in der Form *alii* im Satz 2 vor, welcher dagegen im Satz 3?

b) Übersetzen Sie!
1) Alter altero familiariter utimur. – 2) Alter alterum adiuvamus, quantum possumus. (quantum „wieviel, soviel wie")
Beschreiben Sie den Bedeutungsunterschied zwischen *alius* und *alter*!

12.7.2. Stellen Sie aus 12.1. Substantive auf *-tas, -tatis* zusammen und vergleichen Sie sie mit denen aus L. 6!

Lernvokabeln

a) Verben

accūsāre	accūsō	accūsāvī	accūsātum	anklagen
colˈlocāre	collocō	collocāvī	collocātum	aufstellen, einrichten, ordnen
habēre	habeō	habuī	habitum	haben, halten
perdere	perdō	perdidī	perditum	zugrunde richten, verlieren
apˈpāret		appāruit		es ist offenkundig
trānsˈīre	trānseō	trānsiī	trānsitum	hinüber-, vorübergehen
(redˈīre 5, interˈīre 11)				
intellegere	intellegō	intellēxī	intellēctum	bemerken, einsehen
acˈcipere	accipiō	accēpī	acceptum	annehmen, empfangen
(capere 7)				
inˈcipere	incipiō	coepī	coeptum *oder* inceptum	anfangen
tenēre	teneō	tenuī	tentum	halten
subˈicere	subiciō	subiēcī	subiectum	unterwerfen
(obˈicere 7)				
dūcere	dūcō	dūxī	ductum	1. ziehen, führen
(inˈdūcere 6)				2. (*mit* E_{AcI}) meinen
sinere	sinō	sīvī	situm	(zu-)lassen
licēre	licet	licuit		es ist erlaubt
posse	possum	potuī		können
(potēns 6)				
ocˈcupāre	occupō	occupāvī	occupātum	einnehmen, besetzen
patī *(Dep.)*	patior	passus sum		leiden, zulassen
placēre	placeō	placuī		gefallen
vīvere (vīta 4)	vīvō	vīxī	vīctum	leben

īnˈstāre	īnstō	īnstitī		1. eindringen auf 2. bevorstehen
difˈferre (ferre 11)	differō	distulī	dīlātum	aufschieben; *(nur im Präs.-Stamm:)* verschieden sein, sich unterscheiden
spērāre (spēs)	spērō	spērāvī	spērātum	(er-)hoffen
perˈvenīre (venīre 5)	perveniō	pervēnī	perventum	(hin-)gelangen
[condere	condō	condidī	conditum	gründen

b) Substantive

avāritia, -ae *f.*	Habgier, Geiz
labor, -ōris *m.* (labōrāre 6)	Mühe, Arbeit, Not
iūdicium, -iī *n.* (iūdicāre 4, iūdex 7)	Urteil, Meinung; Gericht
ambitiō, -ōnis *f.*	Ehrgeiz
spēs, speī *f.* (spērāre)	Hoffnung
terra, -ae *f.*	Erde, Land
cupiditās, -ātis *f.* (cupidus 4, cupere 5)	Begierde
ōtium, -iī *n.* (negōtium 6)	Muße, Ruhe
auctor, -ōris *m.* (augere 9)	Gewährsmann, Urheber, Autor
fīnis, -is *m.*	Grenze, Ende

c) Adjektive

mortālis, -is, -e (mors 3)	sterblich
longus, -a, -um	lang
longior, -ōris	länger
tōtus, -a, -um *(Gen.* -īus, *Dat.* -ī)	ganz
multum (multī 2)	viel
aliēnus, -a, -um (alius 1, 5)	fremd
vacuus, -a, -um	leer, frei
stultus, -a, -um	töricht, dumm

d) Pronomina

quis?, quid? *(Gen.* cuius, *Dat.* cui)	wer?, was?

e) Sonstige Wörter

tam	so (sehr)
quam	wie (sehr)
semper	immer
circa *(beim Akk.)*	um ... herum
numquam	niemals
cum *(Konjunktion mit Ind.)*	wenn (dann wenn, *oder:* jedesmal wenn)
quotannīs (annus 4)	jährlich

f) Wendungen

mōs est *(m. Inf.)*	es ist Sitte, Brauch
ōtium agere	sich einer Freizeitbeschäftigung widmen
satis mirārī nōn possum	ich kann mich nicht genug wundern

Lernpensum aus den Flexionstabellen

Präs., Impf., Perf., Plqpf., Konj. II und IV von *posse*

13 Name und Wirklichkeit

Unser Text – ein Gespräch zwischen einem Beatus und einem Bonifacius – stammt aus den ‚Colloquia familiaria' (‚Vertraute Gespräche') des Humanisten Erasmus von Rotterdam (1469–1537), einem einst berühmten, vielgelesenen Werk.

Er enthält nach echter Humanistenart mancherlei gelehrte Anspielungen. So dienen die Namen der beiden Gesprächspartner als Ausgangspunkt für die eigentliche Diskussion. Hierbei ist der Name Beatus richtig verwendet: *beatus,* „glücklich", bedeutet – nach der verbreiteten Ansicht, daß Glück auf Reichtum beruhe – nicht selten so viel wie „reich". Der Name Bonifacius hingegen hat seinem Ursprung nach nichts mit einer *bona facies,* einem „schönen Gesicht", zu tun; er schreibt sich eigentlich Bonifatius und ist von *bonum fatum* („gutes Geschick") abgeleitet. Unser Text enthält weiterhin Anspielungen auf Gestalten der Dichtungen Homers. So erklärt Bonifacius, er wolle lieber Thersites heißen als mit einem häßlichen Gesicht umherlaufen – er zielt hiermit auf eine Figur der ‚Ilias', die der Dichter mit unsympathischen Zügen ausgestattet hat; so beteuert andererseits Beatus, er ziehe den bloßen Namen Irus tatsächlicher Armut vor – hiermit ist Iros gemeint, sozusagen das mythische Urbild des Bettlers in der ‚Odyssee'.

13.1. **Inhaltsangabe des Gespräches** zwischen Beatus und Bonifacius

1. Quondam duo discipuli colloquebantur.	Einst unterhielten sich zwei Schüler miteinander.
2. Alter Beatus dicebatur, sed non erat beatus; alterius nomen erat Bonifacius, sed non habebat bonam faciem – ut ipse saltem opinabatur.	Der eine hieß Beatus, aber er war nicht begütert; des anderen Name war Bonifacius, aber er hatte kein schönes Gesicht – wie er selbst wenigstens meinte.
3. Alteri eorum parum esse videbatur habere nomen magnificum, nisi res adesset.	Dem einen von ihnen schien es zu wenig zu sein, einen prächtigen Namen zu haben, wenn die Sache (die damit gemeint ist) nicht dabei sei.
4. Alter autem amico plane assentiri noluit, sed exemplis demonstravit multos homines longe aliter iudicare.	Der andere jedoch wollte seinem Freund nicht ohne weiteres beistimmen, sondern wies an Hand von Beispielen nach, daß viele Leute darüber ganz anders urteilen.

Notieren Sie die neuen Vokabeln (jeweils die Grundform) mit der Bedeutung, die Sie der Übersetzung entnehmen können!

13.2. Sinnerwartungen

Jeder Leser geht mit bestimmten Sinnerwartungen an einen Text heran. Diese Erwartungen sind durch Vorinformationen bedingt. Je mehr er sich Rechenschaft darüber gibt, welche Vorinformationen seine Sinnerwartung bedingen, desto besser kann er sein Textverständnis kontrollieren. In unserer Lektion handelt es sich um folgende Vorinformationen:

13.2.1. **Überschrift** (Titel):
a) Was erwarten Sie aufgrund der Überschrift vom Inhalt des angekündigten Gesprächs?
b) Mit welchen Vokabeln werden die beiden Begriffe der Überschrift im Text 13.1.1.–4. bezeichnet?

13.2.2. **Inhaltsangabe** (13.1.):
a) Welche Informationen über die beiden Gesprächspartner entnehmen Sie der Inhaltsangabe?
b) Was erwarten Sie aufgrund dieser Informationen vom Verlauf des angekündigten Gesprächs?
c) Welche Rolle werden im Gespräch die Ansichten der „Leute" spielen?

13.2.3. **Literarische Gattung** (Genus, Art des Textes):
Welche grammatischen Formen erwarten Sie aufgrund der Tatsache, daß es sich um ein Gespräch handelt?

13.3. Grundtext

Be.: Beatus, Bo.: Bonifacius

1. Be.: Salve, Bonifaci!
2. Bo.: Salve et tu, Beate! Sed non sumus nos, quod nomina de nobis dicunt.
3. Be.: Quid ais?
4. Bo.: Hoc: Beatus et Bonifacius dicimur, sed neque tu es dives neque ego sum bona facie.
5. Be.: Intellego: parum esse tibi videtur habere nomen magnificum.
6. Bo.: Mihi quidem – nisi res adest.
7. Be.: Plerique mortales tibi non assentiuntur; longe eis alia mens est.

1. salvē! sei gegrüßt!
2. et *(hier =) etiam*
3. quid ais? Was sagst du? („wie bitte?")
4. neque . . . neque weder . . . noch · **sum bonā faciē** *(esse mit E_{Abl})* ich bin von gutem Aussehen
5. parum zu wenig · **māgnificus** großartig
6. quidem wenigstens, freilich · **adesse** dabeisein
7. plērīque die meisten · **assentīrī** *(Dep.)* zustimmen · **longē** bei weitem · **mēns** Gesinnung, Ansicht

8. Bo.: Quid? Tu homines esse opinaris, qui nomen rei anteponant?
9. Be.: In certis rebus, fateor, plerique rem nomini anteponunt, sed in multis contra est.
10. Bo.: Quid dicis? Nondum satis te intellego.
11. Be.: At nos ipsi exempla sumus. Tu Bonifacius diceris, et habes, quod habere diceris – etsi ipse non fateris. Sed si aut rei aut nomini renuntiare debes, quid mavis – habere malam faciem an pro Bonifacio dici Cornelius?
12. Bo.: Equidem vel Thersites dici facile patior; sed prodigiosam faciem in maximis malis pono.
13. Be.: Item ego: si dives essem et aut rem aut nomen deponere deberem, mallem Irus dici quam re spoliari.
14. Bo.: Assentior tibi; vera loqueris.
15. Be.: Item res se habet, opinor, in his, qui sunt prospera valetudine.
16. Bo.: Probabile est.
17. Be.: At quam multos videmus, qui malunt habere nomen eruditi piique viri quam esse docti bonique!
18. Bo.: Plurimos istius modi novi.
19. Be.: Nonne hi nomen rei anteponunt?
20. Bo.: Recte iudicare videris.

8. esse *(hier:)* existieren · **opīnārī** *(Dep.)* meinen · **antepōnant** *Konj. I (s. L. 14) von antepōnere* vorziehen
9. certus bestimmt, sicher · **fatērī** *(Dep.)* zugeben, gestehen · **contrā** entgegengesetzt

11. et habēs . . . dīceris und du hast (tatsächlich), was von dir (mit diesem Namen) gesagt wird · **etsī** wenn auch · **aut . . . aut** entweder . . . oder · **renūntiāre** *(mit E_{Dat})* verzichten · **dēbēre** müssen · **an** oder

12. equidem: *ego quidem* · **vel** sogar · **facile** leicht · **prōdigiōsus** abstoßend, scheußlich · **māximus** größter

13. essem *(Konj. II)* ich wäre *(ebenso: dēbērem, māllem)* · **dēpōnere** ablegen · **quam** *(bei Vergleich)* als · **spoliāre** berauben

14. vērus wahr

15. prosperus wunschgemäß, erfreulich · **valētūdō** Gesundheit, Verfassung · **sunt prosperā valētūdine:** *s. o. zu S. 4*

16. probābilis wahrscheinlich, einleuchtend

17. ērudītus gebildet · **pius** fromm · **vir** Mann · **doctus** gelehrt

18. plūrimī sehr viele · **iste** dieser *(dekliniert wie ille)* · **nōvī** *(Perf. zu noscere, cognōscere)* ich habe kennengelernt, ich kenne

19. nōnne *(in der Frage)* nicht?

20. rēctus richtig

13.4. **Überprüfung der Sinnerwartungen**

13.4.1. **Überschrift:**

a) Auf welche These über das Verhältnis von Name und Wirklichkeit haben sich die Gesprächspartner bis Satz 16 geeinigt?

b) Welche Wendung des Gedankens erfolgt in den Sätzen 17–20? Welcher Satz des Textes 6.1. befaßt sich mit demselben Problem?

13.4.2. **Inhaltsangabe:**

a) In welcher Weise werden die Namen der beiden Gesprächspartner im Text als Beispiele verwendet?

b) Mit welchen Ausdrücken werden die „Leute" im Text bezeichnet (Beispiel aus 13.1.4. *multos homines*)?

c) Welche Auffassungen werden den „Leuten" in den Mund gelegt?

13.4.3. **Literarische Gattung:**

a) Stellen Sie die Pronomina und Verb-Formen der 1. und 2. Pers. (jeweils mit der zugehörigen Verb-Form), die im Text 13.3. vorkommen, in einer Übersicht nach folgendem Muster zusammen!

Satz	Pron. der 1. und 2. Pers. (jeweils mit zugehörigem Verb)	sonstige Verb-Formen der 1. und 2. Pers.
1./2.	salve* et tu! sumus nos de nobis dicunt	salve!
3.	–	ais

b) Nennen Sie diejenigen Ausdrücke und Redewendungen im Text 13.3., die typisch für den Gesprächsstil sind, da sich in ihnen Begrüßung, Verstehen und Mißverstehen des Partners, Rückfragen, Einwand oder Zustimmung ausdrücken! (Solche Ausdrücke sind am ehesten am Anfang jeder Rede oder Gegenrede zu erwarten.)

13.4.4. Gliedern Sie den Text nach dem Inhalt:

a) Wo beginnt jeweils die Auseinandersetzung mit der Auffassung der „Leute"?

b) Welche Bedeutung hat die Konjunktion *at*?

c) Wie viele Abschnitte ergeben sich aus diesen Gesichtspunkten?

13.4.5. Übersetzen Sie den Text 13.3.

---

* *salvē* ist die Befehlsform (Imperativ) der 2. Pers. Sing. Der Imperativ wird unter 17.6. behandelt.

13.5. **Verb-Formen**

13.5.1. Der Text 13.3. enthält zahlreiche Formen des Präs. Pass.
Beachten Sie den Unterschied zwischen:
1) *fatē-ris* (e-Konjug.), wo das lange *-ē-* zum Wortstamm gehört;
2) *dīc-e-ris* (konsonantische Konjug.), wo das *-e-* aus Gründen der Aussprache eingeschoben ist.

13.5.2. **a)** Ordnen Sie alle Passiv-Formen des Textes 13.3. einer der fünf Konjugationen (vgl. 7.7.) zu!
b) Sondern Sie aus den Passiv-Formen des Textes 13.3. die Deponentien (vgl. 7.4.) aus!

13.5.3. **a)** Bestimmen Sie folgende Verb-Formen!
dicimur · sum · opinaris · videmus · deberem · intellego · loqueris · quaesivisti · vultis · es · scripsisset · ferunt · addiderat
Tragen Sie die grammatischen Bestimmungen dieser Formen in eine Tabelle nach folgendem Muster ein!

Form	Pers.	Numerus	Tempus	Konj.	Genus Verbi
dicimur	1.	Plur.	Präs.	–	Pass.
sum	1.	Sing.	Präs.	–	Akt.

b) Bestimmen Sie folgende Infinitiv- bzw. Partizip-Formen!
agere · subiectum · dixisse · appropinquante · esse · data · adiuvare · creari · dilato · accipi · perdentes · sivisse · conditi
Tragen Sie die grammatischen Bestimmungen dieser Formen in eine Tabelle nach folgendem Muster ein!

Form	Inf./Part.	Tempus	Genus Verbi
agere	Inf.	Präs.	Akt.
subiectum	Part.	Perf.	Pass.

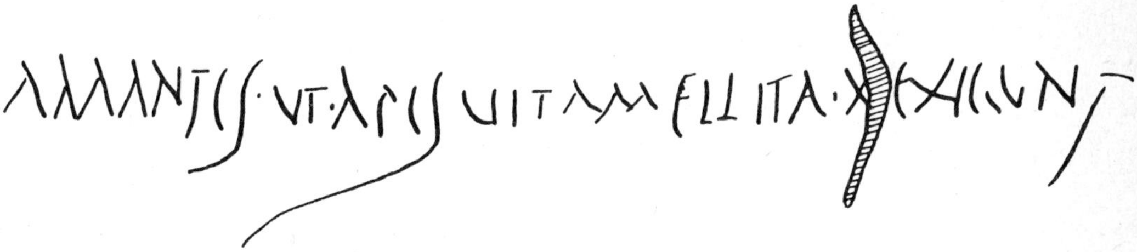

AMANTES VT APES VITAm MELLITAm EXIGVNT
Kritzelei in Pompeji, neben der Tür eines Schlafzimmers

13.6. Ergänzung im Nominativ beim Passiv

13.6.1. Beim Passiv der Verben des Sagens und Denkens (vgl. 11.2.1.) findet sich häufig eine **E_{Nom}**:

Alter Beatus dicebatur. — Der eine wurde Beatus genannt.
oder: Der eine hieß Beatus.

a) Stellen Sie weitere Beispiele aus dem Text 13.3. zusammen und analysieren Sie diese mit Hilfe einer Tabelle nach folgendem Muster:

Satz	Sj_{Nom}	E_{Nom}	Verb (Pass.)
13.3.11.	tu	Bonifacius	diceris
13.3.11.	–	Cornelius	dici (mavis)

b) Bei mehreren Beispielen ist die Sj-Stelle nicht besetzt. Nennen Sie die Gründe dafür!

c) Suchen Sie eine entsprechende Konstruktion in 9.1.!

13.6.2. Alle diese Ausdrücke lassen sich ins Aktiv **umformen,** z. B.:

Pass.: Alter (Sj_{Nom}) Beatus (E_{Nom}) dicebatur.
Akt.: Alterum (E_{Akk}) Beatum (E_{Akk}) dicebant.

Weil hier in der passivischen Form des Satzes der „Täter verschwiegen" wurde (vgl. 7.3.1.), kann im Akt.-Satz auch ein anderes Sj auftreten, z. B.:

Alterum Beatum dicebas. Oder: Alterum Beatum dicebamus.

a) Bilden Sie die aktivischen Entsprechungen zu den beiden folgenden Sätzen!

1) Romulus conditor („Gründer") urbis Romae dicitur.
2) Romulus et Remus filii Martis dicebantur.

b) Wie unterscheidet sich die Wertigkeit von *dicere* im Akt.- und Pass.-Satz?

13.7. Infinitiv-Ergänzung beim Passiv

13.7.1. Beim Passiv der Verben des Sagens und Denkens sowie bei *videri* findet sich oft eine **$E_{Inf.}$**, z. B.:

Tu (Sj_{Nom}) recte iudicare (E_{Inf}) videris.

a) Für diese Konstruktion ist die Verbindung des Sj_{Nom} und einer E_{Inf} charakteristisch; sie heißt daher **N. c. I.** (Nominativus cum Infinitivo).

b) Sie ist vor allem bei der Wiedergabe von Sagen, Legenden und anderer Überlieferung beliebt.
Sie läßt sich z. B. beim Text 11.1. in folgender Weise anwenden:

Simonides Crannone apud Scopam cenavisse fertur. Dicitur ibi carmen cecinisse, quod in eum scripsisset, in quo multa ornandi causa in Castorem et Pollucem scripta essent. Scopas autem Simonidi nimis sordide respondisse dicitur.
Paulo post Simonides ad ianuam vocatus esse fertur; statim surrexisse, prodisse ad ianuam, sed vidisse neminem. Existimantur Castor et Pollux Simonidem vocavisse. Hoc interim spatio conclave illud, ubi epulabatur Scopas, concidisse fertur. Scopas ipse cum cognatis suis ea ruina oppressus interisse dicitur. Tali modo Simonides a Castore et Polluce servatus esse putatur.

fertur: *3. Pers. Sing. Präs. von ferre, hier im Sinne von* berichten · **exīstimāre** einschätzen, meinen · **tālī modō** auf solche Weise · **servāre** retten · **putāre** glauben, meinen

Stellen Sie die N.-c.-I.-Konstruktionen dieser Fassung nach folgendem Muster zusammen!

Sj_{Nom}	E_{Inf}	Verb (Pass.)
Simonides	apud Scopam cenavisse	fertur
–	carmen cecinisse	dicitur

13.7.2. Zur Übersetzung des N. c. I.
Wenn *videri* „scheinen" bedeutet, ist bei der Übersetzung ins D dieselbe Konstruktion möglich wie im L („zu" mit Inf.).
Bei den übrigen Verben (*fertur, dicitur* usw.) muß man freier übersetzen; hierbei gibt es im D vor allem folgende Möglichkeiten (z. B. für den ersten Satz in 13.7.1.b):
1) Simonides soll in Crannon bei Scopas gespeist haben.
2) Von Simonides wird berichtet, er habe . . .
3) Von Simonides wird berichtet, daß er . . .
4) Simonides speiste, wie berichtet wird, . . .
Übersetzen Sie die übrigen Sätze!

13.7.3. Die Entsprechung zum N. c. I. ist beim aktiven Verb der A. c. I., z. B.:
Pass.: Simonides apud Scopam cenavisse fertur.
Akt.: Simonidem apud Scopam cenavisse ferunt.
Welche Regeln gelten für die Umformung?

13.8. Pronominaladjektive

13.8.1. Das Pronominaladjektiv **alter** wird je nach dem Zusammenhang mit „der eine" oder „der andere" (von zweien) übersetzt.
Stellen Sie in 13.1. den Gen. und Dat. dieses Wortes fest!

Im Nom., Akk. und Abl. hat *alter* die Formen der o/a-Dekl. (wie ein Adj.); also:

	m.	f.	n.
Nom.	alter	altera	alterum
Akk.	alterum	alteram	alterum
Abl.	altero	altera	altero

Im Gen. und Dat. wird es wie ein Pron. dekliniert:
Endung **-īus** im **Gen.** wie bei *eius, cuius, illius* usw.
Endung **-ī** im **Dat.** wie bei *ei, cui, illi* usw.

13.8.2. Dieselbe Deklinationsweise findet sich bei:

unus	einer, ein einziger	nullus	keiner
solus	allein	uter	welcher (von zweien)
totus	ganz	neuter	keiner (von beiden)
ullus	irgendeiner, ein beliebiger	uterque	jeder (von beiden)

Einen Dat. auf *-i* hat ferner:
alius ein anderer (von mehreren) (vgl. 6.5.2.)

13.8.3. Im Plur. haben alle diese Wörter durchgehend die Formen der o/a-Dekl.

13.9. Zusätzliche Übungen

13.9.1. **a)** Verwandeln Sie die folgenden Formen des Präs. Akt. ohne Änderung von Person oder Numerus in die entsprechenden Formen des Impf. Pass.!
ducit · quaeris · cognoscimus · scribunt · laudo · accusatis

b) Verwandeln Sie ebenso folgende Formen des Impf. Akt. in die entsprechenden Formen des Präs. Pass.!
Beispiel: tene-ba-s – tene-ris
agebatis · occupabant · anteponebant · accipiebas

13.9.2. Formen Sie die Sätze 1)–3) ins Passiv um!
Beispiel: Akt.: Ego non cognosco vocem tuam.
Pass.: Vox tua a me non cognoscitur.

1) Rem iocosam vobis narramus. (iocosus „lustig")
2) Tu cognoscis vocem meam.
3) Ego vos quaesivi.

13.10. Wortstudien

Nennen Sie zu den folgenden flektierten Formen jeweils die Grundform, in der das Wort im Lexikon zu finden ist (zu den Verben vgl. Anm. zu 10.5.3.)!
loqueris · hi · fateor · eis · nomini · voluisse · intelleximus · laboravi · labore · queruntur · sinunt

CONCORDIA HIC IACet
PIA PARENTIBus VIXIt
ANNVM unum SEMISsem INNO
CENS IN CAELIS HABETVR
Grabinschrift, von St. Severin in Köln

Lernvokabeln

a) Verben

loquī *(Dep.)*	loquor	locūtus sum		sprechen, sagen
colˈloquī *Dep.)*	colloquor	collocūtus sum		miteinander sprechen
opīnārī *(Dep.)*	opīnor	opīnātus sum		meinen
vidērī *(Dep.)*	videor	vīsus sum		scheinen
adˈesse (esse 4)	adsum	adfuī		dabeisein
asˈsentīrī *(Dep.)*	assentior	assēnsus sum		zustimmen
dēˈmōnstrāre	dēmōnsˈtrō	dēmōnstrāvī	dēmōnstrātum	nachweisen, beweisen
aiō, ais, āit, āiunt	*(nur in diesen Formen)*			bejahen, sagen
pōnere (imˈponere 9)	pōnō	posuī	positum	setzen, stellen, legen
anteˈpōnere	antepōnō	anteposuī	antepositum	vorziehen
dēˈpōnere	dēpōnō	dēposuī	dēpositum	niederlegen, ablegen
fatērī *(Dep.)*	fateor	fassus sum		bekennen, gestehen
dēbēre	dēbeō	dēbuī	dēbitum	schulden, verdanken, müssen
spoliāre *(mit E_{Abl})*	spoliō	spoliāvī	spoliātum	berauben
docēre	doceō	docuī	doctus	lehren
nōvī				ich habe kennengelernt = ich kenne
fertur (*Präs. Pass. von* ferre, tulī, lātum)				man sagt (*eigentl.:* es wird herbeigebracht, berichtet)
exˈīstimāre	exīstimō	exīstimāvī	exīstimātum	einschätzen, meinen
servāre	servō	servāvī	servātum	behüten, bewahren
putāre	putō	putāvī	putātum	glauben, meinen

b) Substantive

mēns, mentis *f.*	Verstand, Gedanke, Gesinnung
vir, virī *m.* (virtūs 6)	Mann

c) Adjektive, Pronomina

alter (-ra, -rum) . . . alter	der eine . . . der andere (von zweien)
beātus, -a, -um	glücklich, reich
plērīque, plēraeque, plēraque	die meisten, sehr viele
certus, -a, -um	bestimmt, sicher
māximus, -a, -um (*von* māgnus 2)	größter, sehr groß
vērus, -a, -um	wahr
doctus, -a, -um (docēre)	gelehrt
plūrimī, -ae, -a	die meisten, sehr viele
rēctus, -a, -um	gerade, richtig
tālis, -is, -e	solch ein, so beschaffen
sōlus, -a, -um	allein
ūllus, -a, -um	irgendein
uter, utra, utrum (uterque 5)	welcher (von beiden)
neuter, neutra, neutrum	keiner (von beiden)

d) Konjunktionen

ut *(mit Ind.)*	wie
nisi (sī 10)	wenn nicht, außer wenn
etsī	wenn auch
et	und, auch
aut	oder
aut . . . aut	entweder . . . oder
neque (nec)	und nicht, auch nicht, aber nicht
neque (nec) . . . neque (nec)	weder . . . noch

e) Sonstige Wörter

parum *(Adv.)*	zu wenig
plānē *(Adv.)*	deutlich, durchaus
longē *(Adv.)*	bei weitem
quidem	zwar, jedenfalls
equidem	ich jedenfalls
an *(Fragepartikel)*	ob, ob nicht, oder
vel	oder, sogar
facile *(Adv.)*	leicht (zu tun)
quam *(beim Vergleich)*	als, wie
nōnne *(Fragepartikel)*	nicht?

f) Wendungen

longē eīs alia mēns est	sie denken ganz anders
avāritiam in malīs pōnere	Geiz für ein Übel halten
bonō animō esse	guten Mutes sein
quid ais?	was meinst du?, wie bitte?
tālī modō	auf solche Weise

Lernpensum aus den Flexionstabellen
Präs. und Impf. Pass. aller Konjugationen

14 Die „Klassen-Mahlzeit“

Der Begriff „Klasse“ – im Sinne einer gesellschaftlichen Schicht – geht auf die Römer zurück: Die Volksversammlung, d. h. die Versammlung der römischen Bürger, gliederte sich in den Adel (Senatoren und Ritter) und in fünf „Klassen“ *(classes)* mit je verschiedenem Stimmrecht. Wichtigstes Unterscheidungsmerkmal für die Zugehörigkeit zum Adel oder zu einer Klasse war das Vermögen; die von den Zensoren alle fünf Jahre durchgeführte Vermögensschätzung wies jedem Bürger das Ausmaß seiner Steuerpflicht und seiner politischen Rechte zu. Wie wir in Lektion 4 erfahren haben, konnten sich die Zensoren bei der Einteilung der Bürgerschaft auch von moralischen Gesichtspunkten leiten lassen, d. h., sie waren befugt, einem Senator oder Ritter oder Angehörigen der ersten Klasse usw. trotz ausreichenden Vermögens die Standesrechte abzuerkennen, wenn sein Verhalten hierzu Anlaß gegeben hatte. Außer dem Vermögen bedingte die Herkunft rechtliche Unterschiede unter all denen, die in Rom lebten: Es gab dort Fremde und Sklaven, die nicht zur Bürgerschaft gehörten; es gab innerhalb der Bürgerschaft Freigeborene und Freigelassene *(liberti),* d. h. ehemalige Sklaven, die trotz ihres neuerworbenen Bürgerrechts in mancher Hinsicht benachteiligt waren.

Unser Text ist ein Brief, den der jüngere Plinius (ca. 61–114 n. Chr.), ein römischer Senator aus Como, an einen Freund geschrieben hat. Er zeigt, daß Recht und Sitte auch in Rom verschiedenen Normen gehorchten: Es war ein elementares Gebot des Taktes, die von Rechts wegen bestehenden Rangunterschiede im privaten Umgang zu ignorieren.

14.1. Grundtext

1. C. Plinius Avito suo salutem.	Gaius Plinius *wünscht* seinem *lieben* Avitus Wohlergehen.
2. Longum est altius repetere, quomodo acciderit:	*Es würde zu weit führen,* eingehender zu wiederholen, wie es dazu kam:
3. Ego, homo minime familiaris, nuper cenavi apud quendam, ut sibi videbatur, *lautum* et *diligentem,* ut mihi, *sordidum* simul et *sumptuosum.*	Obwohl ich ganz wenig mit ihm befreundet bin, war ich neulich zum Essen bei jemand, *der sich selbst vornehm und sparsam vorkam,* mir aber geizig und verschwenderisch zugleich.
4. Nam sibi et compluribus aliis *lectissimos,* ceteris *viliores* cibos ponebat.	Denn für sich und mehrere andere *ließ er* die erlesensten Speisen *auftragen,* für die übrigen *Gäste* billigere.
5. Vinum etiam in tria genera distribuerat: *maxime egregium*	Auch den Wein hatte er in drei Sorten verteilt: den allerkostbarsten

sibi et nobis, *mediocre* minoribus amicis (nam gradatim habet amicos), *asperrimum* libertis suis.

für sich und uns, eine mittelmäßige Sorte für die Freunde minderen Ranges (denn er hat seine Freunde *nach Rangstufen eingeteilt*), einen ganz sauren für seine Freigelassenen.

6. Animadvertit, qui mihi proximus accubabat, et, an probarem, interrogavit.
Negavi.

Mein Nebenmann bemerkte *diese Veranstaltungen* und fragte mich, ob ich das für richtig hielte.
Ich sagte nein.

7. „Tu ergo quam sequeris consuetudinem?"
„Dissimillimam: Eadem omnibus pono. Ad cenam enim, non ad notam invito."

„Und *wie hältst du es* nun deinerseits *in solch einem Fall?"*
„Völlig anders: Ich gebe allen das gleiche. Ich lade *meine Leute* nämlich zum Essen ein, nicht um sie vor den Kopf zu stoßen."

8. „Etiam libertis?"
„Etiam; cenae socios enim tunc, non libertos puto."

„Auch den Freigelassenen?"
„Natürlich! *Ich sehe sie* in diesem Moment eben *als Gäste an,* nicht als Freigelassene."

Et ille: „At pluris tibi constat."
„Minime."

Darauf er: „Aber das kostet dich doch ziemlich viel."
„Gar nicht."

9. „Quomodo fieri potest?"
„Quia liberti mei non idem bibunt quod ego, sed ego idem quod liberti.

„Wieso nicht?"
„Weil meine Freigelassenen nicht das gleiche trinken wie ich, sondern ich das gleiche trinke wie die Freigelassenen.

10. Et, Hercule, si sumptibus parcere vis, aliquanto rectius tua continentia quam aliena contumelia fit."

Überhaupt, beim Herkules, wenn du Ausgaben sparen willst, dann macht sich das um einiges anständiger, wenn du an dir selbst sparst, als wenn du andere beleidigst (eigentl.: durch deine eigene Zurückhaltung als durch Beleidigung anderer)."

11. Quare haec? Ut fugias, optimae indolis iuvenis, nihil magis quam istam luxuriae et sordium novam societatem.

Wozu ich das schreibe? Damit du, ein hervorragend begabter junger Mann, *den größten Abscheu bekommst* vor dieser neumodischen Mischung von Luxus und Geiz.

12. Haec sunt turpissima discreta ac separata, turpiora sunt, si iunguntur.

Das ist jedes für sich schon eine ganz häßliche Sache, aber noch häßlicher wird es, wenn beides zusammenkommt.

Vale.

Leb wohl.

14.2. Aufgaben zur Texterschließung

14.2.1. In der deutschen Übersetzung sind einige Ausdrücke schräg gedruckt. Stellen Sie die lateinischen Entsprechungen fest und beschreiben Sie die grammatischen und inhaltlichen Unterschiede!

14.2.2. In den Sätzen 1–5 des lateinischen Textes sind einige wertende Adjektive schräg gedruckt. Stellen Sie fest, was mit ihnen jeweils bewertet wird, und beachten Sie besonders die gegensätzlichen Werturteile des Gastgebers und des Briefschreibers in S. 3 (z. B. *lautus – diligens; sordidus – sumptuosus*)!

14.2.3. Zuweilen ergibt sich die Bedeutung eines Wortes in einem Text erst aus dem Zusammenhang und – zumal bei Gesprächen – aus der Situation, auf die sich dieser Zusammenhang bezieht.
Ein Beispiel soll das verdeutlichen:
Die Lexika bieten für *nota* (S. 7) folgende Verdeutschungen in folgender Gliederung:

1) *(allgemein, Grundbedeutung:)* Merkmal, Kennzeichen, Schriftzeichen
2) *(gelegentlich:)* Brandmal (z. B. Eigentumsmarke beim Vieh), Rüge (die der Zensor in die Bürgerliste einträgt), *(davon übertragen:)* Schimpf
3) *(übertragen:)* Marke, Sorte, Art (z. B. Weinsorte)

a) Welche dieser Verdeutschungen können Sie vom Inhalt und vom bisherigen Verständnis des Textes her mit Sicherheit ausschließen?

b) Beschreiben Sie nun den speziellen Sinn, den das Wort *nota* an dieser Stelle hat, und begründen Sie Ihre Auffassung!

14.3. Gesprächsstil

14.3.1. In den Sätzen 6–10 gibt der Briefschreiber ein Gespräch in direkter Rede wieder, in 11 und 12 spricht er seinen Adressaten an. Dabei fällt auf, daß die Sätze nicht immer alle Satzteile aufweisen, die man im Sinne grammatischer Vollständigkeit erwarten könnte.
Der Gesprächsstil ist durch Weglassungen **(Ellipsen)** gekennzeichnet: Die zum Verständnis der abgekürzten Einzelstelle notwendigen Informationen lassen sich den vorausgehenden Äußerungen entnehmen.
Stellen Sie Ellipsen im Text 14.1. zusammen und geben Sie an, welche Satzteile jeweils ausgelassen sind!

14.3.2. An welchen Stellen des Textes kommen Sie in der Übersetzung mit einem einfachen „Ja“ oder „Nein“ als Reaktion auf eine Frage oder Behauptung aus? Stellen Sie fest, wie man im L verfährt!

14.4. **Komparation der Adjektive** (Vergleichsformen, „Steigerung")

14.4.1. Es gibt bei den lateinischen Adjektiven – wie bei den deutschen – zwei Vergleichs-(Komparations-)Formen:
den Komparativ und den Superlativ, z. B.:

	Komparativ	Superlativ
longus lang	longior längerer	longissimus längster

Der **Komparativ** dient dem **Vergleich** zwischen **zwei Größen,**
der **Superlativ** dem **Vergleich** zwischen **mehreren Größen,** z. B.:
Dieser Weg ist länger (als ein anderer Weg).
Dieser Weg ist der längste (unter mindestens drei Wegen).

14.4.2. Sie kennen bereits einige Komparationsformen aus früheren Lektionen. Es sind folgende:

	Komparativ	Superlativ	Formbestimmung
5.1.4.	minus		Adv.
6.1.10.		maxime	Adv.
6.8.3.		pulcherrima	Nom. Plur. n.
9.1.4.		rarissime	Adv.
9.1.9.		novissime	Adv.
12.1.9.	longioris		Gen. Sing. f.
13.3.12.		maximis	Abl. Plur. n.
13.3.18.		plurimos	Akk. Plur. m.

Stellen Sie nach diesem Muster alle Komparationsformen des Textes 14.1. zusammen!
Nennen Sie die jeweils gemeinte Vergleichsgröße!

14.4.3. Bildung der Komparationsformen

a) Die Komparationsformen werden meist durch den Stamm und die Endung **-ior, -ius** für den **Komparativ** und **-issimus, -a, -um** für den **Superlativ** gebildet:

	Komparativ	Superlativ
longus, -a, -um	long-ior, -ius	long-issimus, -a, -um
turpis, -e	turp-ior, -ius	turp-issimus, -a, -um

Der Komparativ wird nach der konsonantischen Deklination (wie z. B. *victor, -oris*), der Superlativ nach der o/a-Deklination dekliniert.

b) Bei Adjektiven, deren Stamm auf *-r-*, und einigen, deren Stamm auf *-l-* endet, wird der Superlativ abweichend vom obigen Schema gebildet:

	Komparativ	Superlativ
pulcher („schön“)	pulchr-ior, -ius	pulcher-rimus, -a, -um
asper	asper-ior, -ius	asper-rimus, -a, -um
celer	celer-ior, -ius	celer-rimus, -a, -um
facilis („leicht“)	facil-ior, -ius	facil-limus, -a, -um
similis	simil-ior, -ius	simil-limus, -a, -um

c) Bei einigen sehr häufig vorkommenden Adjektiven werden die Komparationsformen von verschiedenen Stämmen abgeleitet (vgl. im D: gut – besser, am besten; viel – mehr, am meisten).

	Komparativ	Superlativ	D
magnus, -a, -um	maior, -ius	maximus, -a, -um	groß
parvus, -a, -um	minor, minus	minimus, -a, -um	klein
bonus, -a, -um	melior, -ius	optimus, -a, -um	gut
malus, -a, -um	peior, peius	pessimus, -a, -um	schlecht
multum	plus	plurimum	viel
multi, -ae, -a	plures, plura	plurimi, -ae, -a	viele

Prägen Sie sich diese Formen ein!

d) Adverbien enden im **Komparativ** auf **-ius,** im **Superlativ** auf **-e:**

longe pulchre male	longius pulchrius peius	longissime pulcherrime pessime

e) Das Adv. *valde* hat den Komparativ *magis* („mehr“) und den Superlativ *maxime* („am meisten“).
Diese Adverbien dienen auch der Komparation von Adjektiven (das Gegenteil wird durch *minus* und *minime* bezeichnet):

magis egregius	ausgezeichneter (vgl. 14.1.5.)
maxime diligens	äußerst sorgfältig
minus officiosus	weniger pflichteifrig
minime familiaris	kaum befreundet

f) Der **Superlativ mit quam** hat eine besondere Bedeutung:

quam celerrime	so schnell wie möglich
quam maximis itineribus	in möglichst großen Märschen

14.5. Zur Übersetzung der Vergleichsformen

14.5.1. **a)** Der Komparativ wird folgendermaßen übersetzt:
Wenn eine bestimmte Vergleichsgröße gemeint ist, mit deutschen Komparativ-Formen (z. B. „größer als . . .“, „länger als . . .“),
wenn keine bestimmte Vergleichsgröße gemeint ist, zuweilen ebenfalls mit dem Komparativ („er hielt eine längere Rede“) oder mit Ausdrücken wie „ziemlich groß“, „zu groß“ o. ä.

b) Der Superlativ wird übersetzt:
Wenn eine bestimmte Vergleichsgröße gemeint ist, mit deutschen Superlativ-Formen (z. B. „der größte“, „der längste“),
wenn keine bestimmte Vergleichsgröße gemeint ist, zuweilen ebenfalls mit dem Superlativ („er gab sich die größte Mühe“) oder mit Ausdrükken wie „außerordentlich groß“, „sehr groß“, „riesengroß“ o. ä. Da diese Verwendung des Superlativs im L sehr häufig ist, hat sie einen eigenen Namen: **Elativ.**

14.5.2. **a)** Die Entsprechung für das deutsche Wort „als“ beim Komparativ lautet im L *quam*. Die Vergleichsgröße kann im L aber auch im reinen Ablativ angegeben werden:

Hasta longior est quam gladius.	Eine Lanze ist länger
Hasta longior est gladio.	als ein Schwert.

Dieser Abl. ist in die Gliederung der Ablativ-Funktionen in L.9 schwer einzuordnen. Am ehesten kann er als Separativus verstanden werden: „Vom Schwert her gesehen ist die Lanze länger.“

b) Übersetzen Sie folgende Sätze:
1) Nemo sapiente beatior est. (sapiens „der Weise“)
2) Nihil turpius avaritia.
3) Helena omnibus Graecis mulieribus pulchrior erat. (mulier „Frau“)

14.6. Konjunktive

14.6.1. Wir haben inzwischen Formen aller vier Konjunktive kennengelernt.

a) Zur Bildung der **Konj. II** und **IV** kann man sich die Faustregel merken:
Infinitiv (Präs. bzw. Perf. Akt.) plus **Personalendung**
Beispiele:

probarem	–	probare + m	scripsisset	–	scripsisse + t
adesset	–	adesse + t	occurissem	–	occurrisse + m

b) Der **Konj. I** wird meist gebildet, indem ein **-a-** zwischen Präs.-Stamm und Personalendung tritt, z. B.:

anteponant – antepon-a-nt

Nur bei den Verben der a-Konjugation findet sich an dieser Stelle ein **-e-** (sonst wäre dieser Konj. nicht von den Formen des Präsens zu unterscheiden), z. B.:

(laudo) laud**e**m
(laud**a**s) laud**e**s
(laud**a**t) laud**e**t

c) Im **Konj. III** tritt zwischen den Perf.-Stamm des Verbs und die Personalendung die Lautfolge **-eri-,** z. B.:

acciderit – accid-eri-t

d) Suchen Sie weitere Konj.-Formen des Aktivs in 11.9.4., 13.3.13. und 14.1.11. und weisen Sie diese den Gruppen I bis IV zu!

14.6.2. **a)** Im **Passiv** unterscheiden sich die Konj. I und II nur durch die Personalendung von den entsprechenden Aktiv-Formen, z. B.:

Audiatur et altera pars! Es soll auch die andere Seite gehört werden!

b) Für die **Konj. III/IV** gilt die Regel: **PPP** plus **Konj. I/II** von **esse,** z. B.:

data sit (12.1.1.), scripta essent (11.1.1.)

c) Suchen Sie in 11.1.1. und 6. sowie 11.9.4. weitere Formen des Konj. Pass. und ordnen Sie diese den Gruppen I bis IV zu!

14.6.3. Untersuchen Sie die Verwendung der folgenden Konj.-Formen im jeweiligen Text!

superavisset (5.1.1.) · audivisset, solveret (5.1.3.) · erraret (8.1.1.) · agnovisset (8.1.10.) · quaererem (10.7.4.) · anteponant (13.3.8.) · acciderit (14.1.2.) · fugias (14.1.11.)

Benutzen Sie hierfür eine Übersicht von folgender Art!

	Zeitverhältnis	
Tempus des übergeordneten Verbs	nicht vorzeitig	vorzeitig
Gegenwart		
Vergangenheit		

14.7. Zusätzliche Übung

Das gestohlene Schwein

1. Mos erat in oppido quodam,ut, qui hieme porcum occidisset, viciniam ad cenam invitaret.

1. hiems Winter · **porcus** Schwein · **occīdere** schlachten · **vīcīnia** Nachbarschaft

2. Quidam, quomodo eam impensam vitaret, compatrem consuluit.

2. impēnsa Aufwand · **vītāre** vermeiden · **compater** „Gevatter", Freund · **cōnsulere** befragen

3. „Dic", inquit ille, „cras porcum tibi hac nocte furto ablatum esse."

3. dīc! sag! · **crās** morgen · **nox** Nacht · **furtum** Diebstahl · **auferre** wegtragen

4. Et simul clam porcum nocte subripuit.

4. clam heimlich · **subripere** heimlich rauben

5. Mane ille conspiciens sibi porcum ablatum esse ad compatrem profectus alta voce querebatur porcum sibi furto subreptum. 6. Tum alter, „Recte, compater mi, loqueris", inquit, „ita enim te docui loqui". 7. Cum ille saepius et per deos omnes iuraret id verum esse, „Bene agis", respondebat, „et secundum consilium meum". 8. Cum ille perseveraret iurare, „Hoc modo te loqui debere antea monui", respondebat, „et sanum consilium dedi tibi".
9. Tandem elusus abiit.

5. māne morgens früh · **cōnspicere** erblicken · **proficīscī** *(Dep.)* sich aufmachen, gehen

6. compater mī: *Vokativ*

7. saepius: *Komparativ von saepe* · **per deōs iūrāre** bei den Göttern schwören · **bene:** *Adv. zu bonus* · **secundum** *(beim Akk.)* gemäß · **cōnsilium** Rat, Absicht

8. persevērāre fortfahren · **monēre** erinnern, ermahnen · **sānus** gesund, vernünftig

9. tandem endlich · **ēlūdere** verspotten, sein Spiel treiben · **abīre** weggehen

14.8. Wortstudien

14.8.1. Bei der Suche nach Komparationsformen sind Sie vielleicht auf *complures,* vielleicht auch *idem quod* gestoßen:

a) *complures* ist eine Weiterbildung des Komparativs *plures* und bedeutet „mehrere".

b) *idem quod* „dasselbe wie" bezeichnet nicht, wie die Komparative und Superlative, einen Vergleich unter verschiedenen Größen, sondern die Gleichsetzung von Größen (vgl. *in eodem amphitheatro* 7.1.9.).

14.8.2. Zu Adjektiven wie *longus* oder *altus* gibt es die Substantive

longitudo, -dinis *f.*	Länge
altitudo, -dinis *f.*	Höhe, Tiefe

Was bedeuten folgende Wörter?
multitudo · similitudo · turpitudo · beatitudo · certitudo

14.8.3. Die Demonstrativpronomina *hic, iste* und *ille* stehen zueinander in einem ähnlichen Verhältnis wie die 1., 2. und 3. Person der Konjugation:
hic entspricht der 1. Person: Es bezeichnet den Bereich, in dem sich der Sprecher selbst befindet: „dieser hier", z. B.:

hac in urbe — in dieser Stadt hier (in der ich, der Sprecher, mich befinde)

iste entspricht der 2.Person: Es bezeichnet das, was dem Sprecher gegenüber, vor Augen liegt. Es kann sich daher auch auf etwas beziehen, wovon sich der Sprecher distanzieren will; es hat dann abwertende Bedeutung, z. B.:

istam luxuriae et sordium novam societatem (14.1.11.)	dieses (üble) neue Bündnis zwischen Luxus und Geiz

ille entspricht der 3. Person.

14.8.4. **a)** Das Verb **fierī** dient als Pass. von *facere*. Es hat aktivische Formen:

fīō	fīam	fīēbam	fierem
fīs	fīās	fīēbās	fieres
fit	fīat	fīēbat	fieret
usw.	usw.	usw.	usw.

Nur der Inf. *fierī* hat eine passivische Endung.
Das Perf. von *fieri* lautet *factus sum*.
b) *fieri* wird im D je nach Zusammenhang durch „werden", „geschehen" oder „gemacht werden" wiedergegeben.
Übersetzen Sie
1) Caesar dictator („Diktator") factus est. – 2) Omnia, quae fiunt, intereunt. – 3) Quomodo fieri potest? – 4) Nihil fit sine causa. (sine *b. Abl.* „ohne") – 5) Non accipitur brevis vita, sed fit a nobis. (vgl. 12.1.4.)

Dis Manibus Caius IVLius MATERNVS / VETeranus EX LEGione I Minervia VIvVS SIBI / ET MARIE MARCELLINAE / COIIVGI DVLCISSIME / CASTISSIME OBITAE Fecit

Grabstein vom Kunibertskloster in Köln

Lernvokabeln

a) Verben

re'petere (petere 8)	repetō	repetīvī	repetītum	wiederhaben wollen, wiederholen
ac'cidere	accidit	accidit		sich ereignen, sich zutragen
anim'ad'vertere	-advertō	-advertī	-adversum	bemerken
probāre	probō	probāvī	probātum	1. prüfen 2. billigen
inter'rogāre	interrogō	interrogāvī	interrogātum	fragen
negāre	negō	negāvī	negātum	verneinen, leugnen
sequī *(Dep.)* *(mit E_{Akk})*	sequor	secūtus sum		folgen *(im D mit E_{Dat})*
cōn'stāre	cōnstō	cōnstitī		kosten
fierī	fīō	factus sum		geschehen, es geschieht
bibere	bibō	bibī		trinken
parcere *(mit E_{Dat})*	parcō	pepercī		schonen
fugere *(mit E_{Akk})*	fugiō	fūgī	fugitum	fliehen (vor etwas oder jemand)
iungere	iungō	iūnxī	iūnctum	verbinden, vereinigen
valēre (valētūdō 9)	valeō	valuī		stark, gesund sein; gelten
[vītāre	vītō	vītāvī	vītātum	vermeiden
[au'ferre (ferre 11)	auferō	abstulī	ablātum	wegtragen
[cōn'spicere	cōnspiciō	cōnspēxī	cōnspectum	erblicken
[monēre	moneō	monuī	monitum	erinnern, ermahnen
[ab'īre	abeō	abiī	abitum	weggehen

(red'īre 5, trāns'īre 9, inter'īre 11)

b) Substantive

salūs, ūtis *f.* (salūtāre 5, salvē 13)	Wohlergehen, Heil
cōnsuētūdō, -dinis *f.*	Gewohnheit
sumptus, -ūs *m.*	Aufwand, Kosten
societās, -ātis *f.* (socius 3)	Bündnis
gladius, -iī *m.*	Schwert
sapiēns, -ntis *m.*	der Weise
mulier, -eris *f.*	Frau
pars, -rtis *f.*	Teil, Seite
[hiems, hiemis *f.*	Winter
[nox, noctis *f.*	Nacht
[furtum, -ī *n.*	Diebstahl
[altitūdō, -dinis *f.* (altus)	Höhe, Tiefe

c) Adjektive

altus, -a, um (altitūdō)	hoch, tief *(je nach dem Blickpunkt)*
dīligēns *(Gen.* -ntis)	sorgfältig, genau
complūres, -a	mehrere
ēgregius, -a, -um	ausgezeichnet
mediocris, -is, -e	mittelmäßig
asper, -a, -um	rauh, herb
proximus, -a, -um (prope 7)	der nächste, am nächsten, sehr nahe
dissimilis, -is, -e (similis 6)	unähnlich
turpis, -is, -e	häßlich
pulcher, -chra, -chrum	schön
facilis, -is, -e (facile 13)	leicht (zu tun)

d) Sonstige Wörter

quōmodō (*auch:* quō modō) (modus 7)	auf welche Weise, wie
minimē	keineswegs
nūper	neulich
ergō	deshalb, also
plūs	mehr *(Menge)*
magis	mehr *(Grad)*
quia	da ja, weil
quārē (res 1)	warum
quam *(beim Vergleich)*	als
quam *(mit Superlativ)*	möglichst
[clam	heimlich
[māne	(morgens) früh
[secundum *(mit Akk.)*	entlang, gemäß
[sine *(mit Abl.)*	ohne

e) Wendungen

Plīnius Avītō salūtem	Plinius wünscht dem Avitus Wohlergehen (*Grußformel beim Briefanfang, entsprechend unserem* „Mein lieber Avitus")
valē! (valētūdō 9)	Sei gesund, leb wohl *(Abschiedsgruß sowie Schlußformel im Brief)*
longum est *(mit* Sj_{Inf}*)*	es würde zu weit führen (dies und das zu tun)
ut mihī videor	wie ich mir vorkomme
multō *(*E_{Abl}*)* cōnstat	es kostet viel
plūris *(*E_{Gen}*)* cōnstat	es kostet mehr
minōris cōnstat	es kostet weniger
quōmodō fierī potest?	wie kann das geschehen?, wie kommt das?
aliquantō rēctius	um einiges richtiger, erheblich richtiger

Lernpensum aus den Flexionstabellen

1) Bildung und Deklination der Komparative und Superlative (14. 4.)
2) Formenbildung aller Konjunktive
3) Präs., Impf., Perf., Plqpf., Konj. I–IV von *fieri*

15 Alexander und der Arzt Philippus

Im Jahre 334 v. Chr. zog der Makedonenkönig Alexander der Große aus, das Perserreich zu erobern; nach drei Siegen war das gigantische Ziel erreicht (330 v. Chr.). Drei Jahre später begann die tollkühne Expedition nach Indien, die wegen einer Meuterei des erschöpften Heeres abgebrochen werden mußte; bald nach der Rückkehr ereilte den Zweiunddreißigjährigen der Tod (323 v. Chr.), und das Riesenreich zerfiel ebenso rasch, wie es entstanden war.

Unser Text enthält eine Episode aus dem Krieg gegen die Perser. Ein berühmtes Ereignis war vorausgegangen: Alexander hatte in Gordion, der Hauptstadt Phrygiens (im mittleren Kleinasien, südwestlich von Ankara), durch einen Schwerthieb den „gordischen Knoten" gelöst, womit er sich als künftiger Weltherrscher auswies. Ein berühmtes Ereignis sollte folgen: Alexander gewann bald nach seiner Heilung durch Philippus eine entscheidende Schlacht gegen den Perserkönig (333 v. Chr., bei Issus). Tarsus, der Schauplatz unserer Episode, liegt westlich von Issus – ein Hafen an der Südküste Kleinasiens, wo der Cydnus ins Mittelmeer mündet, gegenüber der Nordspitze Zyperns. Die Stadt ist vor allem als Heimat des Apostels Paulus in die Geschichte eingegangen.

Alexander beflügelte die Phantasie der Nachwelt wie kein zweiter Herrscher der Antike; sein Leben und seine Taten waren bald von Legenden umwuchert. Das wichtigste Zeugnis dieser Wirkung ist der sogenannte Alexander-Roman, ein Produkt der römischen Kaiserzeit, das sich zumal während des Mittelalters großer Beliebtheit erfreut hat. Unser Text entstammt einer anderen Quelle, dem Roman des Q. Curtius Rufus (1. Jh. n. Chr.), welcher dem tatsächlichen Geschehen recht nahe bleibt.

15.1. **Grundtext** (1. Teil)

1. Alexander, cum Dario Persarum regi bellum inferret, Tarsum pervenerat, quam per urbem mediam Cydnus amnis fluit.
2. Aestas erat, et cum diei tempus fervidissimum esse coepisset, pulvere simul ac sudore perfusum regem invitavit liquor fluminis, ut calidum corpus lavaret.
3. Sed vix ingresso membra rigere coeperunt, totumque fere corpus calor reliquit.

1. bellum īnferre *(mit E_{Dat})* einen Krieg (mit jmdm.) beginnen · **per mediam urbem** mitten durch die Stadt · **amnis:** *flūmen* · **fluere** fließen
2. aestās Sommer · **fervidus** glühend · **pulvis** Staub · **sūdor** Schweiß · **perfundere** übergießen · **invītāre** einladen · **liquor** klare Flüssigkeit, Wasser · **calidus** warm, erhitzt
3. vix ingressus kaum (in das Wasser) hineingegangen · **membrum** Glied, *Plur.* Gliedmaßen · **rigēre** starrsein, sich verkrampfen · **ferē** beinahe · **calor:** *vgl. calidus*

4. Ministri quam celerrime auxilio veniunt regi eumque mortuo similem in tabernaculum deferunt.
5. Tum valetudo imperatoris omni exercitui curae sollicitudinique erat.

4. minister Diener · **auxilium** Hilfe · **mortuus** tot · **tabernāculum** Zelt · **dēferre** hinbringen
5. imperātor Befehlshaber · **sollicitūdō** Beunruhigung, Sorge

---

15.2. Zur Texterschließung

Wir haben bisher beim Zugang zu Texten zwischen **sprachlichen Beobachtungen** und **inhaltlichen Vermutungen** unterschieden (vgl. 12.2.). Meistens aber muß sich bei der Arbeit am Text beides verbinden. Dabei kommt es darauf an, inhaltliche Vermutungen stets an sprachlichen Beobachtungen zu kontrollieren.

15.2.1. Sprachliche Beobachtungen

a) Die Verbkomplexe und die zugehörigen Subjekte der Hauptsätze bilden den Hauptstrang der Erzählung. Stellen Sie diese Bestandteile fest und übersetzen Sie sie!
b) Stellen Sie fest, wo das Tempus wechselt, und erklären Sie diesen Wechsel (vgl. 3.4.)!
c) Welche grammatische Form haben die bisher noch nicht übersetzten Teile der Sätze 1–5?

15.2.2. Inhaltliche Vermutungen

Vermutungen über den Inhalt lassen sich dadurch gewinnen, daß man aufgrund des vorhandenen Vorwissens Fragen an den Text stellt. Bei einer Erzählung, wie sie hier vorliegt, sind folgende Fragen angebracht:
1) Wer ist die Hauptperson, und was erfahren wir von ihr?
2) Wo und wann spielt die Handlung?
3) Was ereignet sich?
Beantworten Sie diese Fragen für den Text 15.1.!

TYRANNVS / LIVIAE / MEDICVS ISOCHRYSVS / LIVIAE / AD VESTEM
Grabstein aus einem Columbarium für Freigelassene und Sklaven der Livia

15.3. **Grundtext** (2. Teil)

6. Erat inter nobiles medicos ex Macedonia regem secutos Philippus, fidus admodum regi:
7. Puero comes et custos salutis datus eum non ut regem modo, sed etiam ut alumnum eximia caritate *diligebat.*
8. Is regi cum paulatim animus redisset „si in hac re", inquit, „extrema audere boni medici est, committe mihi salutem tuam: tertio die *medicamento* strenuo vim morbi frangam".
9. Nulli promissum eius placebat praeter regem ipsum.
10. Ceteri omnes ei persuadebant, ne festinatione periculum augeret.
11. Paulo post autem rex a Parmenione, fidissimo purpuratorum, litteras accepit, quae Philippum atrocis sceleris arguebant: eum ab hoste mille talentis *corruptum esse.*
12. Rex inter spem salutis metumque medici *fluctuabat;* neque tamen ullam epistulae mentionem fecit et, cum dies tertius *advenisset,* tranquillo animo medicamentum hausit.
13. Tum vero epistulam legere Philippum iubet. Ille autem plus indignationis quam timoris ostendit et „salus tua", inquit, „me criminis, quod mihi obiectum est, absolvet. Nunc omisso metu quietem cape"!
14. Regem haec vox non modo securum, sed etiam laetum et bonae spei plenum fecit.
15. Exspectatione Philippi celerius primum animus, deinde corpus vires recuperavit.

6. medicus Arzt · **fīdus** treu

7. comes Begleiter · **cūstōs** Wächter · **nōn modo . . . sed etiam** nicht nur . . . sondern auch · **alumnus** Zögling · **eximius** außergewöhnlich · **cāritās** Liebe

8. paulātim allmählich · **extrēma audēre** das Äußerste wagen · **bonī medicī est** es ist die Sache eines guten Arztes · **committere** anvertrauen · **strēnuus** tüchtig, stark · **frangam:** *Futur von frangere* brechen

9. prōmissum Versprechen · **praeter** *(mit Akk.)* außer

10. persuādēre einem zureden · **nē** daß nicht · **fēstīnātiō** Eile · **periculum** Gefahr

11. purpurātus Purpurträger, Würdenträger · **litterae** *(Plur.)* Brief · **atrōx** gräßlich · **scelus** Verbrechen · **arguere** beschuldigen · **hostis** Feind · **talentum** Talent *(Geldeinheit)*

12. metus Furcht · **epistula** Brief · **mentiōnem facere** erwähnen · **tranquillus** ruhig · **haurīre** austrinken

13. iubet: *vgl. iussū (L. 5 und 10)* · **indīgnātiō** Ärger, Unwillen · **timor** Furcht · **obiectum:** *PPP von obicere* · **absolvet:** *Futur von absolvere* freisprechen · **nunc** nun · **omissō metū** ohne Furcht *(omittere* loslassen, aufgeben) · **quiēs** Ruhe

14. sēcūrus sicher, sorglos · **laetus** froh · **plēnus** voll · **cape!** nimm (dir)!

15. exspectātiō Erwartung · **recuperāre** wiederbekommen

15.4. **Zur Erschließung des weiteren Textes**

15.4.1. Übersetzen Sie den Hauptstrang der Erzählung (vgl. 15.2.1.a)!

15.4.2. Stellen Sie fest, welche Personen der Handlung mit Namen genannt sind und in welchem Verhältnis sie zueinander stehen!

15.4.3. Die im Text schräg gedruckten Wörter sind am Rand nicht erklärt, obwohl sie bisher noch nicht vorgekommen sind. Erschließen Sie ihre Bedeutung so genau wie möglich aus dem Zusammenhang!

15.4.4. Übersetzen Sie nun den ganzen Text (15.1. und 15.3.)!

15.5. **Besonderheiten des Tempus-Gebrauchs** in erzählenden Texten

15.5.1. **Praesens historicum**
Was fällt Ihnen am Tempus-Gebrauch in 15.1.4. und 15.3.13. auf? Beschreiben Sie die stilistische Wirkung dieser Tempus-Wahl!

15.5.2. **Imperfekt**
a) Vergleichen Sie folgende Sätze!

Regi persuaserunt, ne periculum augeret.	Regi persuadebant, ne periculum augeret.
Sie überredeten den König, die Gefahr nicht noch zu vergrößern.	Sie redeten auf den König ein, er solle die Gefahr nicht noch vergrößern.
(Sie hatten Erfolg mit ihren Argumenten.)	(Ob sie Erfolg hatten, bleibt offen.)

b) Perfekt und **Imperfekt** unterscheiden sich manchmal dadurch, daß das Perf. die ans Ziel gekommene, fertige Handlung bezeichnet, das Impf. dagegen die nur versuchte, nicht abgeschlossene Handlung. Diese Verwendung des Impf. nennt man Imperfectum de conatu *(conatus* „Versuch").

15.6. **Ergänzungen von esse** (Zusammenfassung)

15.6.1. Übersetzen Sie die folgenden Sätze und bestimmen Sie die jeweilige Ergänzung von *esse!*
1) In hac re extrema audere boni medici est. (15.3.8.)
2) Neque tu es dives neque ego sum bona facie. (13.3.4.)
(faciēs „Gesicht, Gestalt")
3) Nos ipsi exempla sumus. (13.3.11.)
4) Catoni studium modestiae erat. (6.1.10.) (modestia „Mäßigung")
5) Longe eis alia mens erat. (13.3.7.)

15.6.2. Versuchen Sie mehrere Übersetzungen für die folgenden Sätze mit E_{Abl} bei *esse* zu geben!
1) Bono animo sum. 2) Cato erat magna severitate. (vgl. 6.1.4.)
3) Multi homines sunt bona valetudine. (vgl. 13.3.15.)

15.7. **Kasus** (Zusammenfassung)

15.7.1. **Genitiv**

a) Genitiv bei einem Nomen (Attribut)

1	bei einem Substantiv	litus Italiae (3.1.4.) promissum eius (15.3.9.) optimae indolis iuvenis (14.1.11.) homo exiguae staturae (4.7.2.) tribunus militum (4.1.6.) temporis spatium (12.1.1.) pastor regis (2.4.8.) custos salutis (15.3.7.)	Küste Italiens sein (ihr) Versprechen hochbegabter junger Mann Mensch von kleiner Statur Militärtribun Zeitspanne königlicher Hirte Wächter über sein leibliches Wohl
2	bei einem Subst., das einen Verbbegriff enthält	metus medici (15.3.12.) metus tui spes lucri (12.1.5.) exspectatio Philippi (15.3.15.)	Furcht vor dem Arzt Furcht vor dir Hoffnung auf Gewinn Philipps Erwartung
3	bei einem Adj. oder Adv.	bonae spei plenus (15.3.14.) plus timoris (15.3.13.) multum pecuniae	voll guter Hoffnung mehr Furcht viel Geld

Vergleichen Sie die Übersetzungen der Beispiele mit ihren lateinischen Entsprechungen! Wie sind die Genitive jeweils im D wiedergegeben?

Beachten Sie:
In der Gruppe 2) finden sich Beispiele für eine Verwendungsweise des lateinischen Gen., die es im D nicht gibt; im D muß die betreffende Beziehung stets durch eine Präp. wiedergegeben werden. So bedeutet *metus medici* in diesem Falle „Furcht vor dem Arzt". Der Ausdruck ist an sich, d. h. wenn man ihn ohne Rücksicht auf den Zusammenhang betrachtet, doppeldeutig. Er kann bedeuten:

1. „Furcht des Arztes" (der Arzt fürchtet etwas): Man spricht in diesem Fall vom **Genitivus subiectivus,** weil der Arzt hier das sich fürchtende Subjekt ist.
2. „Furcht vor dem Arzt" (jemand fürchtet den Arzt): Man spricht hier vom **Genitivus obiectivus,** weil der Arzt hier der Gegenstand der Furcht ist.

Liegt bei den Ausdrücken *spes lucri* und *exspectatio Philippi* nach Maßgabe des Zusammenhanges ein Genitivus subiectivus oder ein Genitivus obiectivus vor?

b) Genitiv bei einem Verb (Ergänzung)

1	als E_{Gen} bei *esse*	boni medici est (15.3.8.)	es ist Sache, Pflicht eines guten Arztes, es gehört sich für einen guten Arzt
2	als E_{Gen}	pluris constat (14.1.8.)	es kostet mehr
3	neben einer $E_{Akk.}$	Litterae Philippum atrocis sceleris arguebant. (15.3.11.)	Der Brief beschuldigte Ph. eines scheußlichen Verbrechens.

Vergleichen Sie die Übersetzungen mit den lateinischen Entsprechungen!

15.7.2. **Dativ**

a) Dativ bei einem Adjektiv

bei einem Adj. auf die Frage „Wem?“	mortuo similis (15.1.4.)	einem Toten ähnlich

b) Dativ bei einem Verb (Ergänzung)

1	bei *esse*	Longe eis alia mens est. (13.3.7.) In Caesare miseris perfugium erat. (6.1.6.)	Sie haben eine ganz andere Auffassung. Die Unglücklichen hatten bei Caesar eine Zuflucht.
2	als E_{Dat} allein	Utrique eventui occurrerat. (5.1.6.) Sumptibus parcere vis. (14.1.10.)	Er hatte für beide Fälle vorgesorgt. Du willst Ausgaben sparen.
3	neben einer zweiten E_{Dat}	Ministri auxilio veniunt regi. (15.1.4.) Valetudo imperatoris omni exercitui curae erat. (15.1.5.)	Die Diener kommen dem König zu Hilfe. Das ganze Heer sorgte sich um die Gesundheit des Herrschers.
4	neben einer E_{Akk}	Alexander Dario regi bellum intulit. (15.1.1.)	Alexander fing mit König Darius Krieg an.

Wie sind die Dative jeweils im D wiedergegeben?

15.7.3. **Akkusativ**

1	als E_{Akk}	Amulius fratrem expulit. (2.1.4.)	Amulius vertrieb seinen Bruder.
2	neben einer zweiten E_{Akk}	Haec vox regem laetum fecit. (15.3.14.) Romani Catonem censorem creaverunt. (4.1.12.)	Dieses Wort machte den König froh. Die Römer wählten Cato zum Zensor.
3	bei einer Präp. als $E_{Präp}$ oder $Ad_{Präp}$ (oft neben weiteren E)	Caesar in gloriam venit. (6.1.5.) Deinde in silvam digressus est. (7.1.7.a) Latinus Aeneae Laviniam in matrimonium dedit. (3.1.8.)	Caesar wurde berühmt. Dann entfernte er sich in den Wald. Latinus gab Äneas die Lavinia zur Frau.
4	Akk. ohne Präp. als Ortsbestimmung	Romam rediit. (5.1.1.) Domum redire destinavit. (9.1.11.) Alexander Tarsum pervenerat. (15.1.1.)	Er kehrte nach Rom zurück. Er beschloß, nach Hause zurückzukehren. Alexander war in Tarsus angelangt.
5	Angaben der zeitl. o. räuml. Ausdehnung als Ad_{Akk}	Cato duodecim annos stipendia meruit. (4.1.5.) Triennium in Graeciam secedere statuit. (9.1.10.)	Cato hatte zwölf Jahre als Soldat gedient. Er beschloß, drei Jahre nach Griechenland zu gehen.
6	Sj_{Akk} in einem A. c. I.	Alter demonstravit homines longe aliter iudicare. (13.1.4.) Nasica clamavit se domi non esse. (10.7.2.)	Der andere wies nach, daß die Leute ganz anderer Ansicht sind. Nasica rief, er sei nicht zu Hause.

Stellen Sie in allen Beispielen die Akk. fest und untersuchen Sie, wie diese im D wiedergegeben sind!

15.7.4. Wie unterscheiden sich die Kasus Gen., Dat., Akk., und Abl. (vgl. 9.3.) im Hinblick auf ihre Verwendung bei Nomina bzw. Verben?

15.8. Zusammengesetzte Pronomina

15.8.1. **a)** Bestimmen Sie die Formen *quidam, cuiusdam, quaedam, quendam*!
b) Was ist an der Form *quendam* auffällig?
c) Aus welchen Teilen ist dieses Pronomen also zusammengesetzt? Was bedeutet jeder der Bestandteile?

15.8.2. **a)** Bestimmen Sie die Formen *eodem, isdem, eidem, eadem*!
b) Bilden Sie vom Pronomen *idem* den Akk. Sing. (analog zu *quendam*) und den Gen. Plur.!
c) Beachten Sie den Unterschied in der Aussprache: *īdem* (m.) – *idem* (n.)!
d) Was bedeutet jeder der Bestandteile, aus denen das Pronomen *idem* zusammengesetzt ist?
e) Was bedeuten demnach *ibidem* und *tantundem* (*tantum* „so viel")?

15.8.3. **a)** Was bedeuten die beiden Bestandteile, aus denen das Pronomen *aliquis* „irgendwer, jemand" besteht?
b) Was bedeuten demnach *aliquando, aliquamdiu* und *aliquantus (quantus* „wie groß", vgl. *aliquanto* 14.1.10.)?

15.8.4. Welche Gemeinsamkeit der Bildungsweise können Sie zwischen *uterque* („jeder" von beiden) und *quisque* („jeder" von vielen) feststellen?

15.9. Zusätzliche Übungen

15.9.1. In den folgenden Sätzen sind Angaben verschiedenster Art enthalten:
a) Übersetzen Sie die Sätze!
b) Ordnen Sie die darin befindlichen Angaben nach den Rubriken
Ad_{Adv}, $Ad_{\text{Präp}}$, Ad_{Part}, $Ad_{\text{Abl+Part}}$, nicht-partizipiale Ad_{Nom}, Ad_{Abl}
und geben Sie jeweils an, ob es sich um eine Angabe zum ganzen Satz oder zu einem Satzteil handelt!

1) Quid dicis? Nondum satis te intellego. (13.3.10.)
2) Alexander cum copiis Tarsum pervenerat. (15.1.1.)
3) Hanc brevem aetatem tam celeriter transcurrere („vorübereilen") clamant. (12.1.1.)
4) Rex pulvere simul ac sudore perfusus in flumine lavatur. (vgl. 15.1.2.)
5) Vergilius adulescens Mediolano ad urbem transiit. (9.1.3.)
6) Ministri regem mortuo similem in tabernaculum deferunt. (15.1.4.)
7) Omisso metu quietem cape! (15.3.13.)
8) Ille exemplis demonstravit homines aliter iudicare. (13.1.4.)

Iovi Optimo Maximo ET / GENIO LOCI / SEXtus INSIVS / RVFVS BeneFiciarius COnSularis / Votum Solvit Libens Merito

Inschrift auf einem Altärchen aus Köln

15.9.2. Übungstext

Erziehungskosten

Accessit ad Aristippum philosophum pater familias quidam rogavitque, ut filium suum erudire vellet.

Cum vero ille pro mercede petivisset quingentas drachmas, patri ut ignaro avaroque homini id pretium nimium videbatur. Itaque: „Tanti“, inquit, „emere mancipium possum.“

Tum philosophus respondit: „Eme et habebis duo.“

accēdere herantreten · **Aristippus** *griechischer Philosoph, ca. 435–360 v. Chr., Schüler des Sokrates* · **pater familiās** Familienvater · **rogāre** bitten · **ērudīre** unterrichten

mercēs Lohn, Honorar · **drachma** Drachme, Mark · **īgnārus** unwissend · **avārus** geizig · **nimius** zu groß · **tantī** *(Gen.)* für so viel · **mancipium** Sklave

eme! kauf! · **habēbis** du wirst haben

Lernvokabeln

a) Verben

īn'ferre	īnferō	intulī	illātum	hineintragen
dē'ferre	dēferō	dētulī	dēlātum	überbringen, hinbringen, hintragen
fluere (flūmen 2)	fluō	flūxī		fließen
dīligere	dīligō	dīlēxī	dīlēctum	hochachten, lieben
red'īre	redeō	rediī	reditum	zurückkehren
audēre *(Semidep.*)*	audeō	ausus sum		wagen
com'mittere (mittere 7)	committō	commīsī	commissum	veranstalten, beginnen; anvertrauen
o'mittere	omittō	omīsī	omissum	loslassen, aufgeben
prō'mittere	prōmittō	prōmīsī	prōmissum	versprechen
frangere	frangō	frēgī	frāctum	zerbrechen (etwas)
per'suādēre *(mit E_{Dat})*	persuādeō	persuāsī	persuāsum	einem zureden, einen überreden
arguere	arguō	arguī		beschuldigen
cor'rumpere	corrumpō	corrūpī	corruptum	1. verderben 2. jemanden bestechen
ad'venīre (venīre 5, per'venīre 12)	adveniō	advēnī	adventum	ankommen
iūbēre (iussū 5)	iubeō	iūssī	iussum	auftragen, befehlen
ob'icere (sub'icere 12)	obiciō	obiēcī	obiectum	entgegenwerfen, vorwerfen
[ac'cēdere	accēdō	accessī	accessum	herantreten, hinzukommen
[rogāre	rogō	rogāvī	rogātum	bitten, fragen

* Semideponentien („Halbdeponentien“) werden entweder nur im Präsens-Stamm oder nur im Perfekt-Stamm wie Deponentien gebildet.

b) Substantive

amnis, -is *m.*	Fluß
aestās, -ātis *f.*	Sommer
auxilium, -ī *n.*	Hilfe
imperātor, -ōris *m.* (imperium 2)	Befehlshaber
comes, comitis *m.*	Begleiter
cūstōs, -ōdis *m.*	Wächter, Bewacher, Hüter
perīculum, -ī *n.*	Gefahr
litterae, -ārum *f.* *(Plur.)*	Brief; Wissenschaft
scelus, sceleris *n.*	Verbrechen
hostis, -is *m.*	Feind
metus, -ūs *m.*	Furcht
epistula, -ae *f.*	Brief
timor, -ōris *m.*	Furcht
quiēs, quiētis *f.*	Ruhe

c) Adjektive

medius, -a, -um	der mittlere
extrēmus, -a, -um	der äußerste
eximius, -a, -um	außergewöhnlich
laetus, -a, -um	froh
plēnus, -a, -um	voll
[nimius, -a, -um (nimis 11)	sehr groß, zu groß

d) Pronomina

tantus, -a, -um	so groß, so viel
quantus, -a, -um	wie groß, wie viel
aliquis, aliquid	jemand, irgendeiner
quisque, quaeque, quidque (quodque)	jeder

e) Präpositionen

praeter *(beim Akk.)*	außer

f) Sonstige Wörter

vix	kaum
ferē	beinahe, fast
nōn modo .... sed etiam	nicht nur ... sondern auch
paulātim	allmählich
nē *(mit Konj.)*	daß nicht, damit nicht
nunc	jetzt, nun

g) Wendungen

bellum īnferre *(mit* E_{Dat}*)*	Krieg anfangen (mit jmdm.)
mediam per urbem	mitten durch die Stadt
tōtum ferē corpus	fast der ganze Körper
quam celerrimē *(Superl.)*	so schnell wie möglich
spēs salūtis	Hoffnung auf Rettung
expectātiōne celerius	schneller als erwartet
Id vērum esse *(A. c. I.)* eī *(Dat.)* persuāsī.	Ich habe ihn davon überzeugt, daß es wahr ist.
Nē id faceret, eī *(Dat.)* persuāsī.	Ich habe ihn überredet, das nicht zu tun.

Lernpensum aus den Flexionstabellen
ipse, ipsa, ipsum

16 Sallust an Caesar:

Dem Bürgerkrieg muß ein dauerhafter Friede folgen

Flugschriften und Pamphlete hat es im politischen Kampf des republikanischen Rom genauso gegeben wie heutzutage – die Überlieferung hat allerdings von diesen für den Augenblick bestimmten Erzeugnissen nur weniges bewahrt. Zu diesem Wenigen gehören zwei offene Briefe, die Sallust an Caesar gerichtet hat. Sallust war, als er jene Briefe verfaßte, noch weit davon entfernt, sich als Geschichtsschreiber zu betätigen: Er nahm damals noch als Politiker an den Ereignissen teil, die den Untergang der Republik begleiteten.

Der eine Brief entstand im Jahre 50 v. Chr., kurz vor dem Ausbruch des Bürgerkrieges zwischen Caesar und Pompejus; Sallust erhebt darin leidenschaftlich Anklage gegen Gewaltsamkeiten der von Pompeius geführten Senatsaristokratie, er bekennt sich zur Sache Caesars und macht Vorschläge für eine Neuordnung des Staates.

Der andere Brief – aus ihm stammt unser Text – wurde nach Caesars Sieg, frühestens im Jahre 48 v. Chr., verfaßt. Dort bekundet sich abermals ein unbedingter Glaube an das Genie Caesars; als seine Gegner aber betrachtet Sallust jetzt nicht mehr die konservativen Aristokraten, die Pompejaner (sie waren ja geschlagen), sondern die radikalen Elemente in Caesars eigenen Reihen, die den Sieg mit allen Mitteln zu persönlicher Bereicherung nutzen wollten. Sallust verurteilt dieses Verhalten: Auf solch ein Fundament lasse sich kein dauerhafter Friede gründen.

Der Brief Sallusts unterstützte die Versöhnungspolitik Caesars. Als Caesar trotz aller „Milde“ (so lautete die Parole) den Verteidigern der Republik zum Opfer fiel, zog Sallust sich von der Politik zurück und widmete den Rest seines Lebens der Geschichtsschreibung.

16.1. Grundtext

1. Virtute tua adversarios vicisti: nunc tibi consulto opus est.	Durch Deine Tüchtigkeit hast Du Deine Gegner überwunden: Jetzt *brauchst Du Rat.*
2. Nam quomodo tu victoriam exercueris, ita omnia alia erunt.	Denn je nach dem, wie Du Deinen Sieg nutzt, wird alles andere sein.
3. Victi cives sunt; victores autem praedam petunt et ad iniurias rapinasque te hortantur.	Die Besiegten sind (römische) Bürger; die Sieger aber wollen Beute und drängen Dich zu Ungerechtigkeiten und Räuberei.

4. Sed tu, qui pacem firmare debes, considera, quaeso, quale sit, de quo consultas.

Aber Du, der Du einen *dauerhaften Frieden herstellen* sollst, mache Dir bitte klar, *worüber Du nun zu entscheiden hast.*

5. Ita studiis nefariorum hominum remotis patenti via ad verum perges.

So wirst Du die Bemühungen dieser skrupellosen Leute *vereiteln* und unbehindert (eigentl.: auf offenem Weg) zum wahren Ziel fortschreiten.

6. Ego enim sic existimo:

Ich denke nämlich so:

7. Omnia, quae orta sunt, interire necesse est;

Alles, was entstanden ist, muß wieder vergehen;

8. itaque, quo tempore urbi Romae fatum interitus advenerit, cives cum civibus manus conserent et, fessi confectique, regi aut nationi praedae erunt.

wenn also für die Stadt Rom das Schicksal des Untergangs herangekommen sein wird, dann werden die Bürger gegeneinander die Hand erheben, und schließlich werden sie alle miteinander, erschöpft und *kraftlos,* einem fremden König oder Volk zur Beute fallen.

9. Aliter enim neque orbis terrarum neque cunctae gentes inter se coniunctae movebunt aut evertent hoc imperium.

Anders nämlich werden weder der ganze Erdkreis noch alle Völker vereint dieses *unser* Reich *erschüttern* oder *zerstören* können.

10. Firmare igitur concordiae bona et expellere discordiae mala conaberis.

Die *Vorteile* der Einigkeit zu *mehren* und die Nachteile der Uneinigkeit zu beseitigen: das *wird* also *das Ziel Deiner Bemühung sein.*

11. Id autem eveniet, si studium pecuniae aut sustuleris aut, quoad fieri poterit, minueris, si sumptuum et rapinarum licentiam dempseris.

Das wird aber dann Erfolg haben, wenn Du das Geldstreben entweder ganz *abschaffst* oder doch so weit wie möglich eindämmst, (d. h.) wenn Du die schrankenlose Freiheit des Geldausgebens und der Räuberei beseitigst.

12. Haec res in principio aspera erit, praesertim eis, qui se post victoriam licentiorem quam moderatiorem vitam agere posse credebant.

Das wird anfangs hart sein, besonders für die, die geglaubt haben, sie könnten nach dem Sieg ein Leben führen, das sich (von ihrem früheren) durch größere Ungebundenheit, nicht etwa durch erhöhte Selbstbeherrschung unterscheidet.

13. Quorum si saluti potius quam libidini consules, et eos

Wenn Du *für diese Leute* wahrhaft sorgst, d. h. mehr für ihr wahres Wohlergehen als für die Befriedigung ihrer Triebe, dann wirst Du für sie und für

et nos sociosque nostros in pace firma constitues;	uns samt unseren Bundesgenossen *einen dauerhaften Frieden schaffen;*
14. sin eadem studia eis erunt atque nunc, tua egregia fama simul cum urbe Roma brevi concidet.	falls aber ihre Bestrebungen dieselben *bleiben* wie jetzt, dann wird Dein herrlicher Ruhm zugleich mit der ganzen Stadt Rom binnen kurzem zugrunde gehen.
15. Quae rei publicae necessaria tibique gloriosa ratus sum, quam paucissimis verbis absolvi.	Was *nach meiner Überzeugung* für den Staat eine unausweichliche Notwendigkeit, zugleich aber für Dich persönlich ruhmreich ist: das habe ich hier *so knapp wie möglich* dargestellt.
16. Sive hac sive meliore alia via perges: a me pro virili parte adiutus eris.	Ob Du nun auf diesem Wege oder auf einem anderen, besseren, vorwärtsgehst: von mir wirst Du *nach Kräften* Unterstützung erfahren.
17. Reliquum est optare, ut, quae tibi placuerint, ea di immortales adprobent beneque evenire sinant.	Es bleibt noch zu wünschen, daß die Götter *Deine Beschlüsse* billigen und zu einem guten Ende gelangen lassen.

16.2. **Zur Texterschließung**

16.2.1. Einige Stellen sind in der Übersetzung schräggedruckt. Suchen Sie die Entsprechungen im lateinischen Text und vergleichen Sie die grammatische Form des jeweiligen Ausdrucks im L und D!

16.2.2. Gliedern Sie den Text!

16.2.3. In den Sätzen 1–5 und 10–15 finden sich viele positive und negative Wertbegriffe sowie Gegensatzpaare, z. B.:

positiver Begriff: *pacem firmare* (S. 4)
negativer Begriff: *praedam petunt* (S. 3)
Gegensatzpaar: *victi – victores* (S. 3)

Stellen Sie weitere positive und negative Wertbegriffe sowie Gegensatzpaare in den genannten Sätzen fest!

CLEMENTIAE CAESARIS
Vorderseite eines Denars

16.3. **Das Futur**

Der Text 16.1. bezieht sich auf alle drei zeitlichen Bereiche, in die der handelnde Mensch verflochten ist:

Rückschau auf das in der Vergangenheit Geleistete	Blick auf das gegenwärtige Geschehen	Erwartungen und Pläne für die Zukunft
virtute tua adversarios vicisti (S. 1) victi cives sunt. (S. 3)	nunc tibi consulto opus est. (S. 1) victores autem praedam petunt. (S. 3)	nam quomodo tu victoriam exercueris, ita omnia alia erunt. (S. 2) patenti via ad verum perges (S. 5)

Welche Tempora sind Ihnen bereits bekannt? Wie verteilen sie sich auf die zeitlichen Bereiche?
Im dritten Bereich finden sich Formen des **Futur** (Fut.)

16.3.1. Formenbildung des Futur I

a) Es gibt drei Arten von Formen des **Futur I**:

Kennzeichen	Verben	Beispiele
-e- (1. Pers. Sing.: -a-)	konsonantische, i- und gemischte Konjug.	perg-e-s (S. 5) conser-e-nt (S. 8) frang-a-m (15.3.8.)
-b- mit folgendem schwachen Vokal	a- und e-Konjug.	move-bu-nt (S. 9) cona-be-ris (S. 10) habe-bi-s (15.9.2.)
-er- mit folgendem schwachen Vokal	*esse* und Komposita	erit (S. 12) erunt (S. 2) poterit (S. 11)

Im übrigen vgl. die Formentabellen!

Beachten Sie:
Ein *-e-* ist nicht immer Futur-Kennzeichen:
1) Bei den Verben der e-Konjug. gehört das *-e-* zum Stamm. In der Form *debes* z. B. ist das *-e-* kein Tempuszeichen, es handelt sich um eine Form des Präsens.
2) Bei den Verben der a-Konjug. ist das *-e-* Kennzeichen des Konj. I, z. B. *laudes* von *laudare.*

b) Stellen Sie alle Formen des Fut. I im Text fest und nennen Sie die zugehörigen Inf. Präs. Akt.!

16.3.2. Bedeutung und Formenbildung des Futur II

a) Die Vorzeitigkeit gegenüber dem Futur I wird durch die Formen des **Futur II** gekennzeichnet, z. B.:

Quomodo tu victoriam exercueris, ita omnia alia erunt. (S. 2)
(Wie du deinen Sieg genutzt haben wirst, so wird alles andere sein.)

b) Die Formen des Fut. II werden folgendermaßen gebildet:

Akt.: **Perfekt-Stamm** plus **Futur I** von **esse** (als Endung; 3. Pers. Plur.: *-erint*)

Pass.: **PPP** plus **Futur I** von **esse**

Beispiele:

Fut. II Akt./Pass.	Perf. Akt./Pass.	Inf. Präs. Akt.
exercu-eris (S. 2) adven-erit (S. 8)	exercu-i adven-i	exercere advenire
adiutus eris (S. 16)	adiutus sum	adiuvare

Das Fut. II Akt. lautet gleich wie der Konj. III (vgl. 14.6.) außer in der 1. Pers. Sing. (z. B.: Fut. II *advenero,* Konj. III *advenerim*).
Beachten Sie: *exercuērunt* ist Perf. Akt.!

c) Stellen Sie alle Formen des Fut. II im Text 16.1. fest und nennen Sie die zugehörigen Inf. Präs. Akt.!

16.3.3. Zur Übersetzung des lateinischen Futurs

a) Das Fut. I wird im D oft mit dem Präsens wiedergegeben, da die Zeit bereits durch ein Adverb oder auf andere Weise bestimmt wird, z. B.:

cras adero — morgen bin ich wieder da

Stellen Sie ähnliche Übersetzungen in Satz 13, 14 und 16 fest!

b) Die ausführliche Übersetzung des Fut. II (z. B. in S. 11 *sustuleris:* „abgeschafft haben wirst“) wäre zu schwerfällig. Statt dessen ist im D entweder das Perf. („abgeschafft hast“) oder das Präs. („abschaffst“) üblich.
Stellen Sie fest, wie das Fut. II in Satz 2, 8, 11 und 17 wiedergegeben ist!

16.4. Partizip und Infinitiv Futur

16.4.1. Partizip Futur Aktiv

Vergleichen Sie die beiden folgenden Fassungen von Satz 4:

sed tu, qui pacem firmare debes, considera ...	sed tu, qui pacem firmaturus es, considera ...

Die neue Fassung enthält ein **Partizip** des **Futur:** *firmaturus, -a, -um.* Dieses hat aktivische Bedeutung und bezeichnet eine Handlung, die unmittelbar bevorsteht: „ich bin im Begriffe, etwas zu tun“.
Übersetzen Sie die neue Fassung des Satzes 4!

16.4.2. **Infinitiv Futur Aktiv**

a) Wir bringen die Sätze 2 und 6–9 in einer veränderten Fassung (die erste Fassung ist zum Vergleich daneben gesetzt):

2. Nam quomodo tu victoriam exercueris, ita *omnia alia mihi futura (esse) videntur.*	Nam quomodo tu victoriam exercueris, ita omnia alia erunt.
6. Ego enim sic *existimo:*	Ego enim sic existimo:
7. *Omnia, quae orta sunt, interire necesse esse;*	Omnia, quae orta sunt, interire necesse est;
8. itaque quo tempore urbi Romae fatum interitus advenerit, *cives cum civibus manus conserturos et fessos confectosque regi aut nationi praedae futuros (esse);*	itaque quo tempore urbi Romae fatum interitus advenerit, cives cum civibus manus conserent et fessi confectique regi aut nationi praedae erunt.
9. aliter enim *neque orbem terrarum neque cunctas gentes inter se coniunctas moturas aut eversuras (esse) hoc imperium.*	Aliter enim neque orbis terrarum neque cunctae gentes inter se coniunctae movebunt aut evertent hoc imperium.

b) Analysieren Sie die Infinitiv-Konstruktionen der veränderten Fassung (im Text schräg gedruckt) mit Hilfe einer Tabelle nach dem folgenden Muster:

Satz	Subjekt	Attr. und Angaben	Inf. und E	übergeordnetes Verb
2	omnia	alia	mihi futura esse	videntur
6	omnia	quae orta sunt	interire necesse esse	existimo

c) Diese Zusammenstellung (16.4.2.b) enthält mehrere Inf. Fut. Akt. Nennen Sie diese Inf.! Wie sind sie gebildet?
Beachten Sie:
1) *futurus, -a, -um* ist Partizip Fut. Akt. von *esse.*
2) Der Inf. Fut. Akt. tritt oft ohne *esse* auf.

d) Übersetzen Sie die veränderte Fassung!

16.4.3. Übersicht über die **Infinitive**

	Aktiv	Passiv
Präs.	interire (16.1.7.)	dici (13.3.11.)
Fut.		
Perf.	cenavisse (11.1.1.)	corruptum esse (15.3.11.)

Entscheiden Sie, in welche Rubrik die Inf.-Form auf *-urum (esse)* eingeordnet werden muß!

16.4.4. Übersicht über die **Partizipien**

	Akt.	Pass.
Präs.	appropinquans (vgl. 12.1.3.)	
Fut.		
Perf.		perturbatus (7.1.3.)

Entscheiden Sie, in welche Rubrik die Part.-Form auf *-urus, -a, -um* eingeordnet werden muß!

16.5. Zusätzliche Übungen

16.5.1. **a)** Welche der folgenden Formen sind Futur I?
inferam · fluebat · lavabimus · diligimus · franget · persuadet · augemus · audent · arguent · corrumpis · iubebis · capiam · legunt

b) Welche der folgenden Formen sind Fut. I, welche Fut. II?
dicebat · dixerit · dicet · dicunt · dixerunt · dixerint · dicis · dices · dixeras · dixeris · dico · dixero · dixeram · dicam · dicebam

16.5.2. **a)** Aus dem Vorwort eines berühmten Geschichtswerkes:
Bellum scripturus sum, quod populus Romanus cum Jugurtha, rege Numidarum, gessit. (Sallust, Der Jugurthinische Krieg)

b) Aus einer Ansprache des Kaisers Galba 69 n. Chr. an seinen Nachfolger:
Imperaturus es hominibus, qui nec totam servitutem pati possunt nec totam libertatem.
servitūs Knechtschaft · **lībertās** Freiheit

16.6. Wortstudien

Vom PPP-Stamm können mit dem Suffix *-io* Substantive gebildet werden, die ebenso wie die der u-Deklination (vgl. 11.10.2.) die betreffende Handlung bezeichnen, z. B.:

exspectatio, -onis *f.*: „Erwartung" von: exspectare, -o, exspectavi, exspectatum

Erläutern Sie entsprechend folgende Wörter!
admiratio · existimatio · perturbatio · petitio · quaestio · laudatio · ratio

Lernvokabeln

a) Verben

vincere (victor 5)	vincō	vīcī	victum	siegen, besiegen
exˈercēre (exercitus 6)	exerceō	exercuī	exercitum	üben, ausüben
hortārī *(Dep.)*	hortor	hortātus sum		jmd. zu etwas ermahnen, antreiben
fīrmāre (cōnˈfīrmāre 10, fīrmus 11)	fīrmō	fīrmāvī	fīrmātum	stärken, sichern
cōnˈsīderāre	cōnsīderō	consīderāvī	cōnsīderātum	betrachten, erwägen
reˈmovēre (movēre 8)	removeō	remōvī	remōtum	wegbewegen
patēre	pateō	patuī		offenstehen
pergere	pergō	perrēxī	perrēctum	fortsetzen, fortfahren, sich irgendwohin aufmachen
orīrī *(Dep.)* (orīgō 3)	orior	ortus sum		entstehen, sich erheben
cōnˈficere (facere 5, afˈficere 9, perˈficere 9)	cōnficiō	cōnfēcī	cōnfectum	verfertigen, beenden
conˈiungere (iungere 14)	coniungō	coniūnxī	coniūnctum	verbinden, vereinigen
exˈpellere (apˈpellere 9)	expellō	expulī	expulsum	hinaustreiben
cōnārī *(Dep.)*	cōnor	cōnātus sum		versuchen
ēˈvenīre (venīre 5, perˈvenīre 12, adˈvenīre 15)	ēveniō	ēvēnī	ēventum	herauskommen, sich ereignen
tollere	tollō	sustulī	sublātum	1. in die Höhe heben 2. aufheben, zunichte machen
minuere	minuō	minuī	minūtum	vermindern
cōnsulere	cōnsulō	cōnsuluī	cōnsultum	1. über etwas beraten 2. einen Beschluß fassen 3. *(mit E_{Akk})* jmd. befragen, um Rat fragen, 4. *(mit E_{Dat})* für jmd. oder etw. sorgen
cōnˈstituere (reˈstituere)	cōnstituō	cōnstituī	cōnstitūtum	aufstellen, festsetzen beschließen
rērī *(Dep.)* (ratiō 4)	reor	ratus sum		meinen (*urspr.:* berechnen)
optāre	optō	optāvī	optātum	wünschen

b) Substantive

victōria, -ae *f.* (victor 5)	Sieg
iniūria, -ae *f.* (iniūstus 2)	Ungerechtigkeit
via, -ae *f.*	Weg
fātum, -ī *n.*	Schicksal
orbis, -is *m.*	Kreis
orbis terrārum	Erdkreis: die ganze Erde
gēns, gentis *f.*	Sippe, Volksstamm, Volk
concordia, -ae *f.*	Einigkeit, Eintracht
discordia, -ae *f.*	Uneinigkeit, Zwietracht
bonum, -ī *n.*	Gut, Vorteil
prīncipium, -ī *n.*	Anfang
libīdō, libīdinis *f.*	Lust, Begierde
fāma, -ae *f.*	Gerücht, (guter) Ruf
[servitūs,- ūtis *f.* (servus 10)	Sklaverei
[lībertās, -ātis *f.*	Freiheit
[petītiō, -ōnis *f.* (petere 8)	Bewerbung

c) Adjektive

nefārius, -a, -um	frevlerisch, verbrecherisch
cōnfectus, -a, -um (cōn'ficere)	erschöpft, kraftlos (*eigentl.:* „fertiggemacht")
cūnctī, -ae, -a	alle
necessārius, -a, -um (necesse)	unausweichlich, notwendig
immortālis, -is, -e (mors 3, mortālis 12)	unsterblich
futūrus, -a, -um *(Part. Fut. zu esse)*	künftig

d) Konjunktionen

quoad	soweit, solange bis
sīn (*oder* sīn autem)	wenn aber
sīve . . . sīve	sei es (daß) . . . sei es (daß)

e) Sonstige Wörter

quālis, -is, -e (tālis 13)	wie beschaffen, was für ein
sīc	so
necesse (necessārius)	notwendig
igitur	also
praesertim	zumal, besonders
potius (quam)	eher, lieber (als)

f) Wendungen

īdem atque	derselbe wie
mihī opus est auxiliō *(Abl.)*	ich brauche Hilfe
necesse est	es ist unausweichlich, notwendig
vītam agere	(sein) Leben führen

Lernpensum aus den Flexionstabellen

1) Alle Tempora und Konjunktive des Verbs

2) Fut. I und II von *esse, posse, velle, nolle, malle, fieri*

17 Texterschließung

In den bisherigen Lektionen sind neben grammatischem Stoff und neuen Vokabeln gelegentlich Aufgaben vorgekommen, die etwas mit der Erfassung eines ganzen Textes zu tun hatten. Sie lassen sich nach der Perspektive, unter der jeweils zur Texterfassung angeleitet wurde, in zwei Gruppen einteilen:

- Erfassen von Strukturmerkmalen bestimmter Textarten
  (6.2. Vergleich, 12.2. Erörterung, 13.4.3. und 14.3. Gespräch)
- Nachdenken über eigene Voraussetzungen der Texterfassung
  (13.2. Sinnerwartungen, 15.2. sprachliche Beobachtungen und inhaltliche Vermutungen)

In dieser Lektion nun wird die Texterfassung zum Thema gemacht, indem beide Perspektiven miteinander verbunden werden: Verstehensvorgang und Textstruktur in ihrer gegenseitigen Abhängigkeit.

17.1. Stützen der Herrschaft

An einer einfachen Form, einem Sinnspruch (Sentenz), wird zunächst gezeigt, wie sich Textaufbau und Verstehensvorgang entsprechen können, wenn der Leser sich an die Sinnerwartungen hält, die vom Text geweckt werden.

17.1.1. Non exercitus neque thesauri praesidia regni sunt, sed amici, quos neque armis cogere neque auro parare potes: Officio et fide pariuntur.

Text	Übersetzung	Frage der Sinnerwartung
Non exercitus	Nicht ein Heer	Wenn nicht dies, was dann?
neque thesauri	und keine Schätze	Also etwas anderes als Macht und Reichtum?
praesidia regni sunt,	sind die Stützen der Herrschaft,	Nun, welches sind die wahren Stützen?
sed amici,	sondern Freunde,	Die Stützen sind also nicht materieller Art?
quos	die	Was für Freunde?
neque armis cogere *neque* auro parare potes*:	du nicht mit Waffengewalt heranholen und nicht mit Gold anschaffen kannst.	Wie erwirbt man also Freunde?
Officio et fide pariuntur.	Durch Hilfsbereitschaft und Treue erwirbt man sie.	

* *potes:* Die 2. Pers. Sing. verweist hier auf keinen bestimmten Adressaten; daher kann man im D auch mit „man“ übersetzen.

17.1.2. Daß der Leser sich vom Text leiten lassen kann, liegt nicht nur am Textaufbau, sondern auch daran, daß sich der Text auf wenige, miteinander zusammenhängende Bedeutungskomplexe beschränkt:

1) die Wortgruppe, die das Thema enthält, auf das sich die übrigen Wörter beziehen:	praesidia regni
2) materielle Machtmittel:	exercitus, arma, thesauri, aurum
3) ideelle Werte:	amici, officium, fides
4) Verben, die das Beschaffen bezeichnen:	cogere, parare, parere

---

17.2. Das Gleichnis von den Stäbchen

Es folgt nun ein Gleichnis (eine Parabel), in dem der Leser nicht nur eine einzige, sondern mehrere Grundlinien vorfindet, die er verfolgen muß, um zum Verständnis zu gelangen.

1. Homini nobili cuidam complures filii erant. 2. Aliquando magna controversia inter eos fuit. 3. Frustra pater imperabat, ut filii concordiam inter se restituerent.
4. Tandem: „Virgulas“, inquit, „mihi conquirite!“ 5. Deinde virgulas, quas filii conquisiverant, in unum fasciculum colligavit et eum colligatum filiis tradidit, ut frangerent. 6. Filii autem frustra laborabant. 7. Deinde pater nodum fasciculi solvit et singulas virgulas eis tradidit, ut frangerent. 8. Statim fecerunt, quod pater petiverat.
9. Pater autem dixit: „Id vobis exemplo sit! 10. Tuti eritis ab iniuriis inimicorum, quamdiu concordes eritis. 11. Simulatque vero discordia inter vos erit, inimici vos singulos affligent.“

3. frūstrā umsonst, vergeblich · **restituere** wiederherstellen

4. tandem endlich · **virgula** Zweig · **conquīrere** zusammensuchen
5. fasciculus Bündel · **colligāre** zusammenschnüren · **trādere** übergeben

7. nōdus Knoten · **singulī** einzeln, je einer

9. sit! *(Konj. I von esse)* (es) sei!
10. tūtus sicher, geschützt · **inimīcus** Feind · **quamdiū** wie lange?, solange als · **concors** einträchtig
11. simulatque sobald als · **afflīgere** niederschlagen, schädigen

17.3.1. Zur Texterschließung

a) Übersetzen Sie die Sätze 1–3!
b) Geben Sie an, welche Erwartung die Sätze 1–3 im Hinblick auf den weiteren Verlauf der Geschichte in Ihnen geweckt haben!
c) Überprüfen Sie diese Erwartung am Inhalt des Satzes 4!
In welcher Weise wird Ihre Erwartung genauer, wenn Sie die Sätze 5–8 hinzunehmen?

d) Wie ist in den Sätzen 5–8 die Handlung zwischen Vater und Söhnen aufgeteilt? Stellen Sie die Subjekte und Verbkomplexe der Hauptsätze fest!

e) Übersetzen Sie Satz 9!

f) Welche Erwartung haben Sie für den Rest des Textes?

17.3.2. Übersetzen Sie nun den restlichen Text!

17.3.3. Gegenüber der einfachen Form des Sinnspruchs in 17.1.1. sind die Bedeutungsbeziehungen in diesem Gleichnis insofern reicher, als dreierlei zueinander in Beziehung gesetzt wird:

- der exemplarische Einzelfall des Bruderstreites,
- das anschauliche Exempel von den Stäbchen,
- die Deutung, die der Vater diesem Exempel im Hinblick auf den Familienzwist gibt.

CLODIA Luci Liberta OPTATA / PATRI PATRONO / PARENTIBVS / VIRO SVO / PLAQVIT
Grabstein aus Cartagena

17.4. Scipio und der Ibererfürst

Der 2. punische Krieg, der große Krieg gegen Hannibal (218–201 v. Chr.), hat seinen Höhepunkt überschritten; die Römer erringen auf allen Schauplätzen – in Süditalien und auf Sizilien, in Spanien und im griechischen Osten – militärische oder diplomatische Erfolge. Unsere Episode spielt in Spanien. Dort hatten zwei Brüder, Publius und Gnaeus Cornelius Scipio, mit Glück Krieg geführt, bis sie, allzu kühn nach Süden vordringend, von den Karthagern besiegt wurden und fielen (211 v. Chr.).

Die Römer faßten daraufhin einen kühnen Entschluß: Sie verliehen dem fünfundzwanzigjährigen Sohn des Publius – er hieß ebenso wie sein Vater – die Befugnisse eines Konsuls und sandten ihn nach Spanien, das Werk des Vaters und des Onkels zu vollenden. Die Rechnung ging auf. Der junge Scipio eroberte mit kühnem Griff *Carthago Nova* („Neukarthago“, heute Cartagena), die Hauptstadt des punischen Spanien. Die Römer errangen reiche Beute, und vor allem: Ihnen fielen die Geiseln – im folgenden Text als „Gefangene“ bezeichnet – in die Hände, durch die sich Karthago der Ergebenheit der spanischen Stämme versichert hatte.

1. Publius Cornelius Scipio Africanus, cum bello Punico secundo Carthaginem Novam, oppidum Poenorum in Hispania munitissimum, expugnavisset, omnes captivos ad se duci iussit.

2. Inter quos etiam adulta virgo quaedam a militibus ad Scipionem adducta est.

3. Ea adeo eximia forma fuit, ut, quacumque incedebat, converteret omnium oculos.

4. Scipio percontatus patriam parentesque inter cetera accepit eam desponsam esse principi Celtiberorum.

5. Adulescenti Allucio nomen erat.

6. Extemplo igitur parentibus sponsoque arcessitis cum interim audiret deperire eum sponsae amore, ubi primum venit, eum sic adloquitur:

7. „Iuvenis", inquit, „iuvenem appello, quo minor sit inter nos huius sermonis verecundia.

8. Ego, cum sponsa tua capta a militibus nostris ad me ducta esset audiremque tibi eam cordi esse, tuo amori faveo.

9. Fuit sponsa tua apud me eadem, qua apud parentes suos, verecundia.

10. Servata tibi est, ut inviolatam e tutela imperatoris Romani tecum domum ducere possis.

11. Hanc mercedem unam pro eo munere paciscor:

12. Amicus populo Romano sis et, si me virum bonum credis esse, scias multos nostri similes in civitate Romana esse ideoque praestare amicum quam hostem populi Romani esse."

1. mūnītus befestigt · **captīvus** gefangen

2. adultus erwachsen · **virgō** junges Mädchen · **addūcere** heran-, vorführen

3. adeō so sehr · **fōrma** Gestalt, Schönheit · **quācumque** *(Abl.)* wo auch immer · **incēdere** (einher-)gehen · **convertere** wenden

4. percontārī *(Dep.)* fragen · **accipere** *hier:* erfahren · **dēspōnsus** verlobt · **prīnceps** Anführer

6. extemplō sofort · **spōnsus** = *dēspōnsus (S. 4)* · **arcessītus:** *PPP von arcessere* herbeiholen, -rufen · **(dē)perīre** vergehen *(de-per-ire)* · **amor** Liebe · **ubi prīmum** sobald · **adloquī** *(Dep.)* ansprechen

7. appellāre anrufen, nennen · **quō minor sit** ... damit geringer sei · **sermō** Gespräch · **verēcundia** Scheu, Rücksicht

8. cordī *(Dat.)* **esse** am Herzen liegen · **favēre** *(mit E_{Dat})* begünstigen, geneigt sein

10. inviolātus unversehrt · **tūtēla** Schutz · **tēcum** = *cum tē* · **possīs:** *Konj. I von posse*

11. mercēs Lohn, Preis · **mūnus** Geschenk · **pacīscī** *(Dep.)* sich ausbedingen, vereinbaren

12. sīs *(Konj. I von esse)* sei! · **sciās** *(Konj. I von scīre* „wissen") wisse! · **nostrī:** *Gen. des Pers.-Pron. nōs* · **cīvitās** Gemeinde, Staat · **praestat** es ist besser

17.5. **Texterschließung**

Die verschiedenen Verfahren der Texterschließung müssen bei einem so komplexen Text wie dieser historischen Erzählung kombiniert angewendet werden:

17.5.1. Gliedern Sie den Text zunächst, indem Sie folgende Merkmale auswerten:

- die Satzzeichen (vgl. 12.2.3.c)
- die für den jeweiligen Abschnitt bezeichnenden Tempora der Verben (vgl. 12.2.3.a)
- die für den jeweiligen Abschnitt bezeichnenden Personalendungen der Verben (vgl. 12.2.3.b)

17.5.2. Da es sich um eine historische Erzählung handelt, kann man erwarten, daß im Text mehrere am Geschehen beteiligte Personen eingeführt werden:

a) Als erste Person wird Scipio eingeführt. Wie wird er vorgestellt (Name, Umstände, Handlung)?

b) Wer wird als nächste Person eingeführt? In welcher Rolle tritt sie auf?

c) Wer wird als Dritter eingeführt?

d) Wie werden diese drei Personen miteinander in Beziehung gesetzt?

e) Stellen Sie fest, was jede der beteiligten Personen in S. 1–6 tut oder erlebt oder erleidet, und notieren Sie Ihre Vermutungen in einer Übersicht nach folgendem Muster!

Satz	Scipio	Virgo	Allucius
1	hat im 2. Punischen Krieg die Stadt Cartagena erobert.		
2		ist von den Römern gefangen genommen worden.	

17.5.3. Übersetzen Sie Satz 1–6!

17.5.4. Wie kehren die Einzelheiten des erzählenden Teils in Scipios Rede wieder? Tragen Sie zur Beantwortung dieser Frage Ihre Beobachtungen in eine Übersicht folgender Art ein!

Satz	Erzählung	Satz	Rede
2	Gefangennahme der Verlobten und Vorführung vor Scipio	8	Deine Verlobte wurde mir vorgeführt ...

17.5.5. **a)** Worin geht die Rede Scipios über die Erzählung (S. 1–6) hinaus?
b) Welche Rolle will Scipio gegenüber den Verlobten spielen?
c) Welche Haltung verlangt er von dem Angesprochenen sich selbst gegenüber und dem römischen Volk gegenüber?

17.5.6. Übersetzen Sie nun Satz 7–12!

17.6. Imperativ

17.6.1. Neben den Formen der verschiedenen Tempora, die man unter dem Begriff **Indikativ** zusammenfaßt, und den Formen der **Konjunktive** I–IV sind in den Texten gelegentlich noch andere finite, d. h. nach der grammatischen Person bestimmte Verb-Formen vorgekommen, z. B.:

avē!	sei gegrüßt!	(5.1.2.)
salvē!	sei gegrüßt!	(13.3.1.)
(dominum) vocā!	rufe (den Herrn)!	(11.4.2.)

Es handelt sich um Formen des **Imperativs** (Befehlsformen). Sie stellen einen dritten Modus neben Indikativ und Konjunktiv dar.
Auf welche grammatische Person verweist der Imperativ?

17.6.2. Im Sing. wird der Imperativ durch den bloßen Verb-Stamm gebildet, z. B.:

vocā (vocāre), salvē (salvēre), audī (audīre)

Wenn der Verb-Stamm auf einen Konsonanten auslautet, tritt ein kurzes *-e* hinzu, z. B.:

trade (tradere), cape (capere) (Ausnahmen: dic, duc, fac, fer)

Im Pl. wird an den Stamm *-te,* an konsonantischen Stamm *-ite* angefügt, z. B.:

vocāte, salvēte, audīte; tradite, dicite, capite

a) Welcher der fünf Konjugationen gehören die Verben an, von denen die folgenden Imperativ-Formen gebildet sind?
considera (16.1.4.) · eme (15.9.2.) · cape (15.3.13) · vale (14.1.12.) · dic (14.7.3.) · prodi (11.1.4.)
Übersetzen Sie diese Formen!

b) Bestimmen Sie die folgenden Imperativ-Formen nach Sing. oder Plur.!
conquirite (17.2.4.) · committe (15.3.8.) · aperi (11.4.2.)
Übersetzen Sie diese Formen!

17.7. Relativischer Anschluß

17.7.1. **a)** Nennen Sie das Beziehungswort für das Relativpronomen in 17.4.2.!

b) Das Relativpronomen läßt sich an dieser Stelle durch ein Demonstrativpronomen ersetzen!
Nennen Sie die entsprechende Form, die es erhalten müßte!

c) Eine solche Verwendung des Relativpronomens anstelle eines Demonstrativs heißt **relativischer Anschluß.**

17.7.2. Vergleichen Sie die Sätze 16.1.13. und 15.! Wo liegt relativischer Anschluß vor? Stellen Sie die Beziehungswörter der beiden Relativpron. fest!

17.8. **Formenbildung der Konjunktive von esse**

17.8.1. Suchen Sie die Konjunktiv-Formen von *esse* und *posse* in 6.1.9., 13.3.13., 16.1.4., 17.2.9., 17.4.7., 10. und 12.!

17.8.2. Die vom Perfekt-Stamm abgeleiteten Konjunktiv-Formen lauten:
fuerit, potueris, fuissem, potuisset usw.

17.8.3. Ordnen Sie alle unter 17.8.1. und 17.8.2. zusammengestellten Formen in eine Übersicht folgender Art ein!

nicht-vorzeitig		vorzeitig	
Konj. I		Konj. III	
Konj. II		Konj. IV	

LABORA ASELLE QVOMODO EGO LABORAVI ET PRODERIT TIBI
Kritzelei in einem Zimmer des Pädagogiums am Palatin, Rom

17.9. **Zusätzliche Übungen**

17.9.1. Bestimmen Sie folgende Verb-Formen!
iussit · expugnavisset · adducta est · fuit · audiret · adloquitur · appello · ducta esset · possis · credis · conquirite
Tragen Sie die grammatischen Merkmale dieser Formen in eine Übersicht folgender Art ein!

Form	Pers.	Numerus	Tempus/Konj./Imp.	Akt./Pass.
aperi	2.	Sing.	Imp.	Akt.
deberent	3.	Plur.	Konj. II	Akt.

17.9.2. Übungstext

Bauluxus
Empedocles Agrigentinus, cum videret cives suos deliciis deditos sumptuose tamen aedificare, dixit: „Agrigentini sic indulgent voluptatibus quasi postridie morituri; sic aedificant quasi semper victuri.“

Empedoclēs: *griechischer Philosoph um 450 v. Chr.* · **Agrigentīnus:** *Einwohner von Agrigent (Stadt in Sizilien)* · **dēliciae** Lebensgenuß · **dēditus** ergeben, beschäftigt mit etwas · **sumptuōsē** aufwendig · **aedificāre** bauen · **indulgēre** *(mit E_{Dat})* sich widmen · **voluptās** Vergnügung · **quasi** wie wenn, als ob · **postrīdiē** am nächsten Tag · **moritūrus:** *Part. Fut. von morī (Dep.)* sterben · **vīctūrus:** *von vīvere (12)*

VRNA AENIA PEREIT DE TABERNA / SEQVIS RETTVLERIT DABVNTVR / HS LXV SEI FVREM / DABIT VNDE . . .
Aufschrift an einem Hause in Pompeji

Lernvokabeln

a) Verben

cōgere (agere 1)	cōgō	coēgī	coāctum	zusammenbringen, zwingen
parāre	parō	parāvī	parātum	(vor-)bereiten, (sich) verschaffen
parere	pariō	peperī	partum	hervorbringen, gebären, gewinnen
reˈstituere (cōnˈstituere 16)	restituō	restituī	restitūtum	wiederherstellen
conˈquīrere (quaerere 7)	conquīrō	conquīsīvī	conquīsītum	zusammensuchen
trāˈdere (dare 2)	trādō	trādidī	trāditum	übergeben, überliefern
solvere	solvō	solvī	solūtum	lösen, zahlen
exˈpūgnāre	expūgnō	expūgnāvī	expūgnātum	erobern
mūnīre	mūniō	mūnīvī	mūnītum	befestigen
adˈdūcere (dūcere 12, inˈdūcere 6)	addūcō	addūxī	adductum	heranführen, veranlassen
arcessere	arcessō	arcessīvī	arcessītum	herbeirufen, holen
perˈīre (redˈīre 5, trānsˈīre 9, interˈīre 11, prodˈīre 11)	pereō	periī	peritum	zugrunde gehen
appellāre	appellō	appellāvī	appellātum	anrufen, nennen
scīre	sciō	scīvī	scītum	wissen
praeˈstāre (stāre 11)	praestō	praestitī		1. einstehen für, leisten, 2. übertreffen

b) Substantive

praesidium, -iī *n.*	Schutz, Besatzung, Posten
arma, -ōrum *n. Plur.*	Geräte, Waffen
aurum, -ī *n.*	Gold
officium, -iī *n.*	Pflicht
fidēs, -eī *f.*	Treue, Vertrauen, Schutz
inimīcus, -a, -um (amīcus 4)	Feind; *Adj.* feindlich
virgō, -ginis *f.*	junges Mädchen, Jungfrau
fōrma, -ae *f.*	Gestalt, Form, Schönheit
prīnceps, -cipis *m.* (prīncipium 16)	Anführer, Fürst, *Adj.* erster
amor, -ōris *m.* (amīcus 4)	Liebe
sermō, -ōnis *m.*	Gespräch, Rede, Sprache
cor, cordis *n.* (con-, discordia 16)	Herz
mūnus, -neris *n.*	Verpflichtung, Amt, Geschenk
cīvitās, -tātis *f.* (cīvis 4)	Gemeinde, Staat
[voluptās, -ātis *f.* (velle 10)	Vergnügen, Lust

c) Adjektive

singulī, -ae, -a *(Plur.)*	einzeln, je einer
tūtus, -a, -um (tūtō 7)	sicher, geschützt
secundus, -a, -um (sequī 14)	1. der folgende, der zweite, 2.günstig

d) Konjunktionen

simul, simulac, simulatque	sobald (als)
ubi (prīmum)	sobald
quō (= ut eō) *(m. Konj.)*	damit um so, damit desto *(m. Komparativ)*

e) Sonstige Wörter

frūstrā	umsonst, vergeblich
tandem	endlich
adeō	so sehr
quā	1. wo, 2. wohin, 3. wie
quācumque	wo, wohin, wie (auch immer)
extemplō	sofort
tēcum	mit dir
nostrī *(Gen. des Pers.-Pron. nōs)*	unser
[quasi	wie wenn, als ob

f) Wendungen

imperātōrī Scipiōnī *(angeglichener Dat.)* nōmen erat	der Befehlshaber hieß Scipio
virgō ei *(Dat.)* cordī *(Dat.)* erat	das Mädchen lag ihm am Herzen
praestat	es ist besser
praestat amīcum quam hostem esse	es ist besser, ein Freund als ein Feind zu sein
multī nostrī *(Gen.)* similes	viele, die uns ähnlich sind
captīvōs ad sē dūcī *(Inf. Praes.)* iussit	er ließ die Gefangenen zu sich führen

Lernpensum aus den Flexionstabellen

1. Formen des Imperativ
2. Alle Konjunktive von *esse, posse, velle, nolle, malle, fieri*

18 Amtsverschwiegenheit

Die römische Volksversammlung hatte drei Aufgaben: Sie wählte Jahr für Jahr die Beamten *(magistratus)*, die Konsuln, Prätoren usw.; sie beschloß Gesetze; sie übte in bestimmten Strafsachen die richterliche Gewalt aus. Die Magistrate wiederum, die Exekutive des römischen Staates, hatten während ihrer einjährigen Amtszeit je ihren besonderen Geschäftsbereich: Die beiden Konsuln regierten den Staat und übten im Kriegsfall den militärischen Oberbefehl aus; die Prätoren waren für die Rechtsprechung zuständig; die Ädilen hatten in der Stadt Rom die Polizeigewalt inne usw.

Was es mit dem dritten Organ der römischen Republik, dem Senat, auf sich hatte, läßt sich nicht so leicht bestimmen; in diesem Punkte wichen Recht und Wirklichkeit erheblich voneinander ab. Rechtlich betrachtet war der Senat nichts als ein beratendes Gremium, das von den Regierungsmitgliedern nach seiner Meinung befragt werden konnte; tatsächlich aber gebärdete er sich selbst als eine Art Regierung, bei der alle Fäden zusammenliefen, von der alle wichtigen Entscheidungen ausgingen. Rechtlich betrachtet hatten die Empfehlungen des Senats, die *senatus consulta*, für die Magistrate keinerlei Verbindlichkeit; tatsächlich aber verhielten sich die Magistrate fast immer so, als seien sie die Vollstrecker des Senatswillens. Der Senat bestand bis zur Zeit Sullas (80 v. Chr.) aus 300, hernach aus 600 Mitgliedern; ihm pflegte – und zwar auf Lebenszeit – jeder anzugehören, der magistratische Ämter vom Ädilen oder Volkstribunen, seit Sulla vom Quästor an aufwärts bekleidet hatte.

Unsere Geschichte spielt um das Jahr 300 v. Chr., zu einer Zeit, von der schon die Römer kaum Aufzeichnungen besaßen; sie setzt voraus, daß die heranwachsenden, noch mit der Knabentoga *(toga praetexta*, vgl. Einführung in L. 9) bekleideten Söhne römischer Senatoren bei den Senatssitzungen zugegen sein durften.

18.1. Grundtext

1. Mos antea senatoribus Romae fuit in curiam cum praetextatis filiis introire.
2. Aliquando in senatu res maior quaedam acta eaque in diem posterum dilata est.
3. Senatus autem statuit: „Eam rem, de qua tractavimus, ne quis in vulgus efferat, priusquam decreta erit!“

1. cūria: *Sitzungsgebäude des Senats* · **praetextātus** mit der *toga praetexta* bekleidet · **introīre** hineingehen, betreten
2. senātus „Rat der Alten“, Senat · **rem agere** eine Sache behandeln · **posterus** (nach-)folgend
3. tractāre rem: *rem agere* · **nē quis in vulgus efferat** niemand soll es unters Volk bringen, bekannt machen · **priusquam** bevor · **dēcernere** entscheiden, beschließen

4. Mater Papirii pueri, qui cum patre suo in curia fuerat, percontata est filium: „Quidnam in senatu patres egerunt?"
5. Puer respondit: „Id dici non licet!"
6. Mulier autem fit audiendi cupidior; secretum rei et silentium pueri animum eius ad inquirendum excitant; instat igitur acrius vehementiusque.
7. Tum puer matre urgente lepidi mendacii consilium capit.
8. Dixit enim: „Actum est hoc in senatu: ‚Utrum videtur utilius magisque e re publica esse, unus ut duas uxores habeat an ut una apud duos nupta sit?' "
9. Hoc illa ubi primum audivit, animo sollicitato trepidans domo egreditur, ad ceteras matronas perfert. –
10. Venit ad senatum postridie matrum familias multitudo.
11. Lacrimantes et obsecrantes orant: „Utinam una potius duobus nupta fiat quam uni duae!"
12. Senatores ingredientes in curiam valde mirati interrogant: „Quae illa mulierum intemperantia? Quid sibi postulatio ista vult?"
13. Puer Papirius interrogatur: „Quid mater audire institit? Quid ipse matri dixisti?"
14. Ille rem, sicut fuerat, declarat.
15. Senatus fidem atque ingenium pueri laudat, consultum facit: „In posterum pueri cum patribus in curiam ne introeant nisi ille unus Papirius!"
16. Atque puero postea cognomen honoris causa „Praetextatus" datum est ob tacendi loquendique in aetate praetextae prudentiam.

4. māter Mutter · **percontārī** *(Dep.)* fragen · **quidnam?** was denn? · **patrēs** die Senatoren

6. cupidus audiendī begierig zu hören · **sēcrētum** Geheimnis · **silentium** Schweigen · **ad inquīrendum** *(von inquīrere* „untersuchen") zum Untersuchen · **excitāre** anregen, antreiben

7. urgēre (be)drängen · **lepidus** klug, witzig · **mendācium** Lüge · **cōnsilium capere** einen Beschluß fassen

8. utrum ... an ob ... oder · **ūtilis** nützlich · **ē rē pūblicā est** es ist im Interesse des Staates · **nūbere** *(mit E_{Dat})* heiraten

9. sollicitāre erregen, beunruhigen · **trepidāre** ängstlich sein · **ēgredī** herausgehen · **perferre** überbringen

10. postrīdiē am nächsten Tag · **multitūdō** Menge · **mātrēs familiās** Frauen (Familienmütter) *(familiās: alter Gen. Sing.)*

11. lacrimāre weinen · **obsecrāre** beschwören, bitten · **ōrāre** bitten · **utinam!** wenn doch!, daß doch!

12. quae illa ...? was bedeutet ...? · **intemperantia** Maßlosigkeit · **quid sibi vult?** was soll das? · **postulātiō** Forderung

14. dēclārāre erklären

15. ingenium Begabung, Einfall · **cōnsultum** Beschluß · **in posterum** in Zukunft · **nē introeant** dürfen nicht betreten · **nisī** *hier:* außer

16. cōgnōmen Beiname · **honōris causā** ehrenhalber · **tacendī loquendīque prūdentia** Klugheit in Schweigen und Sprechen.

18.2. **Zur Texterschließung**

Als Verständnishilfe geben wir die Übersetzung einer anderen, viel späteren Fassung.

> Während unsere Fassung Cato dem Älteren zugeschrieben wird, ist jene andere im Mittelalter von einem Mönch, der in der antiken Literatur belesen war, für Predigtzwecke angefertigt worden. Später wurde sie in eine berühmte Geschichtensammlung, die ‚Gesta Romanorum' (‚Taten der Römer'), aufgenommen. Dieses Buch hat unsere Geschichte im 14. Jahrhundert in ganz Europa, bis nach Rußland und Ungarn hin, bekannt gemacht. Die Übersetzung dieser Fassung stammt aus dem Jahre 1842 und ist von Johann Georg Theodor Graesse.

Ein spaßhaftes Exempel, wie man den Weibern nichts vertrauen soll, am wenigsten bei Geheimnissen

1. Es wird erzählt, daß ein Römerknabe mit Namen Papirius einmal mit seinem Vater in den Senat der weisen Männer ging, wo befohlen ward, einen gewissen geheimen Beschluß bei Leibesstrafe zu bewahren. 2. Wie nun der Knabe wieder nach Hause kam, fragte ihn seine Mutter, was das wäre, was die Konsuln bei Leibesstrafe zu verbergen befohlen hätten. 3. Der Knabe antwortete: „Du darfst es auch nicht erfahren, denn es ist befohlen, es zu verheimlichen!" 4. Wie das die Mutter hörte, begann sie mit Bitten, Versprechungen, Drohungen und Schlägen den Knaben zu veranlassen, ihr das Geheimnis zu enthüllen. 5. Endlich sagte der Knabe, um seine Mutter zufriedenzustellen und sein Geheimnis zu bewahren: „Der Beschluß handelt davon, ob es besser ist, daß ein Mann mehrere Frauen oder eine Frau mehrere Männer ehelicht." 6. Kaum hatte er das gesagt, als seine Mutter dieses Geheimnis auch schon den anderen römischen Frauen mitteilte. 7. Diese kamen nun am anderen Tage in einem großen Haufen, ohne sich die Sache weiter zu überlegen, zu den Senatoren und baten, daß vielmehr eine Frau zwei Männer als zwei Weiber einen Mann nehmen dürften. 8. Die Senatoren aber erstaunten und wunderten sich über die schamlose Tollheit des sonst so verschämten Geschlechts; was denn eine solche Verkehrtheit der Weiber zu bedeuten hätte, daß sie ein so wunderliches Verlangen und eine so unverschämte Forderung hervorbrächten. 9. Wie das der Knabe Papirius merkte, sagte er den Senatoren, was geschehen war. 10. Diese aber lobten den Knaben und setzten fest, er solle stets mit in der Ratsversammlung zugegen sein.

18.2.1. **a)** Vergleichen Sie diese Übersetzung mit der Textfassung von 18.1. Satz für Satz! Benutzen Sie dazu ein Schema folgender Art, in das Sie jeweils den Inhalt der einzelnen Sätze in Stichworten eintragen!

Satz	antike Fassung	Satz	Fassung der ‚Gesta Romanorum'
1	Erwähnung der römischen Sitte		–
2	Verschiebung des Tagesordnungspunktes		–
3	Geheimhaltungsgebot	1	Papirius geht mit in den Senat. Geheimhaltungsgebot

b) Fassen Sie das Ergebnis Ihres Vergleichs in einem Satz zusammen! Welches Interesse hat der jeweilige Autor an der Geschichte?

c) Übersetzen Sie den Text 18.1.!

18.3. Aussage-, Begehrs- und Fragesätze

18.3.1. Der Text 18.1. enthält drei verschiedene Arten von Sätzen:

1) **Feststellungen** (Behauptungen):
Id dici non licet. (S. 5)   Actum est hoc in senatu . . . (S. 8)
2) **Aufforderungen** (Wünsche) bzw. **Verbote:**
Eam rem, de qua tractavimus, ne quis in vulgus efferat . . .! (S. 3)
Utinam una potius duobus nupta fiat quam uni duae! (S. 11)
In posterum pueri cum patribus in curiam ne introeant . . .! (S. 15)
3) **Fragen:**
Quidnam in senatu patres egerunt? (S. 4)
Utrum videtur utilius magisque e re publica esse, unus ut duas uxores habeat an ut una apud duos nupta sit? (S. 8)
Quae illa mulierum intemperantia? (S. 12)
Quid mater audire institit? Quid ipse matri dixisti? (S. 13)

Wir nennen diese drei Arten auch **Aussage-, Begehrs- und Fragesatz** und unterscheiden sie durch drei verschiedene Satzzeichen.

18.3.2. **a)** Stellen Sie die Kennzeichen der drei Satzarten in einer Übersicht folgender Art zusammen!

Satzart	Satzzeichen	Verb-Form	Einleitungswort	Negation
1) Feststellungen (Behauptungen)				
2) Aufforderungen (Wünsche) bzw. Verbote				
3) Fragen				

b) Wie viele verschieden lautende Negationen braucht der lateinische Text, wie viele benötigen Sie in der Übersetzung?

18.4. Fragesätze

18.4.1. **a)** Die Fragesätze lassen sich in drei Gruppen einteilen:

1) **Bestimmungsfragen:** Sie werden durch **Fragewörter** (Pronomina, Adverbien) eingeleitet und verlangen eine Antwort auf dieses bestimmte Fragewort, z. B.:
Quis spem tuam explere potest? (12.1.9.) (Antwort: Nemo ...)
2) **Entscheidungsfragen:** Sie lassen die Antwort „ja" oder „nein" erwarten. Sie werden meist durch eine Fragepartikel eingeleitet:
-ne (an das betonte Wort angeschlossen; bleibt unübersetzt): als Antwort wird „ja" oder „nein" erwartet.
nōnne (aus *nōn + ne*) „nicht"; als Antwort wird „ja" erwartet.
num „etwa"; als Antwort wird „nein" erwartet.
Beispiel:
Tune mihi non credis ipsi? (vgl. 10.1.4.) (Antwort: Equidem credo tibi ...)
3) **Wahl- oder Doppelfragen:** Sie fordern zur Entscheidung zwischen zwei Möglichkeiten auf. Das erste Glied kann durch **utrum,** durch **-ne** oder gar nicht eingeleitet sein, das zweite beginnt mit **an.**
Beispiel:
Utrum hoc verum est an non? (Antwort: Verum (non) est.)

b) Ordnen Sie die Fragesätze des Lektionstextes den drei Gruppen zu!

c) Ordnen Sie auch die Fragesätze in 13.3.19. und 14.1.9. der passenden Gruppe zu!

18.4.2. Substantivischer und adjektivischer Gebrauch der Fragepronomina (Interrogativpron.)

a) Bei den Fragepron. unterscheidet man – wie auch bei anderen Pronomina:
1) den substantivischen Gebrauch, z. B.:
Quis hoc fecit? Wer hat das getan?
Das Pron. bildet für sich allein einen Satzteil, hier das Sj.
2) den adjektivischen Gebrauch, z. B.:
Qui puer hoc fecit? Welcher Junge hat das getan?

b) Ordnen Sie die Fragepron. in Satz 12 und 13 diesen beiden Gruppen zu!

18.5. **Indirekte Rede**

In der folgenden Fassung unseres Textes sind einige Partien schräggedruckt. Vergleichen Sie sie mit den entsprechenden Partien in 18.1.! Welches gemeinsame Kennzeichen haben sie dort?

18.5.1. 1. Mos antea senatoribus Romae fuit in curiam cum praetextatis filiis introire. 2. Aliquando in senatu res maior quaedam acta eaque in diem posterum dilata est. 3. Senatus autem statuit, *ne quis eam rem, de qua tractavissent, in vulgus efferret, priusquam decreta esset.* 4. Mater Papirii pueri, qui cum patre suo in curia fuerat, percontata est filium, *quidnam in senatu patres egissent.* 5. Puer respondit *id dici non licere.* 6. Mulier autem fit audiendi cupidior; secretum rei et silentium pueri animum eius ad inquirendum excitant; instat igitur acrius vehementiusque. 7. Tum puer matre urgente lepidi mendacii consilium capit. 8. Dixit enim *actum esse in senatu, utrum videretur utilius magisque e re publica esse, unus ut duas uxores haberet an ut una apud duos nupta esset.* 9. Hoc illa ubi primum audivit, animo sollicitato trepidans domo egreditur, ad ceteras matronas perfert. – 10. Venit ad senatum matrum familias multitudo. 11. Lacrimantes et obsecrantes orant, *ut una potius duobus nupta fieret quam uni duae.* 12. Senatores ingredientes in curiam valde mirati interrogant, *quae illa mulierum intemperantia et quid sibi postulatio ista vellet.* 13. Puer Papirius interrogatur, *quid mater audire institisset, quid ipse matri dixisset.* 14. Ille rem, sicut fuerat, declarat. 15. Senatus fidem atque ingenium pueri laudat, consultum facit, *ne in posterum pueri cum patribus in curiam introirent nisi ille unus Papirius.* 16. Atque puero postea cognomen honoris causa „Praetextatus“ datum est ob tacendi loquendique in aetate praetextae prudentiam.

18.5.2. Dieser Text enthält also statt der wörtlichen, direkten Reden solche in referierter, abhängiger, indirekter Form. Bisher haben wir in indirekten Reden nur Aussage- und Aufforderungssätze kennengelernt (10.8., 11.3., 11.4.). Der Text 18.5.1. enthält auch Fragesätze in indirekter Form. Notieren Sie aus diesem Text die Kennzeichen aller Satzarten der indirekten Rede in einer Tabelle folgender Form!

Satz	Ergänzungssatz oder A.c.I.?	Einleitungswort (auch Negation)	Verb-Form in der abhängigen Konstruktion	Aussage, Begehren oder Frage?	vorzeitig oder nicht-vorzeitig?
3	E.-Satz	ne	Konj. II	Begehren	nicht-vorzeitig

18.5.3. Übersetzen Sie den Text 18.5.1.

18.5.4. Wir betrachten nun die **Konjunktive** des Textes 18.5.1. (also die finiten Verben aller Aufforderungs-, Frage- und Nebensätze):

a) Sie finden nur zwei Arten: Konj. II u. Konj. IV. Nach welcher Regel sind Sie verteilt?

b) Unser Text ist eine Erzählung aus der Vergangenheit. Stellen wir uns vor, die Ereignisse würden von einem der Anwesenden, so wie sie sich gegenwärtig vor seinen Augen abspielen, protokolliert. Dann erschienen die Verben der selbständigen Sätze im Präsens; z. B.:

3. Senatus statuit *(Präs.!),* ne quis eam rem, de qua tractaverint, in vulgus efferat, priusquam decreta sit.
4. Mater percontatur filium, quidnam in senatu patres egerint.
11. Lacrimantes orant, ut una potius duobus nupta fiat quam uni duae.

c) Nach welcher Regel verteilen sich die Konjunktive I/II/III/IV in der indirekten Rede? Vergleichen Sie das Ergebnis mit 14.6.!

d) Der Satz 11 hat sowohl in 18.5.1. als auch in 18.5.4. ein finites Verb im Präs.: Welche Bedeutung hat dieses Tempus in 18.5.1., welche in 18.5.4.?

e) Formen Sie ebenso die Sätze 18.5.1.12., 13. und 15. in die Form des Protokolls um (vgl. b)!

THEODORE BENEMERENTI / QVE VIXIT CVM MARITO / ANNOS XLIIII MENSIS III / vIDVA VIXIT ANNOS XXII / MENSIS VIIII. RECESSIT / IN PACE ANNORVM / LXVII

Grabstein aus Lérida (Katalonien)

18.6. **ire**

18.6.1. Das Verb *īre* „gehen" weist die Besonderheit auf, daß im Präs. ein e- und ein i-Stamm miteinander vermischt sind:

a) Ind. Präs.: eō, īs, it, īmus, ītis, eunt
Konj. I: eam, eās, eat usw.
Imp.: ī, īte
Gerundium: eundī usw.
PPA: iēns, euntis

b) Die übrigen Tempora werden mit dem i-Stamm gebildet:
Impf.: ībam, ībās, ībat usw.
Fut. I: ībō, ībis, ībit usw.
Perf.: iī, īstī (iistī), iit, iimus, īstis (iistis), iērunt

c) Die Komposita von *ire* wie z. B. *redire* werden ebenso konjugiert.

18.6.2. Bestimmen Sie die folgenden Formen von *ire* und übersetzen Sie die Sätze!
Dic, quo eas! – Eo ad eam, quam diligo. – Eo eo, quo tu is.
Fama crescit eundo. (crescere „wachsen")
Vidistine Quintum? Vidi eum domum euntem.
(Jemand schreibt an seinen Freund:) Ibo Romam.
(Der Freund antwortet:) I!

18.7. **odisse, meminisse**

18.7.1. Die beiden Verben
meminisse (mit E_{Gen} oder E_{Akk}) „sich erinnern"
ōdisse „hassen"
treten nur im Perf.-Stamm auf:
Das Perfekt *meminī* und *ōdī* hat Präsens-Bedeutung, das Plusquamperfekt *memineram* und *ōderam* Imperfekt-Bedeutung.
Die Imperative von *meminisse* lauten *mementō, mementōte.*

18.7.2. Bestimmen Sie die folgenden Formen und geben Sie deren Bedeutung an!
meminissetis · meminero · meminerunt · meminerant · meminerint · meminimus · odit · oderit · oderat · odissetis · odistis

18.8. Zusätzliche Übungen

18.8.1. Im Text 18.1. kommen sechs Komparativ-Formen vor. Unterscheiden Sie deklinierte Formen und Adverb-Formen und bestimmen Sie die Vergleichsgröße, die im Text gemeint ist, nach folgendem Muster!

Satz	deklinierte Form	Adverb	Vergleichsgröße
2	maior	–	(wichtiger) als gewöhnlich

18.8.2. Übungstext

Der Angeber

Quidam gloriatus est se lustravisse totam fere Europam maximeque Italiam.

glōriārī *(Dep.)* sich rühmen · **lūstrāre** sehen, besuchen

Interrogavimus eum de Venetorum urbe magnificisque aedificiis, ad quod: „Non possum", inquit, „plura dicere de Venetis; eam enim urbem non nisi semel sub crepusculo vespertino transivi equo."

māgnificus prächtig · **aedificium** Gebäude · **plūrēs** mehr · **nōn nisi** (nicht wenn nicht =) nur · **semel** einmal · **crepusculum vespertīnum** Abenddämmerung · **equus** Pferd

Quod cum impossibile diceremus, quod urbs mari circumdata equorum neque ingressum neque egressum admitteret, ille dixit fuisse hiemem eo tempore, cum transisset, atque super glacie se equitavisse ad urbem.

impossibilis unmöglich · **circumdare** umgeben · **ingressus/ēgressus** Ein-, Zugang/Ausgang · **admittere** erlauben · **hiems** Winter · **super** *(beim Abl.)* über · **glaciēs** Eis · **equitāre** reiten

18.9. Wortstudien

18.9.1. Nennen Sie zu folgenden Formen die Grundform, unter der das betreffende Wort im Lexikon zu finden ist (zu den Verben vgl. Anm. zu 10.5.3.)!
tempore · dicentes · carminum · velim · dando · divitiis · legam · legem · leget · leges (2 Möglichkeiten)

18.9.2. Vom PPP-Stamm mancher Verben können sogenannte Verba frequentativa oder intensiva gebildet werden (durchweg nach der a-Konjug.), welche die durch das Grundwort bezeichnete Handlung als besonders häufig oder intensiv kennzeichnen, z. B.:

von *capere: captare* (*bestias captare* „Wild jagen")

a) Wie heißt das Verbum frequentativum von *consulere*? Welche Bedeutung haben beide Verben?

b) Wie ist die Bedeutung von *habitare* (9.1.4.) zu erklären?

Lernvokabeln

a) Verben

statuere	statuō	statuī	statūtum	festsetzen, beschließen
(cōnˈstituere 16, reˈstituere 17)				
tractāre	tractō	tractāvī	tractātum	handhaben, behandeln
efˈferre	efferō	extulī	ēlātum	herausbringen
(ferre 11)				
perˈferre	perferō	pertulī	perlātum	überbringen, vollführen, ertragen
dēˈcernere	dēcernō	dēcrēvī	dēcrētum	entscheiden, beschließen
exˈcitāre	excitō	excitāvī	excitātum	aufregen, anregen
urgēre	urgeō	ursī		(be-)drängen
nūbere (*mit* E_{Dat})	nūbō	nūpsī	nūptum	heiraten
sollicitāre	sollicitō	sollicitāvī	sollicitātum	erregen, reizen, beunruhigen
ēˈgredī (*Dep.*)	ēgredior	ēgressus sum		hinausgehen
(agˈgredī 8, inˈgredī 9)				
ōrāre	ōrō	ōrāvī	ōrātum	bitten
dēˈclārāre	dēclārō	dēclārāvī	dēclārātum	ausrufen, erklären
(clārus 4)				
tacēre	taceō	tacuī	tacitum	(ver-)schweigen
īre	eō	iī	itum	gehen
(redˈīre 5, trānsˈīre 9, interˈīre 11, prodˈīre 11, perˈīre 17)				
crēscere	crēscō	crēvī	crētum	wachsen
ōdisse	ōdī			hassen
meminisse	meminī			gedenken, sich erinnern
[adˈmittere	admittō	admīsī	admissum	zulassen, (eine Handlung) begehen
(mittere 7, ēˈmittere 7, dīˈmittere 7)				

b) Substantive

cūria, -ae *f.*	Senatsversammlung, Rathaus
sēnātus, -ūs *m.* (senātor 4)	Rat (der Alten), Senat
vulgus, -ī *n.*	Menge, Volk
māter, -tris *f.* (pater 3)	Mutter
silentium, -iī *n.*	Schweigen
cōnsilium, -iī *n.* (cōnˈsulere 16)	Ratsversammlung, Rat; Absicht, Einfall
multitūdō, -dinis *f.* (multī 2)	Menge
familia, -ae *f.* (*Gen. auch* -ās)	Familie, Gesinde
ingenium, -iī *n.*	Anlage, Begabung, Einfall
prūdentia, -ae *f.*	Klugheit
[equus, -ī *m.*	Pferd
[hiems, -mis *f.*	Winter

c) Adjektive

posterus, -a, -um (post 3)	nachfolgend, später
ūtilis, -is, -e (ūtī 10)	nützlich
[plūrēs, -ra (*Gen.* -ium)	mehr

d) Pronomina

quis?, quid?	wer?, was?
quis, quid *(nachgestellt)*	jemand, (irgend-) einer, (irgend-) etwas (≈ aliquis, aliquid)
quī?, quae?, quod?	welcher?, was für ein?

e) Präpositionen

[super *(beim Akk. und Abl.)*	über, über ... hinaus

f) Sonstige Wörter

priusquam (prius ... quam)		bevor, eher ... als
utrum ... an *(Doppelfrage)*		ob ... oder
postrīdiē (diēs 9)		am folgenden Tage
utinam *(b. Konj.)*		wenn doch!, daß doch!
-ne	*in Entscheidungsfragen*	*(unübersetzt)*
nōnne	*in Entscheidungsfragen*	nicht, doch wohl
num	*in Entscheidungsfragen*	denn, etwa
[semel		einmal

g) Wendungen

in vulgus efferre	ausplaudern
animus eius sollicitātus est	er (sie) war (wurde) aufgeregt
cōnsilium capere	einen Entschluß fassen
quid sibi vult?	was soll das?
tacendī loquendīque prūdentia	Klugheit im Schweigen und Reden

Lernpensum aus den Flexionstabellen

1) Interrogativpronomen
2) ire, ferre

19 Der doppelte Sosias

Mancher Gott – so heißt es in der mythischen Überlieferung der Griechen – habe sich mit einer sterblichen Frau verbunden, allen voran der mächtigste der Götter, von den Griechen Zeus, von den Römern Juppiter genannt. Und da die Griechen auch sonst geneigt waren, ihren Göttern menschlich-allzumenschliche Züge zu verleihen, hinderte sie nichts, sich von ihren Göttern manchen Schwank zu erzählen.

Zu dieser Art von Geschichten gehört die Sage vom Feldherrn Amphitryon (lateinisch: Amphitruo) und seiner Gattin Alkmene: Amphitryon sei in den Krieg gezogen, Zeus aber habe sich in Alkmene verliebt und sei, vom Götterboten Hermes (dem Merkur der Römer) begleitet, der Geliebten erschienen – er selbst in der Gestalt des Amphitryon, sein Begleiter in der des Sosias (lateinisch: Sosia), des ebenfalls im Felde stehenden Dieners von Amphitryon. Nun kehrten aber der wahre Amphitryon und der wahre Sosias zurück, ehe das Abenteuer der beiden Götter beendet war. – Auf diesen einfachen Voraussetzungen beruht die doppelte Doppelgängerkomödie „Amphitryon“, einer der berühmtesten Lustspielstoffe der Weltliteratur.

Das griechische Original, das diesen Stoff zum ersten Male auf die Bühne brachte, ist verschollen, sein Autor unbekannt. Hingegen hat die lateinische Bearbeitung, die Plautus, der römische Komödiendichter (etwa 250–180 v. Chr.), hiervon anfertigte, die Zeiten überdauert; an eine Szene dieser Bearbeitung lehnt der folgende Text sich an.

Die Szene entstammt dem zweiten Akt. Amphitryon hatte seinen Diener vorausgeschickt: Er solle der Gattin den Sieg und die glückliche Heimkehr melden. Doch dieser vermochte den Auftrag nicht auszuführen; ein zweiter Sosias, der Gott Hermes, bewachte den Eingang des Palastes und wußte den Ankömmling davon zu überzeugen, daß er selbst Sosias sei. Hilflos zog sich dieser zu seinem Herrn zurück. – Der Text gibt den Dialog wieder, der sich nunmehr entspinnt.

19.1. Grundtext

A.: Amphitruo, S.: Sosia

1. A.: Scelestissimum te arbitror.
S.: Quam ob rem?
A.: Quia mihi narras, quod neque est neque fuit neque futurum est.

2. S.: *Moriar,* ni ita est, ut loquor! Cur *mentiar*?
A.: Tu audes mihi dicere te nunc esse domi, qui ades hic?

1. scelestus verbrecherisch · **arbitrārī** *(Dep.)* meinen, für etwas halten · **quam ob rem?** weshalb?

2. morī, morior *(Dep.)* sterben · **nī** = *nisi,* wenn nicht · **mentīrī** *(Dep.)* lügen

3. S.: Sum profecto et hic et ibi; id nihilo magis tibi mirum videtur

4. quam mihi. Ubi ante lucem domum me praemisisti, ut, quod imperaveras, uxori tuae nuntiarem, . . .
A.: Quid igitur?
S.: . . . multo prius ante aedes stabam, quam eo adveni.

5. A.: Iuppiter te *perdat!*
S.: Quid mali meritus sum? Merito *maledicas* mihi, si id non ita factum est.

6. A.: Hic homo ebrius est, ut opinor.
S.: Utinam ebrius et *fuissem* et *essem!*
A.: Optas, quae facta sunt. Ubi bibisti?
S.: Egone? Nusquam.

7. A.: Quid ego huic homini *faciam?*
S.: Equidem decies dixi: ego Sosia domi sum, et apud te adsum Sosia idem. Satisne plane, ere, hoc tibi nunc locutus esse videor?

8. A.: Iam sequere: *eamus* domum, ut malum habeas! Quoniam, quod erus imperavit, persecutus non es – et nunc venis etiam ultro irrisum me.

9. S.: Quid *facerem?* Cum aedes intrare vellem, pugnis caesus sum.
A.: Quis te verberavit?
S.: Mene? Ego, qui nunc domi sum. Hoc etiam atque etiam *confirmaverim.*

10. A.: Vidistine uxorem meam?
S.: Quomodo poteram? Aedes intrare numquam licuit.

11. A.: Quis te prohibuit?
S.: *Velim* mihi *ignoscas!* Sosia ille, de quo iam dudum loquor, is, qui me pugnis cecidit.

12. A.: Quis iste Sosia est?
S.: Ego, inquam, ego ille alter – quaeso, nonne intellegis?

13. A.: Hoc quisquam *intellegat?* Sequere igitur: de hac re quaestionem habere debeo. Utinam di *faciant,* ut vana sint, quae dicis!

3. profectō wahrhaftig, in der Tat · **nihilō magis** um nichts mehr, ebenso · **mīrus** wunderbar, erstaunlich

4. ubi *(hier:)* als, nachdem · **lūx** Licht, Tagesanbruch · **praemittere** vorausschicken

multō *beim Komp.* viel · **aedēs** *(Plur.)* Haus

5. merērī *(Dep.)* verdienen · **meritō** mit Recht *(eigentl.:* nach Verdienst) · **maledīcere** *(mit* E_{Dat}*)* beschimpfen

6. ēbrius betrunken

nusquam nirgends

7. facere *(mit* E_{Dat}*)* mit jemandem etwas anfangen · **deciēs** zehnmal · **ere:** *Vokativ von erus* Herr

8. sequere *(Imperativ von sequī)* folge (mir), komm mit! · **malum habēre** Prügel bekommen · **quoniam** da ja · **persequī** *(hier:)* befolgen · **ultrō** obendrein · **irrīsum mē** um mich zu verspotten

9. intrāre betreten · **pūgnus** Faust, Faustschlag · **caedere** (zu Boden) schlagen · **verberāre** verprügeln

etiam atque etiam noch und noch, immer wieder

11. dūdum längst

12. quaesō ich bitte dich, bitte

13. quisquam *(in Sätzen mit verneintem Sinn)* jemand · **quaestiō** Frage, Untersuchung · **quaestiōnem habēre** eine Untersuchung anstellen · **vānus** leer, nichtig

19.2. **Konjunktiv in selbständigen Sätzen** (allgemein)

19.2.1. Das finite Verb kann im L – wie im D – in drei Aussageweisen (Modi) auftreten (vgl. 17.6.1.):

● im Indikativ:	venis	du kommst
● im Konjunktiv: (utinam)	venias!	(wenn) du (doch) kämest!
● im Imperativ:	veni!	komm!

Man kann die Verwendung der drei Modi in lateinischen Texten etwa folgendermaßen charakterisieren:
Der **Indikativ** ist der Modus der Aussage von Tatsachen, der Behauptung.
Wer etwas im Ind. aussagt, stellt den Inhalt seiner Aussage als wirklich, als tatsächlich gegeben hin.

Der **Konjunktiv** ist der Modus für alles, was man sich vorstellt, ohne daß man sich für die Wirklichkeit des Vorgestellten verbürgen kann oder will.
Wer etwas im Konj. aussagt, stellt den Inhalt seiner Aussage als (nur) möglich, als wünschbar oder als unwirklich hin.

Der **Imperativ** ist der Modus des Befehls.
Wer etwas im Imperativ aussagt, weist eine bestimmte Person oder bestimmte Personen an, eine Handlung auszuführen (Gebot) oder zu unterlassen (Verbot).

19.2.2. Im Gebrauch des Indikativs und des Imperativs stimmen das L und das D im wesentlichen überein. Der Konjunktiv hingegen wird im L weit häufiger verwendet als im D, und zwar sowohl in selbständigen Sätzen als auch in Nebensätzen.
Die folgenden Darlegungen und Übungen 19.3.–19.6. beziehen sich auf den Konjunktiv in selbständigen Sätzen.

19.2.3. Im Text 19.1. sind sämtliche Konj., die in selbständigen Sätzen auftreten, schräg gedruckt.
a) Bestimmen Sie die Formen und nennen Sie den Inf. Präs. der Verben, von denen diese abgeleitet sind!
b) Weisen Sie die Konj. den Gruppen Aussage-, Begehrs- und Fragesätze zu (vgl. 18.3.1.)! (Beachten Sie die Satzzeichen!)

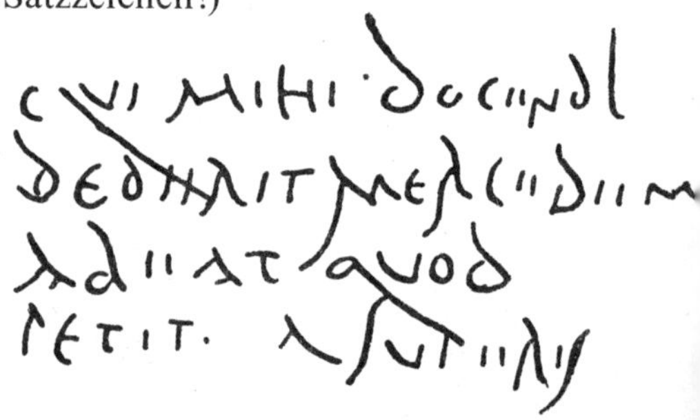

QVI MIHI DOCENDI / DEDERIT MERCEDEM / ABEAT QVOD / PETIT A SVPERIS
Aufschrift an einem Raum in Pompeji

19.3. Konjunktiv in Begehrs-/Wunschsätzen

19.3.1. **a)** Im L wird – anders als im D – zwischen Wünschen, die der Sprechende für erfüllbar, und Wünschen, die er für unerfüllbar hält, unterschieden:

- Im **Konj. I** stehen **erfüllbare Wünsche** (sogenannter **Potentialis** – *von posse, potens* –, d. h. Aussage der Möglichkeit), z. B.:
  Utinam venias! Wenn du doch kämest! Komm doch!
- Im **Konj. II** oder **IV** stehen **unerfüllbare Wünsche** (sogenannter **Irrealis,** d. h. Aussageweise der Unwirklichkeit, der Irrealität), z. B.:
  Utinam venires! Wenn du doch kämest!
  Utinam venisses! Wenn du doch gekommen wärst!

b) Worin unterscheidet sich die Bedeutung von Wunschsätzen im Konj. II und im Konj. IV?

c) Wunschsätze werden oft durch *utinam* eingeleitet. Die Verneinung lautet *ne.*

19.3.2. **a)** Teilen Sie die Wunschsätze des Textes 19.1. in erfüllbar und unerfüllbar gedachte Wünsche ein!
b) Übersetzen Sie den Satz:
Utinam ebrius et fuissem et essem! (S. 6)
c) Stellen Sie fest, ob sich im Text 18.1. weitere Wunschsätze finden! Sind die Wünsche als erfüllbar oder als unerfüllbar hingestellt?
d) Übersetzen Sie folgende Sätze!
1) Vivat rex! – 2) Utinam pater viveret! – 3) Utinam pater hunc diem vidisset! – 4) Valeas! – 5) Utinam hodie („heute“) te lavisses.

19.3.3. Wünsche können durch *velim/vellem* oder *nolim/nollem* eingeleitet werden.
Bestimmen Sie nach 19.3.1.a)/b) den Bedeutungsunterschied der folgenden Sätze und übersetzen Sie sie!
1) Velim mihi ignoscas! – 2) Vellem mihi ignovisses! – 3) Nolim me sequaris! – 4) Nollem me secutus esses!

19.3.4. **a)** Der Wunsch hat im Fall von Satz 8 auffordernden, gebietenden Charakter:

eamus domum! {
Laß (laßt) uns nach Hause gehen!
Wir wollen nach Hause gehen!
Gehen wir nach Hause!

Das entsprechende Verbot lautet:
ne eamus domum!

b) Stellen Sie fest, ob sich im Text 17.4. weitere Wünsche gebietenden oder verbietenden Charakters finden! Welche Wünsche in 18.1. (vgl. 19.3.2.c) haben verbietenden Charakter?

c) Übersetzen Sie folgende Sätze!
Taceamus! – Qui loqui vult, videat, quibus de rebus loquatur.
(Anfang eines Catull-Gedichtes an die Geliebte Lesbia:)
Vivamus, mea Lesbia, atque amemus! (amāre „lieben")

d) *Ausspruch eines Tyrannen:*
Oderint, dum metuant! Sie mögen (mich) hassen, wenn sie (mich) nur fürchten!

19.4. Konjunktiv in Fragesätzen

19.4.1. Durch den Konjunktiv in Fragesätzen wird ausgedrückt, daß sich der Fragende im Zweifel befindet oder daß er etwas erwägt.

a) Im **Konj. I** stehen zweifelnde Fragen, die sich auf die **Gegenwart** beziehen, z. B.:

Quid faciam?	Was soll ich tun?

b) Im **Konj. II** stehen zweifelnde Fragen, die sich auf die **Vergangenheit** beziehen, z. B.:

Quid facerem?	Was sollte ich tun? Was hätte ich tun sollen?

19.4.2. Übersetzen Sie folgende Sätze!
1) Quid faciat? – 2) Quid faceret? – 3) Cur mentiar? – 4) Cur mentirer? – 5) Quo fugiam? – 6) Quid responderet?

19.5. Konjunktiv in Aussagesätzen

19.5.1. Durch den Konjunktiv in Aussagesätzen wird eine vorsichtige Behauptung ausgedrückt, d. h.: Der Sprecher gibt durch den Konj. in Aussagesätzen zu erkennen, daß er den betreffenden Sachverhalt für möglich oder wahrscheinlich hält, ohne sich uneingeschränkt für dessen Richtigkeit verbürgen zu wollen.

a) Im **Konj. I** oder **Konj. III** stehen – ohne Unterschied in der Bedeutung – vorsichtige Behauptungen, die sich auf die **Gegenwart** beziehen (**Potentialis** der Gegenwart; vgl. 19.3.1.a), z. B.:

dicat aliquis dixerit aliquis	da könnte jemand behaupten

b) Im **Konj. II** stehen vorsichtige Behauptungen, die sich auf die **Vergangenheit** beziehen (**Potentialis** der Vergangenheit), z. B.:

diceret aliquis	da hätte jemand behaupten können

19.5.2. Stellen Sie fest, ob die vorsichtigen Behauptungen in 19.1.5. und 19.1.9. den Potentialis der Gegenwart oder den Potentialis der Vergangenheit verwenden! Übersetzen Sie die betreffenden Sätze!

19.5.3. Übersetzen Sie:
Miraretur, qui Nasicam ipsum „Domi non sum!" clamantem audiret. (vgl. 10.1.2.) – 2) Simonidem a Castore et Polluce servatum esse putes. (vgl. 11.1.) – 3) Scopam Simonidi nimis sordide respondisse nemo negaverit. (vgl. 11.1.1.) – 4) Cuperem vultum Philippi videre, cum epistulam Parmenionis legeret. (vgl. 15.3.13. – vultus „Gesichtsausdruck, Miene")

19.6. Zur Übersetzung

19.6.1. Stellen Sie anhand der Beispiele und Übungssätze diejenigen deutschen Sprachmittel fest, die zur Wiedergabe lateinischer Konjunktive in selbständigen Sätzen verwendet werden!

19.6.2. Übersetzen Sie jetzt den ganzen Text 19.1.!

19.7. Zur Übersetzung des lateinischen Indikativs

19.7.1. **a)** Der lateinische Indikativ wird im D im allgemeinen durch den Indikativ wiedergegeben.

b) Eine Ausnahme findet sich in folgendem Satz:
Quomodo poteram? (S. 10)
Im D wird in diesem Fall der Konj. IV verwendet:
Wie hätte ich (deine Frau sehen) können?
Suchen Sie weitere Ausnahmen dieser Art in 13.3.11. und 14.1.2.!

19.7.2. Übersetzen Sie die folgenden Sätze!
1) Nos vitam nostram bene collocare melius est; sed plerumque avaritia aliisque cupiditatibus tenemur. (vgl. 12.1.2./5.)
2) Octavianus homini callido irasci poterat. (vgl. 5.1.7.)
(īrāscī „zürnen, zornig sein")
3) Alexander calidum corpus in amne frigido lavare non debuit. (vgl. 15.1.2.) (calidus „warm"; frīgidus „kalt")
4) Paene dixi me nomen rei anteponere. (vgl. 13.3.8.)
(paene „beinahe, fast")

19.8. Bedingungssätze

19.8.1. Bedingungssätze (Konditionalsätze) werden im L durch **si** „wenn", verneint **nisi/ni** „wenn nicht", eingeleitet.
Satis longa vita nostra est, si bene collocatur. (12.1.2.)
Parum esse mihi videtur habere nomen magnificum, nisi res adest. (13.3.5.–6.) (māgnificus „großartig")

a) Stellen Sie weitere Bedingungssätze aus den Texten 13.3., 14.1. und 16.1. zusammen!

b) Gelegentlich leitet *nisi* nicht einen Satz, sondern nur einen Satzteil ein; z. B.:

Pueri in curiam ne introeant nisi ille unus Papirius! (vgl. 18.1.15.)

Wie wird *nisi* hier übersetzt?

19.8.2. Manchmal ist die Konjunktion *si* mit Zusätzen verbunden, die ihr eine besondere Bedeutung verleihen:

a) etsi / tametsi „wenn auch, obwohl"

Die Bedingung wird hier durch den Zusatz zum Zugeständnis, zur Konzession; z. B.:

... etsi ipse non fateris. (13.3.11.)

b) sin / sin autem „wenn aber"

Dieser Ausdruck setzt die Bedingung in Gegensatz zum Vorausgehenden; z. B.:

Sin eadem studia eis erunt atque nunc, tua fama concidet. (16.1.14.)

c) sive ... sive „sei es daß ... oder daß" („ob ... oder")

Dieser Ausdruck stellt zwei Möglichkeiten zur Wahl; z. B.:

Sive hac sive meliore alia via perges: a me adiutus eris. (16.1.16.)

19.8.3. In Bedingungssätzen – und gewöhnlich auch in den zugehörigen übergeordneten Sätzen – wird im L und D bald der Ind., bald der Konj. verwendet:

a) Indikativische Bedingungssätze lassen offen, ob die Bedingung erfüllt wird oder nicht; z. B.:

Satis longa vita nostra est, si bene collocatur. (12.1.2.)

In diesem Satz wird nicht ohne Einschränkung behauptet, daß unser Leben lang genug sei; es heißt dort nur: Es ist lang genug unter der Bedingung, daß es gut angelegt wird. Ob diese Bedingung eintritt, bleibt dahingestellt.

b) Bei **konjunktivischen Bedingungssätzen** werden im L – im Gegensatz zum D – wie bei den Wunschsätzen (19.3.1.) zwei Typen unterschieden:

1) **si (nisi)** mit **Konj. I** oder **III** (ohne Bedeutungsunterschied):
   Der Sprechende bringt zum Ausdruck, daß er den Eintritt der Bedingung annimmt oder für möglich hält **(Potentialis)**; z. B.:
   Satis longa vita nostra sit, si bene collocetur.
   Unser Leben ist wohl lang genug, wenn man es gut anlegen wollte.
2) **si (nisi)** mit **Konj. II** oder **IV**:
   Der Sprechende bringt zum Ausdruck, daß er den Eintritt der Bedingung für unmöglich hält **(Irrealis)**.

Vergleichen Sie folgende Beispiele!

Satis longa vita nostra esset, si bene collocaretur (Konj. II).
Unser Leben wäre lang genug, wenn es gut angelegt würde.

Satis longa vita nostra fuisset, si bene collocata esset (Konj. IV).
Unser Leben wäre lang genug gewesen, wenn es gut angelegt worden wäre.

Welcher Bedeutungsunterschied besteht zwischen Bedingungssätzen (und den dazugehörigen übergeordneten Sätzen) im Konj. II und im Konj. IV?

c) Enthält Ihre Zusammenstellung nach 19.8.1.a) konjunktivische Bedingungssätze?
Wenn ja: welche Arten von Bedingungssätzen liegen jeweils vor?

d) Der Satz 11.8.2.8) lautet:

Scopas Simonidi dixit, ut reliquum a Tyndaridis peteret, si vellet.

Wie ist hier der Konj. des Bedingungssatzes zu erklären? Ziehen Sie die Sätze 13.1.3. und 13.3.5.–6. zum Vergleich heran!

19.8.4. Übersetzen Sie folgende Sätze!

1) Merito maledicas mihi, si id non ita factum sit. – 2) Merito malediceres / maledixisses mihi, si id non ita factum esset. – 3) Si aedes intrare velim, pugnis caedar. – 4) Si aedes intrare conabor, pugnis caedar. – 5) Si aedes intrare vellem, pugnis caederer. – 6) Si de hac re quaestionem habueris, cognosces vana non esse, quae dico. – 7) Si de hac re quaestionem habuisses, cognovisses vana non esse, quae dico.

19.9. Die Indefinitpronomina

19.9.1. Die unbestimmten Pronomina oder Indefinitpronomina werden teils substantivisch, teils adjektivisch verwendet (vgl. 18.3.3.); im L gibt es außerdem je verschiedene Indefinitpron. für Sätze positiven und negativen Inhalts:

	positiv	negativ
substantivisch	aliquis, aliquid (19.5.1.)	quisquam, quicquam (19.1.13.)
adjektivisch	aliqui, aliqua, aliquod	ullus, -a, -um (15.3.12.)

19.9.2. Nach *si, nisi, ne* und anderen Konjunktionen lautet das Indefinitpron. *quis, quid* (substantivisch) oder *qui, qua, quod* (adjektivisch).
Wenn in einem Text also *quis, quid* bzw. *qui, qua, quod* begegnet, handelt es sich nicht unbedingt um das Fragepronomen: Man muß prüfen, ob Konjunktionen wie *si, nisi, ne* o. ä. vorausgehen.
Suchen Sie in den Texten 10.3. und 18.1. nach je einem Beispiel!

19.10. **Das Supinum**

19.10.1. nunc venis etiam ultro irrisum me. (S. 8)
Die Form *irrisum* ist hier kein PPP, sondern ein sog. Supinum.

a) Das Supinum ist seinem Ursprung nach der Akk. eines von einem Verb abgeleiteten Subst. der u-Dekl. (vgl. 11.10.2.). Während jedoch diese Subst. nur von einzelnen Verben existieren, kann das Supinum von fast allen Verben gebildet werden.

b) Das **Supinum** dient als Ergänzung oder als Angabe des Ziels; es kommt nur in Verbindung mit Verben vor, die eine räumliche Bewegung ausdrücken, wie z. B. gehen, kommen, schicken.

c) Das Supinum *irrisum* bezeichnet also das Ziel, den Zweck des Kommens von Sosias und ist gleichbedeutend mit einem ut-Satz:
irrisum me = ut irrideas me „damit du mich verspottest, um mich zu verspotten“

19.10.2. Übersetzen Sie folgende Sätze!
1) Hostes legatos miserunt pacem petitum. (lēgātus „Gesandter“)
2) Mulieres ad senatum venerunt oratum, ut una potius duobus nupta fieret quam duae uni. (vgl. 18.1.10.–11.)
3) *(Ein Dichter über das Verhalten der römischen Frauen im Zirkus:)*
Spectatum veniunt, veniunt, spectentur ut ipsae. (spectāre „sehen“)

19.11. **Zusätzliche Übung**

Der Fußtritt
Cum in via quidam Socratem per lasciviam calce percussisset, hominibus mirantibus, quod id pateretur, „Quid facerem?“, inquit. Illis hortantibus, ut vocaret hominem in ius, „Ridiculum est“ inquit, „si quis asinus me calce percussisset, diceretisne mihi: ‚Voca illum in ius‘?“

per lascīviam aus Übermut, mutwillig · **calx** Ferse, Fuß · **percutere** schlagen, einen Stoß versetzen · **quod** *hier:* daß
iūs Recht, Gericht · **vocāre in iūs** jemanden vor Gericht ziehen, verklagen · **rīdiculus** lächerlich · **asinus** Esel

---

Lernvokabeln

a) Verben

arbitrārī *(Dep.)*	arbitror	arbitrātus sum	meinen, für etwas halten
morī *(Dep.)*	morior	mortuus sum	sterben
(mors 3, mortālis 12)			

prae'mittere	praemittō	praemīsī	praemissum	vorausschicken
(mittere 7, ē'mittere 7, dī'mittere 7, o'mittere 15, prō'mittere 15)				
merērī *(Dep.)*	mereor	meritus sum		verdienen
per'sequī *(Dep.)*	persequor	persecūtus sum		verfolgen, befolgen
(sequī 14)				
intrāre	intrō	intrāvī	intrātum	betreten, eindringen
caedere	caedō	cecīdī	caesum	fällen, niederhauen
pro'hibēre	prohibeō	prohibuī	prohibitum	fernhalten, hindern
(habēre 1)				
īgnōscere	īgnōscō	īgnōvī	īgnōtum	verzeihen
amāre	amō	amāvī	amātum	lieben
(amīcus 4, amīcitia 10, amor 17)				
metuere (metus 15)	metuō	metuī		(sich) fürchten
spectāre	spectō	spectāvī	spectātum	sehen, betrachten

b) Substantive

lūx, lūcis *f.*	Licht
aedēs, -ium *f. Plur.*	Haus
vultus, -ūs *m.*	Gesichtsausdruck, Miene
lēgātus, -ī *m.*	Gesandter, Unterfeldherr
[iūs, iūris *n.*	Recht, Gericht

c) Adjektive, Pronomina

mīrus, -a, -um (mīrārī 8)	wunderbar, erstaunlich
quisquam, quicquam	jemand, etwas
aliquis, aliquid *(subst.)* / aliquī, aliqua, aliquod *(adj.)*	(irgend)einer, (irgend) etwas

d) Konjunktionen

nī	= nisi, wenn nicht
ubi (ubi prīmum 17)	wo, als, nachdem
quoniam	da ja
dum	solange, bis, wenn nur
tametsī	(= etsī) wenn auch, obwohl

e) Sonstige Wörter

quam ob rem? (quam ob rem 7)	weshalb?
profectō	wahrhaftig, in der Tat
multō *(beim Komp.)* (multī 2)	um vieles, viel
meritō *(Adv.)* (merēre 4)	mit Recht
nusquam (numquam 12)	nirgends
hodiē (diēs 9)	heute
paene	beinahe, fast

f) Wendungen

quid huic hominī faciam?	was soll ich mit diesem Kerl anfangen?
vēlim mihi īgnōscās!	verzeih mir bitte!

Lernpensum aus den Flexionstabellen
Indefinitpronomina

20 Die Ermordung des Britannicus

Augustus, Tiberius, Caligula, Claudius, Nero: Die ersten fünf Kaiser Roms sind miteinander verwandt; sie gehören zur julisch-claudischen Dynastie, die ihren Namen von den beiden an dem komplizierten Stammbaum hauptsächlich beteiligten Familien, von den Juliern und Claudiern, erhalten hat. Die hier ausgewählte Geschichte spielt zu Beginn der Herrschaft Neros (54–68 n. Chr.) – des Kaisers also, mit dessen kläglichem Ende die ganze Dynastie unterging.

Nero entstammte der ersten Ehe der jüngeren Agrippina, einer Urenkelin des Augustus. Die Mutter schloß eine zweite Ehe mit ihrem Onkel, dem Kaiser Claudius (41–54 n. Chr.). Auch dieser war schon verheiratet gewesen; er hatte aus seiner Ehe mit der berüchtigten Messalina zwei Kinder, die Tochter Octavia und den Sohn Britannicus.

So waren alle Voraussetzungen für dynastische Kämpfe gegeben: Wer würde Claudius auf dem Throne nachfolgen, der Sohn der Kaiserin oder der Sohn des Kaisers, Nero oder Britannicus? Agrippina, von hemmungslosem Ehrgeiz getrieben, wußte zu erreichen, daß ihrem Sohne alle Zeichen und Vorrechte des Thronfolgers zuteil wurden; nachdem sie auch dessen Verbindung mit Octavia durchgesetzt hatte, beseitigte sie ihren Gatten durch Gift.

Der noch nicht siebzehnjährige Nero trat die Herrschaft an, jedenfalls nach außen hin – das eigentliche Regiment gedachte Agrippina, wie schon zur Zeit ihres Gatten, so auch jetzt zu führen. Welchen Verlauf die Ereignisse nunmehr nahmen, berichtet der Text: Neros Liebschaft mit einer Freigelassenen (einer ehemaligen Sklavin) zeigte, daß der mütterliche Einfluß Grenzen hatte – da ließ sich Agrippina zu der Äußerung hinreißen, Britannicus sei noch am Leben und verdiene, die Herrschaft des Vaters zu übernehmen. Diese unbedachten Worte verursachten alsbald ein grauenhaftes Verbrechen: Nero räumte seinen um vier Jahre jüngeren Stiefbruder mit Gift aus dem Wege. Dies war so ziemlich seine erste selbständige Tat.

Das Nachtstück aus dem römischen Kaiserpalast entstammt im wesentlichen den Annalen des Geschichtsschreibers Tacitus (etwa 55–120 n. Chr.), einem Werk, das die an ähnlichen Episoden reiche Zeit vom Tode des Augustus bis zum Tode Neros behandelt. Einige Details wurden aus einer parallelen Quelle, aus der Nero-Biographie des Sueton (vgl. Einführung zu L.9), eingefügt.

20.1. **Grundtext**

1. Nero anno post, quam principatum adeptus erat, amore libertae, cui nomen erat Acte, capiebatur, et paulum afuit, quin eam iusto matrimonio sibi coniungeret. 2. Adhibere viros consulares animo intendit, qui eam regio genere ortam esse iurarent. 3. Agrippina autem, mater Neronis, filium vehementer vituperavit, quod ancillam iustae fere uxoris loco haberet; 4. sed quanto turpiora obiecit, eo acrius eum accendit, donec vi amoris subactus obsequium in matrem recusaret. 5. Agrippina filium, qui cuncta ex ipsa haberet, contumeliis gravibus insectata est nec defuerunt, qui principi verba eius in deterius versa referrent. 6. Postremo terrore et minis usa est: a principe non abstinuit, quominus diceret peropportune sibi accidere, quod Britannicus adhuc viveret; 7. eum adultum iam esse et dignum, qui patris imperium susciperet; 8. non recusare se, quin scelera sua patefaceret, venenum imprimis, quo Claudium occidisset. 9. Nero metuit, ne mater exsequeretur, quae minata erat, et, quia caedem fratris palam iubere non audebat, veneno eum aggressus est.

1. annō post, quam ein Jahr, nachdem · **prīncipātus** erste Stelle im Staat, Herrschaft · **adeptus :** *PPP von adipīscī (Dep.)* erlangen · **līberta:** *f. zu lībertus (vgl. 14.1.)* · **amōre lībertae:** *vgl. metus medicī (15.3.12.)* · **paulum abest, quīn** es fehlt wenig, daß · **iūstus** gerecht, rechtmäßig
2. adhibēre hinzuziehen · **vir cōnsulāris** ehemaliger Konsul · **animō intendere** beabsichtigen · **rēgius:** *Adj. von rēx* · **iūrāre** schwören
3. vituperāre tadeln · **ancilla** Magd, Sklavin · **locus** Platz, Stelle · **iūstae uxōris locō** als rechtmäßige Gattin
4. quantō . . . eō je . . . desto (*quantus* so groß wie) · **accendere** anzünden, anstacheln · **dōnec** (so lange) bis · **subactus:** *PPP von subigere* unterwerfen, bezwingen · **obsequium** Gehorsam · **recūsāre:** ablehnen, verweigern
5. contumēlia Beschimpfung, Beleidigung · **īnsectārī** *(Dep.)* bloßstellen, verunglimpfen · **dēesse** fehlen · **prīnceps** *(hier:)* Kaiser · **dēterior** schlechter, schlimmer · **in dēterius versa** ins Schlimmere gewendet, vergröbert
6. terror Schrecken, Einschüchterung · **minae** *(Plur.)* Drohungen · **abstinēre** fernhalten, sich enthalten · **quōminus** daß · **ā prīncipe . . . dīceret** sie ersparte es dem Kaiser nicht, ihm zu sagen · **peropportūnus** sehr gelegen · **peropportūnē sibi accidere** es komme ihr sehr zustatten · **quod** *(hier:)* daß · **adhūc** bis jetzt, noch
7. adultus erwachsen · **dīgnus** würdig · **dīgnus, quī . . .** würdig zu . . .
8. quīn: s. S. 1 · **patefacere** öffnen, enthüllen · **venēnum** Gift · **imprīmīs** vor allem · **occīdere** töten
9. nē *(hier:)* daß · **exsequī** *(Dep.)* ausführen · **minārī** *(Dep.)* drohen · **caedēs** Mord · **palam** öffentlich, offen

10. Mos erat, ut principum liberi cum ceteris eiusdem aetatis nobilibus sedentes in aspectu propinquorum propria mensa uterentur. 11. Ibi Britannicus quoque epulabatur, et cum unus ex ministris cibos potionesque eius gustu explorare soleret, talis dolus repertus est, ne omitteretur institutum aut utriusque morte proderetur scelus: 12. Valde calida et gustu explorata potio traditur Britannico; 13. deinde, postquam propter fervorem aspernatus est, frigida in aqua affunditur venenum, quod ita totum eius corpus pervasit, ut vox et spiritus simul raperentur. 14. Trepidatur a circumsedentibus, diffugiunt imprudentes; at quibus altior erat intellectus, resistunt Neronem intuentes. 15. Ille autem id crebrius accidere dixit per comitialem morbum, quo prima ab infantia afflictaretur Britannicus: sensus paulatim redituros esse. 16. Ita post breve silentium repetita est convivii laetitia.

10. līberī *(Plur.)* Kinder · **sedēre** sitzen *(Die Erwachsenen pflegten bei Tische zu liegen.)* · **aspectus** Anblick · **in aspectū** vor Augen · **propinquus** verwandt, Verwandter · **mēnsa** Tisch
11. epulārī *(Dep.)* speisen · **minister** Diener · **cibus** Speise · **pōtiō** Getränk · **gūstus** Abschmecken, Kosten · **explōrāre** erkunden, probieren · **solēre** pflegen · **dolus** List · **repertus:** *PPP von reperīre* (er-)finden · **īnstitūtum** Einrichtung · **prōdere** verraten
12. calidus warm
13. postquam nachdem · **fervor** Wärme, Hitze · **aspernārī** *(Dep.)* verwerfen, zurückweisen · **frīgidus** kalt · **affundere** hinzugießen · **pervādere** durchdringen · **spīritus** Atem, Leben · **rapere** wegraffen, rauben
14. trepidāre ängstlich hin und her laufen · **circumsedēre** ringsum sitzen · **diffugere** davonlaufen · **imprūdēns** unwissend · **intellēctus** Einsicht · **resistere** *(hier:)* sitzen bleiben · **intuērī** *(Dep.)* anblicken
15. crēber häufig · **morbus comitiālis** Epilepsie *(eigentlich: die auf die comitia, d. h. die Volksversammlung, bezügliche Krankheit, so benannt, weil der Anfall eines Epileptikers, der sich während einer Volksversammlung zutrug, deren Auflösung notwendig machte)* · **prīmā ab īnfantiā** seit frühester Kindheit · **afflīctāre** heimsuchen, peinigen · **sēnsus** Empfindung, Bewußtsein
16. repetere *(hier:)* wiederherstellen · **convīvium** Mahl · **laetitia** Fröhlichkeit

Übersetzen Sie diesen Text!

20.2. Klassifikation der Nebensätze

Man verwendet nebeneinander folgende drei Gesichtspunkte für die Klassifikation von Nebensätzen:

20.2.1. Klassifikation nach dem **einleitenden Wort**

Nebensätze werden entweder durch ein Relativpronomen oder durch eine Konjunktion eingeleitet.

20.2.2. Klassifikation nach dem **Inhalt**

Nach diesem Gesichtspunkt unterscheidet man:

1) Abhängige Begehrssätze, z. B.:
   (Ich wünsche / verlange / erlaube,) **daß** du kommst.
2) Abhängige Fragesätze, z. B.:
   (Ich frage mich,) **ob** du kommst.
3) Zeitsätze (Temporalsätze), z. B.:
   Als / Sooft /Während du da warst, . . .
4) Begründungssätze (Kausalsätze), z. B.:
   Da / Weil du gekommen bist . . .
5) Vergleichssätze, z. B.:
   Wie man sich bettet, (so schläft man.)
6) Zwecksätze (Finalsätze), z. B.:
   (Ich säe,) **damit** ich ernten kann.
7) Folgesätze (Konsekutivsätze), z. B.:
   (Ich bin so müde,) **daß** ich jetzt schlafen muß.
8) Bedingungssätze (Konditionalsätze), z. B.:
   Wenn die Sonne scheint, (gehen wir spazieren.)
9) Sätze, die einen Gegensatz enthalten (Adversativsätze), z. B.:
   (Ich langweilte mich,) **während** die anderen Gäste sehr vergnügt waren.
10) Einräumungssätze (Konzessivsätze), z. B.:
   (Ich kam zu spät,) **obwohl** ich mich beeilt hatte.
11) Erläuterungssätze (Explikativsätze), z. B.:
   (Das Sprichwort / Die Ansicht,) **daß** das Handwerk goldenen Boden hat, . . .

Dieselben Konjunktionen können verschiedene Arten von Nebensätzen einleiten, z. B.:

wenn:	Temporal- oder Konditionalsatz
während:	Temporal- oder Adversativsatz
wie:	abhängiger Fragesatz, Temporal- oder Vergleichssatz

20.2.3. Klassifikation nach dem **syntaktischen Verhältnis** des Nebensatzes zum übergeordneten Satz

Nach diesem Gesichtspunkt unterscheidet man:

1) Adverbialsätze, d. h. Sätze, die als freie Angabe zum Satzganzen hinzutreten, z. B. die Temporal-, Kausal-, Finalsätze usw.
2) Attributsätze, d. h. Sätze, die ein Subst. attributiv erläutern: die meisten Relativ- und die Explikativsätze
3) Subjektsätze, d. h. Sätze, die den Wert eines Sj haben, z. B. daß-Sätze bei unpersönlichen Ausdrücken („Es ist üblich, daß . . .“)
4) Objektsätze, d. h. Sätze, die den Wert einer E_{Akk} haben, z. B. Begehrssätze, die von einem aktivischen Verb abhängen („Ich wünsche, daß . . .“)

20.3. **Relativsätze**

20.3.1. Zum Beziehungswort des Relativpronomens

a) In S. 5 findet sich ein Relativpron. ohne Beziehungswort:
nec defuerunt, qui . . . referrent.
Im D muß in solchen Fällen das Beziehungswort oft ausdrücklich angegeben werden. Wie lautet es in der Übersetzung dieser Stelle?

b) Übersetzen Sie folgende Sätze und fügen Sie hierbei ein passendes Beziehungswort ein!
1) Quod imperaveras, uxori tuae nuntiare volui. (vgl. 19.1.4.)
2) Sunt, qui nomen rei anteponant. (vgl. 13.3.18.–19.)
3) Hanc rem animadvertit, qui mihi proximus accubabat. (vgl. 14.1.6.)
(accubāre „zu Tisch liegen")
4) Quae rei publicae necessaria ratus sum, paucis verbis demonstravi. (vgl. 16.1.15.)

In welchen Sätzen könnte man auch im D auf die Einfügung eines Beziehungswortes verzichten?

20.3.2. Konjunktiv in Relativsätzen

Der Konjunktiv im Relativsatz zeigt ein zusätzliches Sinnmoment an. Um was für ein Sinnmoment es sich handelt, kann nur dem jeweiligen Zusammenhang entnommen werden.

a) Besonders oft hat der Konj. im Relativsatz **finalen** Sinn, d. h. der konjunktivische Relativsatz gibt den Zweck der im übergeordneten Satz ausgedrückten Handlung an, z. B.:

Adhibere viros . . . animo intendit,	
qui iurarent . . .(20.1.2.)	. . . die schwören sollten . . .
Caesar magnum imperium cupivit,	
ubi virtus splendere posset. (6.1.9.)	(splendēre „glänzen")

Der Relativsatz hat in diesen Fällen denselben Sinn wie ein finaler ut-Satz mit einem entsprechenden Demonstrativpronomen, z. B.:
qui iurarent – ut ii iurarent
Ersetzen Sie *ubi . . . posset* durch einen entsprechenden Ausdruck mit *ut*!

b) Manchmal hat ein Relativsatz **kausalen** (begründenden) Sinn, z. B.:

Filium, qui cuncta ex ipsa haberet,	. . . der ihr doch alles zu
contumeliis insectata est. (20.1.5.)	verdanken habe . . .

c) Der Konjunktiv im Relativsatz tritt auch in formelhaften Wendungen auf, z. B.:

sunt, qui . . . non desunt, qui . . . reperiuntur, qui . . .	es gibt Leute, die . . .
dignus qui . . .	wert zu . . .

In derartigen Wendungen ist das zusätzliche Sinnmoment des Konj. schwer faßbar. Man kann es als **potential** (vgl. 19.3.1.) oder als **konsekutiv** bezeichnen. Im D wird es meist nicht ausgedrückt.
Nennen Sie Beispiele des Texts 20.1.!

d) Bestimmen Sie das zusätzliche Sinnmoment der folgenden Relativsätze!

1) Octavianus dispensatorem („Schatzmeister“) vocavit, qui pretium solveret. (vgl. 5.1.3.)
2) Cato et Caesar pariter digni erant, qui laudarentur. (vgl. 6.1.2.)
3) Nuntiatum est Simonidi duos iuvenes stare ad ianuam („Tür“), qui magnopere eum evocarent („herausrufen“). (vgl. 11.1.3.–4.)
4) Pater filiis virgulas („Zweige“) dedit, quas frangerent. (vgl. 17.2.5.)
5) Hanc brevem aetatem, quae nobis data sit, tam celeriter transcurrere („vorübereilen“) clamant. (vgl. 12.1.1.)
6) Tu homines esse opinaris, qui nomen rei anteponant. (vgl. 13.3.8.)

AGRIPPina AVGusta DIVI CLAVDii NERONIS CAESaris MATER

NERONI CLAVDio DIVI Filio CAESari AVGusto GERManico IMPeratori TRibuno Plebis / EX Senatus Consulto

Vorder- und Rückseite eines kaiserlichen Aureus

CLAVDIAE PHTHONGE / NVTRICI BRITTANNICI / APHNIVS CAESARIS AV·Gusti / AB EPISTVLIS CONTVBERNALI / OPTIME DE SE MERITAE
Inschrift eines Grabsteins aus Rom

20.4. Das Wort quod

20.4.1. *Quod* ist zunächst eine Form des Pronomens *qui, quae, quod:* der Nom. oder Akk. des n. Sing. Die Form wird – wie alle anderen Formen dieses Pron. – folgendermaßen verwendet:

- als Relativpron. (vgl. 5.3.)
- als adjektivisches Fragepron. (vgl. 18.4.2.)
- als adjektivisches Indefinitpron. (vgl. 19.9.2.)

20.4.2. Ferner wird *quod* als Konjunktion verwendet:

a) kausal („weil")

1) in objektiver Begründung mit Ind., z. B.:

Dominus servum virgis coercuit, quod nihil fecerat.	Der Herr prügelte seinen Sklaven, weil er nichts getan hatte. –

und zwar nach Ansicht des Sprechenden tatsächlich nicht.

2) in subjektiver Begründung mit Konj., z. B.:

Dominus servum virgis coercuit, quod nihil fecisset.	Der Herr prügelte seinen Sklaven, weil er nichts getan habe. –

und zwar nach Ansicht oder Aussage des Herrn.
Der Sprechende teilt die Meinung des Herren nur mit, ohne selbst Stellung zu nehmen; der *quod*-Satz (nur dieser!) steht hier in indirekter Rede.

b) als sogenanntes **faktisches,** d. h. eine Tatsache einleitendes *quod* („daß", „die Tatsache, daß", „was das betrifft, daß"), mit Ind., z. B.:

1) Homines mirati sunt, quod Simonides servatus erat. (vgl. 11.1.7.)
2) Agrippinae peropportune accidit, quod Britannicus adhuc vivebat. (vgl. 20.1.6.)

Übersetzen Sie diese Sätze! Erklären Sie, weshalb der entsprechende Satz in 20.1.6. im Konj. steht!
Suchen Sie im Text 20.1. nach einem weiteren derartigen Beispiel!

20.4.3. Übersetzen Sie folgende Sätze; ordnen Sie das *quod* jeweils einer der oben genannten Kategorien zu!

1) Malum tibi dabo, quod non fecisti, quod imperavi. (vgl. 19.1.8.)
2) Ignoscam tibi, quod mandata mea persecutus non es; quod autem venis irrisum me, non ignosco. (vgl. 19.1.8.)
   (mandātum „Auftrag"; irridēre „verspotten")
3) Narras mihi, quod non est. (vgl. 19.1.1.)
4) Agrippina Neronem vituperavit, quod amore libertae capiebatur / caperetur / captus erat / captus esset. (vgl. 20.1.1./3.)
5) Si quod consilium capimus de tota vita, maximam curam adhibere debemus.

20.5. Die Konjunktion cum

20.5.1. cum mit Indikativ („wenn“, „als“)

cum mit Ind. hat rein temporale Bedeutung, z. B.:

Cum taces, te accusas.	Wenn du schweigst, klagst du dich an.
Memento tempus illud, cum aegrotus eras.	Denke an die Zeit, als du krank warst.

Entnehmen Sie dem Text 12.1. ein weiteres Beispiel!

20.5.2. cum mit Konjunktiv („als“, „da“, „während“, „obwohl“)

a) *cum* mit Konj. leitet Temporalsätze mit einem zusätzlichen Sinnmoment ein (vgl. 20.3.2.). Das zusätzliche Sinnmoment ist bald kausal, bald adversativ oder konzessiv. In der Übersetzung braucht es oft nicht wiedergegeben zu werden, z. B.:

Octavianus, cum Antonium superavisset, Romam rediit. (5.1.1.)

Dieser *cum*-Satz enthält zwar außer der temporalen zugleich auch eine kausale Angabe (der Sieg über Antonius war Voraussetzung für Oktavians Rückkehr); gleichwohl wird man hier, da das temporale Moment vorherrscht, im D die Konjunktion „als“ oder „nachdem“ wählen, nicht die Konjunktion „da“ oder „weil“.

Doch in anderen Fällen ist das zusätzliche Moment so wichtig, daß man in der deutschen Wiedergabe je nach dem Zusammenhang eine kausale, adversative oder konzessive Konjunktion verwenden kann oder muß.

Beispiele:

1) Cum unus ex ministris cibos potionesque Britannici gustu explorare soleret, talis dolus repertus est . . . (20.1.11.)

   Dieser *cum*-Satz ist nur als Kausalsatz verständlich; die deutsche Entsprechung für *cum* muß hier daher „da“, „weil“ lauten.

2) Scopas cum suis interiit, cum Simonides a Castore et Polluce servatus esset. (nach 11.1.)

   Dieser *cum*-Satz ließe sich zwar auch als Temporalsatz verstehen. Nach dem Zusammenhang kommt es jedoch vor allem auf den Gegensatz an. Der *cum*-Satz ist demnach ein Adversativsatz; *cum* muß hier durch „während“ wiedergegeben werden.

3) Alexander, cum Parmenionis litteras accepisset, Philippo tamen salutem suam commisit. (nach 15.3.11.–12.)

   Dieser *cum*-Satz muß als Konzessivsatz verstanden werden (die Konjunktion *tamen* im übergeordneten Satz weist eigens darauf hin); die deutsche Entsprechung für *cum* lautet hier daher „obwohl“.

b) Übersetzen Sie die Beispielsätze zu 2) und 3)!

20.5.3. Übersetzen Sie die folgenden Sätze und bestimmen Sie nach den oben genannten Kategorien den Sinngehalt der *cum*-Sätze (vgl. zum Inhalt 11.1.)!

1) Cum Simonides carmen in honorem Scopae („zu Ehren des Skopas") scriptum cecinisset, ille nimis sordidus erat. (canere „singen")
2) Cum Simonides in illo carmine multa in honorem Castoris et Pollucis dixisset, Scopas sordidus erat.
3) Simonides, cum carmen in honorem Scopae scripsisset, tamen in eo multa de Castore et Polluce scripsit.
4) Cum omnes cenarent, Simonides nihil edere potuit. (edere „essen")
5) Cum omnes cenarent, Simonidi nuntiatum est, ut ad ianuam prodiret. (iānua „Tür")
6) Scopas Simonidi: „Cum tibi", inquit, „mercedem pro hoc carmine pactus sim, tibi dabo / non dabo, quod pactus sum." (mercēs „Belohnung"; pācīscī „vereinbaren")

20.6. Besonderheiten bei Temporalsätzen

20.6.1. **postquam** („nachdem"), **priusquam, antequam** („bevor")

Es macht keinen Unterschied, ob die Bestandteile dieser Konjunktionen als ein Wort oder getrennt geschrieben werden oder ob sie durch andere Wörter voneinander getrennt sind.
Vergleichen Sie:

Ne quis hanc rem in vulgus efferat, priusquam decreta erit! (18.1.3.)
Multo prius ante aedes stabam, quam eo adveni. (19.1.4.)

Dieselbe Zeitangabe kann also auf zweierlei Weise ausgedrückt werden:

anno post, quam principatum adeptus erat (20.1.1.)
anno, postquam principatum adeptus erat

20.6.2. **dum, donec, quoad** („während", „solange", „bis")

Ähnlich wie bei den Relativsätzen (vgl. 20.3.2.) findet sich bei den temporalen Konjunktionen *dum, donec, quoad* bald der Indikativ, bald der Konjunktiv:

a) Der Ind. bezeichnet die bloße Gleichzeitigkeit von Nebensatz und Hauptsatz („solange als").

b) Der Konj. hingegen deutet an, daß beim Nebensatz die Vorstellung eines Zieles mitspielt („solange bis", „bis daß"):
als bewußte Absicht des Handelnden, z. B.:

Alexander Tarsi paucos dies moratus est, dum exercitus se reficeret e laboribus. (vgl. 15.1.) (morārī „sich aufhalten"; sē reficere „sich erholen")

oder als Folge eines Geschehens, z. B.:

. . . eum accendit, donec obsequium in matrem recusaret. (20.1.4.)

Übersetzen Sie den ersten dieser Beispielsätze!

20.7. **Die Konjunktion ut**

20.7.1. ut mit Indikativ

a) Die Konjunktion *ut (sicut)* mit Ind. („wie“) leitet **Vergleichssätze** ein:
Ita est, ut loquor. (19.1.2.)
Alter altero familiariter utimur, sicut vobis notum est. (10.3.1.0.)
Der Vergleichssatz wird oft durch ein hinweisendes *ita, sic* o. ä. im übergeordneten Satz angekündigt.

b) Das vergleichende *ut* hat manchmal **temporale** Bedeutung („wie“, „sobald“), z. B.:
Ut aedes intrare volui, caesus sum. (vgl. 19.1.9.)
Übersetzen Sie diesen Satz!

20.7.2. ut mit Konjunktiv

a) *ut* mit Konj. („daß“) leitet abhängige **Begehrssätze** ein. Der *ut*-Satz ist hier Ergänzung, und zwar bei Verben der folgenden Bedeutungen:
1) fordern, wünschen, erlauben, z. B.:
Praecepit, ut pretium solveretur. (vgl. 5.1.3.)
2) dafür sorgen (darauf hinwirken), daß etwas geschieht, z. B.:
Faciant di, ut vana („leer, nichtig“) sint, quae dicis. (19.1.13.)

b) *ut* mit Konj. („damit“) leitet **Finalsätze** ein. Der *ut*-Satz ist hier freie Angabe, z. B.:
Eamus domum, ut malum habeas. (19.1.8.)

c) *ut* mit Konj. („daß“, „so daß“) leitet **Konsekutivsätze** ein. Der *ut*-Satz ist hier ebenfalls freie Angabe, z. B.:
Venenum ita totum corpus pervasit, ut vox et spiritus simul raperentur. (20.1.13)
Der Konsekutivsatz wird oft durch ein hinweisendes *ita, sic* im übergeordneten Satz angekündigt.

d) *ut* mit Konj. („daß“) leitet **Explikativsätze** ein, z. B.:
Mos erat, ut principum liberi . . . propria mensa uterentur. (20.1.10.)
Man kann diese Explikativsätze auch zu den Konsekutivsätzen rechnen.

e) Übersetzen Sie die folgenden Sätze; ordnen Sie das *ut* jeweils einer der oben genannten Kategorien zu!
1) Domum me praemisisti, ut, quod imperaveras,uxori tuae nuntiarem. (vgl. 19.1.4.) – 2) Virgo adeo eximia forma fuit, ut omnium oculos in se converteret. (vgl. 17.4.3. – convertere „wenden“) – 3) Scipio Allucio permisit, ut sponsam („Verlobte“) secum domum duceret. (vgl. 17.4.10. – permittere „erlauben“) – 4) Nero Britannico mortuo cenantes hortatus est, ut convivii laetitiam repeterent. (vgl. 20.1.16.) – 5) Utrum videtur utilius, unus ut duas uxores habeat, an ut una apud duos nupta sit? (18.1.8.)

20.8. Die Konjunktionen ne und ut non

20.8.1. Die Konjunktionen *ne* und *ut non* – stets mit Konjunktiv – sind die negativen Gegenstücke zu *ut* mit Konjunktiv.

a) ne steht in:
1) verneinten abhängigen **Begehrssätzen** (vgl. 20.7.2.a), z. B.:
Senatus statuit, ne quis eam rem ... in vulgus efferret. (18.4.3.)
2) verneinten **Finalsätzen** (vgl. 20.7.2.b), z. B.:
Dolus repertus est, ne institutum omitteretur. (vgl. 20.1.11.)

b) ut non steht in:
1) verneinten **Konsekutivsätzen** (vgl. 20.2.c), z. B.:
Vergilius ita gravi morbo affectus erat, ut domum redire non potuerit. (vgl. 9.1.13.)
2) verneinten **Explikativsätzen** (vgl. 20.7.2.d), z. B.:
Saepe accidit, ut cupiditates nostrae nos respirare („aufatmen") non sinant. (vgl. 12.1.6.)

c) Übersetzen Sie die Beispielsätze zu b)!

d) Verneinte Sätze lassen sich also genauer bestimmen als nicht verneinte.
Wie müßte S. 11 wiedergegeben werden, wenn es dort *ut institutum non omitteretur* hieße?

20.8.2. Die Konjunktion **ne** leitet abhängige Begehrssätze (Ergänzungssätze) nach den Ausdrücken des Fürchtens ein. Sie muß in diesem Falle durch „daß" wiedergegeben werden, z. B.:
Nero metuit, ne mater exsequeretur, quae minata erat. (20.1.9.)

20.9. Die Konjunktionen quin und quominus

quin und *quominus* (auch: *quo minus)* – stets mit Konj. – leiten insbesondere Ergänzungssätze bei Verben ein, die „verhindern", „abschrecken", „sich weigern" usw. bedeuten; der übergeordnete Satz hat negativen Inhalt, z. B.:
Paulum afuit, quin eam iusto matrimonio sibi coniungeret. (20.1.1.)
A principe non abstinuit, quominus diceret ... (20.1.6.)
... non recusare se, quin scelera sua patefaceret. (20.1.8.)
Die deutsche Entsprechung für *quin* und *quominus* lautet meist „daß", für *quin* manchmal „daß nicht", „ohne daß"; statt dessen kann oft eine Infinitiv-Konstruktion benutzt werden.

Beachten Sie:
Das Wort *quin* kommt – außer als Konjunktion – in dem Ausdruck *quin etiam* („ja sogar") vor (vgl. 7.1.11).

Lernvokabeln

a) Verben

adipīscī *(Dep.)*	adipīscor	adeptus sum		erlangen, bekommen
ad'hibēre (habēre 1)	adhibeō	adhibuī	adhibitum	anwenden, hinzuziehen
in'tendere (in'tentus 6, con'tendere 9)	intendō	intendī	intentum	(sich) anspannen
animō intendere				beabsichtigen
iūrāre (iūs 19)	iūrō	iūrāvī	iūrātum	schwören
dē'esse (esse 10)	dēsum	dēfuī		fehlen
re'ferre (ferre 11)	referō	rettulī	relātum	(zurück-)bringen, berichten
abs'tinēre (tenēre 12)	abstineō	abstinuī	abstentum	fernhalten, sich enthalten
sus'cipere (capere 7)	suscipiō	suscēpī	susceptum	übernehmen
oc'cīdere (caedere 19)	occīdō	occīdī	occīsum	niederhauen, töten
minārī *(Dep.)*	minor	minātus sum		drohen
sedēre	sedeō	sēdī	sessum	sitzen
ex'plōrāre	explōrō	explōrāvī	explōrātum	erkunden
solēre *(Semidep.)*	soleō	solitus sum		pflegen, gewohnt sein
reperīre	reperiō	repperī	repertum	finden
prōdere (dare 2)	prōdō	prōdidī	prōditum	mitteilen, verraten
rapere	rapiō	rapuī	raptum	wegraffen, rauben
re'sistere (cōn'sistere 8)	resistō	restitī		sich widersetzen (*hier* sitzen bleiben)
morārī *(Dep.)*	moror	morātus sum		(sich) aufhalten
re'ficere (facere 10)	reficiō	refēcī	refectum	wiederherstellen
per'mittere (mittere 7)	permittō	permīsī	permissum	überlassen, erlauben

b) Substantive

locus, -ī *m.*	Platz, Stelle
venēnum, -ī *n.*	Gift
caedēs, caedis *f.* (caedere 19)	Morden, Mord
līberī, -ōrum *m. Plur.*	Kinder
īnstitūtum, -ī *n.*	Einrichtung
sēnsus, -ūs *m.* (sentīre 10)	Empfindung, Sinn, Verstand

c) Adjektive

iūstus, -a, -um (iūs 19, iūrāre)	gerecht, rechtmäßig
cōnsulāris, -is, -e (cōnsul 4)	zu einem Konsul gehörig; *(Subst.:)* ehemaliger Konsul
dīgnus, -a, -um *(mit Abl. oder konjunktivischem Relativsatz)*	würdig
propinquus, -a, -um (prope 7)	benachbart, verwandt; *(Subst.:)* Verwandter
crēber, crēbra, crēbrum	zahlreich, häufig

d) Pronomina

quantus, -a, -um	wie groß
quantō ... eō (tantō) *(beim Komp.)*	je ... desto *(beim Komp.)*

e) Konjunktionen

postquam (post ... quam)	nachdem
quīn *(mit Konj.)*	daß (, ohne daß)
quōminus *(mit Konj.)*	daß
dōnec	(so lange) bis
quod	weil, daß
antequam (ante ... quam)	bevor

f) Sonstige Wörter

paulum	(ein) wenig
adhūc	bis jetzt, noch
palam	öffentlich

g) Wendungen

sunt quī reperiuntur quī nōn dēsunt quī	*(mit Konj.)*	es gibt Leute, die

ADMIROR TE PARIES NON CECIDISSE ruinis / QVI TOTT SCRIPTORVM TAEDIA SVSTINEAS

Graffito aus Pompeji

21 Probleme der Berufswahl

Im Jahre 44 v. Chr. – kurz nach Caesars, ein Jahr vor dem eigenen Tod – schrieb Cicero sein letztes philosophisches Werk, das eines seiner berühmtesten wurde: ‚Über die Pflichten' (‚De officiis').

Der Titel klingt nach säuerlicher Moral und umständlicher Kathederweisheit. Die Schrift selbst widerlegt derlei Vermutungen: Sie sucht ohne Rigorismus und in flüssigem Stil zum richtigen Handeln anzuleiten. Die Lebenspraxis, der sie dienen möchte, trägt freilich für uns manchen fremdartigen Zug: Dem Verfasser steht die Sphäre des römischen Aristokraten vor Augen.

Diese Sphäre bestimmt auch die hier ausgewählte Partie: Es geht nicht darum, ob jemand Handwerker oder Kaufmann, Arzt oder Architekt werden solle, es geht um die Wahl unter aristokratischen Betätigungen, um die Laufbahn eines Offiziers, um den Wirkungskreis eines Juristen oder Prozeßredners, um die Existenz eines Gelehrten. Gleichwohl lassen sich Ciceros Darlegungen auf die heutige Wirklichkeit beziehen: das Leitbild der Eltern, der Einfluß der Mode, die individuelle Anlage, die Möglichkeit eines Fehlgriffs – alle diese Dinge spielen gewiß auch jetzt noch eine gewichtige Rolle.

21.1. **Grundtext** (1. Teil; Fortsetzung: 21.6.)

1. A nostra voluntate proficiscitur, quam personam gesturi simus: 2. Nobis ipsis igitur *constituendum est,* quos nos et quales et in quo genere vitae esse velimus. Haec autem deliberatio omnium est difficillima. 3. Ineunte enim adulescentia genus *aetatis degendae* constituere debemus; 4. ineunte adulescentia etiam Herculi *deligenda erat* via. 5. Natura nobis id tempus, quo nondum *experiendo* docti sumus, dedit *ad deligendum,* quam viam ingressuri simus. 6. Itaque aliquo certo genere cursuque *vivendi* implicamur, antequam potuimus, quid optimum esset, iudicare.

1. Es hängt von unserem Willen ab, welche Rolle wir einmal spielen wollen: 2. Wir selbst müssen also bestimmen, wer und wie wir sein und in welcher Lebensform wir existieren wollen. Diese Überlegung ist aber die schwerste von allen. 3. Denn schon zu Beginn des Jugendalters müssen wir die Art und Weise unserer Lebensführung bestimmen; 4. zu Beginn des Jugendalters mußte auch Herkules seinen Weg wählen. 5. Die Natur hat uns diese Zeit, in der wir noch nicht durch Erfahrung klug geworden sind, gegeben, zu wählen, welchen Weg wir einschlagen werden. 6. So binden wir uns also an eine bestimmte Lebensform und -bahn, bevor wir noch beurteilen können, welches die beste ist.

21.2. **nd-Formen**

Dieser Text enthält sechs Verb-Formen die zusammengesetzt sind aus:
Präsens-Stamm eines Verbs + nd + Endung der o/a-Dekl.
Wir nennen sie daher nd-Formen.

Bestimmen Sie Kasus, Numerus und Genus dieser sechs Formen!

Die nd-Formen kommen in drei Verwendungsweisen vor. Diese werden in den Abschnitten 21.3. bis 21.5. vorgeführt.

21.3. Typ I: **Gerundium**

Diesen Gebrauch der nd-Formen kennen wir seit L. 6. Die nd-Form läßt sich hier als **deklinierter Infinitiv** des Verbs auffassen, ungefähr entsprechend dem großgeschriebenen Inf. im D („beim Lesen" und ähnliches; vgl. 6.4.2.).

21.3.1. **a)** Im Text 21.1. finden sich folgende Gerundium-Formen:

S. 5:	experiendo	durch das Erfahren, durch Erfahrung
S. 5:	ad deligendum	zum Auswählen, zur Auswahl
S. 6:	vivendi	des Lebens

b) Stellen Sie weitere Gerundium-Formen aus den Sätzen 6.1.5., 18.1.6. und 18.1.16. zusammen!

c) Das Gerundium von Deponentien wird genauso gebildet wie das von den übrigen Verben.
Aus welchem dieser Beispiele geht das hervor?

21.3.2. Das Gerundium kommt nur in bestimmten Formen vor; es läßt sich deshalb leicht von den übrigen nd-Formen unterscheiden.
Stellen Sie fest, welche Kasus, welche Numeri und welche Genera in den Formen der Texte 6.1., 18.1. und 21.1. vertreten sind!

21.3.3. Die Beschränkungen in den Numeri und Genera ergeben sich daraus, daß das Gerundium als „deklinierter Infinitiv" dient. Beim Inf. kommt ein Plur. ebensowenig in Betracht wie ein natürliches Geschlecht (m. oder f.); daher tritt das Neutrum als Merkmal der Geschlechtslosigkeit ein.

21.3.4. Auch im Gebrauch des Kasus bestehen Beschränkungen.
Vergleichen Sie die Ihnen bekannten Gerundium-Formen mit den Inf. der folgenden Sätze:

Cives victorem salutare cupiebant. (5.1.2.)
Vergilius in Graeciam et Asiam secedere („weggehen") statuit. (9.1.10.)
Nos non exiguum („wenig") tempus habere, sed multum perdere apparet. (12.1.3.)
Omnia interire necesse est. (16.1.7.)

a) Welche Kasus werden in diesen Sätzen durch die Infinitiv- oder A.c.I.-Konstruktionen vertreten?
b) Wie muß also die Behauptung, das Gerundium werde als deklinierter Inf. verwendet, eingeschränkt werden?

21.3.5. Wir halten fest:
Das **Gerundium** tritt nur im **Genitiv, Dativ, Akkusativ** (nur **mit Präposition**) und **Ablativ** (jeweils Sing. n.) auf. Der Nominativ und der reine (präpositionslose) Akkusativ werden durch den Infinitiv ausgedrückt.

a) Der Dat. ist selten. Beim Akk. erscheint als Präp. meist *ad*. Der Abl. kommt mit und ohne Präp. vor.

b) Demnach läßt sich die folgende Kasus-Tabelle aufstellen:

	Infinitiv	Gerundium
Nom.	vivere	–
Gen.	–	vivendi
Dat.	–	vivendo
Akk.	vivere	ad vivendum
Abl.	–	vivendo

c) Geben Sie an, weshalb die drei bisher noch nicht bestimmten nd-Formen des Textes 21.1. nicht Gerundium sein können!

21.3.6. Für die Übersetzung des Gerundiums gibt es folgende Möglichkeiten:
- Infinitiv mit „zu", z. B.:
  cupidus audiendi — begierig zu hören (18.1.6.)
- substantivierter Infinitiv, z. B.:
  prudentia tacendi — Weisheit des Schweigens (18.1.16.)
- von einem Verb abgeleitetes Substantiv auf -ung oder anders gebildetes Substantiv, z. B.:
  ad inquirendum — zur Nachforschung (18.1.6.)
  ad deligendum — zur Auswahl (21.1.5.)

21.3.7. Das Gerundium wird vor allem in folgenden Funktionen verwendet:
a) im **Genitiv:**
1) als nähere Bestimmung von Substantiven, z. B.:
tempus loquendi — Redezeit
studium discendi — Lerneifer
2) als nähere Bestimmung von Adjektiven, z. B.:
cupidus bibendi — begierig zu trinken

b) im **Akkusativ:**
als Angabe des Ziels oder der Absicht, z. B.:
tempus sumere ad cenandum — sich Zeit zum Essen nehmen

c) im **Ablativ** als Angabe:

1) ohne Präp. als Angabe des Mittels oder der Art und Weise (vgl. 9.3.1.c.), z. B.:

docendo discimus	durch Lehren lernen wir

2) mit Präp. (vor allem *in*), z. B.:

in deligendo	bei der Auswahl

d) Geben Sie an, in welche dieser Kategorien die Gerundia der Texte 6.1., 18.1. und 21.1. gehören!

21.3.8. **a)** Ordnen Sie je einem der links stehenden Ausdrücke je eines der rechts stehenden Gerundia so zu, daß sich fünf sinnvolle Verbindungen ergeben, und übersetzen Sie sie:

1) sciens	a) ad narrandum
2) deest tempus	b) quaerendo et interrogando
3) multum discitur	c) in scribendo
4) occupatus sum	d) iudicandi

b) Übersetzen Sie:
Scribere scribendo, dicendo dicere disces.

21.4. Typ II: **Attributive nd-Form**

(nd-Form als adjektivisches Attribut bei einem Substantiv)

21.4.1. Beispiel:

genus aetatis degendae	die Art der Lebensführung, die Art, sein Leben zu verbringen

a) Die nd-Formen dieses Typs haben zweierlei mit dem Gerundium gemeinsam:

- Sie werden genauso übersetzt wie das Gerundium (vgl. 21.3.6.)
- Sie werden syntaktisch genauso verwendet wie das Gerundium (vgl. 21.3.7.).

b) Im Unterschied zum Gerundium ist ihnen jedoch folgendes eigentümlich:
Sie treten stets in Verbindung mit einem Subst. auf, mit dem sie in Kasus, Numerus und Genus übereinstimmen. Aus diesem Grunde gibt es bei ihnen keine Einschränkungen im Numerus und im Genus: Sie kommen im Sing. und Plur., im m., f. und n. vor, je nach der Form des Subst., mit dem sie verbunden sind. Sie treten also wie Adjektive auf.

c) Diese Übereinstimmungen und Abweichungen lassen sich folgendermaßen erklären:
Das Gerundium hat, obwohl es eine Verb-Form ist, sehr selten eine Ergänzung bei sich.

Beispiel:

studium discendi, cupidus bibendi, in deligendo, in scribendo

In diesen Ausdrücken wird nur gesagt, daß gelernt, getrunken, ausgewählt, geschrieben wird, aber nicht, was gelernt, getrunken, ausgewählt, geschrieben wird.

Wenn nun auch dies mitgeteilt werden sollte, dann würde man an sich eine E_{Akk} erwarten, also etwa:

in deligendo viam „beim Einen-Weg-Auswählen"

in scribendo litteras „beim Einen-Brief-Schreiben"

Diese Verbindung wird jedoch meist vermieden und durch den zweiten Typ der nd-Formen (Attr. bei einem Subst.) ersetzt, z. B.:

in deligenda via – in scribendis litteris

21.4.2. **a)** Um diese Konstruktion in ihren typischen Zügen zu erfassen, setzen wir zu *deligere* einige Subst., die bei diesem Verb als E_{Akk} dienen können, und beobachten die Bildung der attributiven nd-Form in den Kasus Akk. und Abl. mit Präp.:

Verb + E_{Akk}	attributive nd-Form *ad* m. Akk.	 *in* m. Abl.
deligere amicum	ad deligendum amicum	in deligendo amico
deligere amicam	ad deligendam amicam	in deligenda amica
deligere amicos	ad deligendos amicos	in deligendis amicis

b) Wodurch wird in diesen Beispielen Kasus, Numerus und Genus der nd-Form festgelegt?
Wodurch wird der Kasus des zugehörigen Subst. festgelegt?

c) Die Eigenart dieser Konstruktion ist folgende:
Bedeutungsmäßig ist das Subst. von der nd-Form abhängig, wie eine E_{Akk} vom Verb (z. B. *amicum* von *deligere*).
Syntaktisch dagegen ist die nd-Form wie ein Adj. vom Subst. abhängig (z. B. *deligendo* von *amico,* wonach es sich in der Form richtet).
deligendo amico ist also als Umformung von *deligere amicum* aufzufassen: Es wird syntaktisch eine neue Struktur hergestellt, wobei jedoch die Bedeutung der Ausgangsform erhalten bleibt.

d) Übersetzen Sie die Beispiele unter 21.4.2.a)!

21.5. Typ III: **nd-Form als Ergänzung bei esse und videri**

Diese Verwendungsmöglichkeit der nd-Formen unterscheidet sich von den beiden bisher betrachteten sowohl in der syntaktischen Konstruktion als auch in der Bedeutung und Übersetzung.

21.5.1. Zur syntaktischen Konstruktion

Der Kern der Konstruktion besteht aus zwei Elementen:

nd-Form + esse, z. B.:

constituendum est	es muß festgelegt werden (S. 2)

Es finden sich jedoch bei dieser Konstruktion oft weitere, für sie nicht unbedingt erforderliche Elemente, z. B.:

Herculi deligenda erat via.	Herkules mußte einen Weg auswählen.

Es handelt sich hierbei um folgende Elemente:

- ein Subst., mit dem die nd-Form in Genus und Numerus übereinstimmt (siehe hierzu 21.5.2.)
- eine Täterangabe im Dat. *(Herculi)* (siehe hierzu 21.5.3.)

21.5.2. **a)** Untersuchen Sie folgende Sätze!

1) Via deligenda erat.	Ein Weg mußte ausgewählt werden.
2) Leges observandae sunt.	Die Gesetze müssen beachtet werden.
3) Servus pugnis caedendus fuit. (vgl. 19.1.9.)	Der Sklave mußte mit Faustschlägen traktiert werden.

Welchen Satzteil bildet das Subst., mit dem die nd-Form übereinstimmt? Welcher Satzteil ist die nd-Form?

b) Diese Konstruktion unterscheidet sich deutlich von den in 21.4. betrachteten attributiven nd-Formen:

- Bei den attributiven nd-Formen ist das zugehörige Subst. unerläßlich, hier kann es fehlen.
- Die nd-Form mit *esse* und Subst. stellt einen vollständigen Satzkern (Sj + verbale Aussage, bei der die nd-Form als E_{Nom} auftritt) dar; die attributive nd-Form bildet dagegen zusammen mit dem zugehörigen Subst. einen beliebigen Satzteil, nie jedoch das Sj.

c) Wenn ein zugehöriges Subst. fehlt, tritt die nd-Form stets im n. Sing. auf (das Neutrum bezeichnet hier wieder das Fehlen des Genus; vgl. 21.3.3.), z. B.:

1) Constituendum est, quos nos esse velimus. (21.1.2.)	
2) Philosophandum est.	Es soll (muß) philosophiert werden.
3) Nunc est bibendum.	Jetzt muß getrunken werden.
4) Curandum est, ut rectam viam deligamus.	Es muß dafür gesorgt werden, daß wir den richtigen Weg auswählen.

Zwei dieser Sätze haben überhaupt kein Sj; welche? Die beiden anderen haben ein Sj, jedoch nicht in der Form eines Subst. im Nom.: In welcher Form finden Sie dort die Sj?

21.5.3. Täterangabe und Täterverschweigung

a) Sätze mit nd-Form + *esse* lassen sich als passivische Sätze bestimmen, da sie in wesentlichen Eigenschaften mit gewöhnlichen Passiv-Sätzen übereinstimmen (vgl. 7.3.):

1) Der von der Handlung betroffene Gegenstand ist Sj, wie im gewöhnlichen Passiv-Satz. Vergleichen Sie folgende Sätze:
Via deligitur. Der Weg wird gewählt.
Via deligenda est. Der Weg muß gewählt werden.

2) Der Täter der Handlung kann verschwiegen werden. Wenn er genannt wird, erscheint er in Form einer freien Angabe.
Vergleichen Sie:
Via deligitur ab Hercule. (Täterangabe durch *a* mit Abl.)
Via deligenda est Herculi. (Täterangabe durch Dat.)
Übersetzen Sie diese beiden Sätze!

b) Sätze mit nd-Form + *esse* können also ohne Wechsel des Sj in gewöhnliche Passiv-Sätze umgeformt werden.
Formen Sie unter Wahrung des Tempus alle Sätze in 21.5.2.a) sowie die Sätze 1., 3. und 4. in 21.5.2.c) um! (*philosophandum* kann nicht ins gewöhnliche Pass. transformiert werden, da es von dem Dep. *philosophari* gebildet ist.)

21.5.4. Zur Bedeutung und Übersetzung

a) Bei der Umformung
Via deligitur. ⟶ Via deligenda est.
tritt das für die nd-Form + *esse* charakteristische Bedeutungsmoment zutage: das „Müssen" (oder „Sollen").

b) Für die Übersetzung gibt es vor allem drei Möglichkeiten:

	bei Angabe des Täters (Herculi via deligenda est.)	bei Täterverschweigung (Via deligenda est.)
Übersetzung mit „müssen" im Akt.	Herkules muß einen Weg auswählen.	Man muß einen Weg auswählen.
Übersetzung mit „müssen" im Pass.	Von Herkules muß ein Weg ausgewählt werden.	Ein Weg muß ausgewählt werden.
Übersetzung mit „ist zu"	Von Herkules ist ein Weg auszuwählen.	Es ist ein Weg auszuwählen.

In der linken Spalte ist die erste Übersetzung (in der der „Täter" die Subjektsrolle erhält) die geläufigste. In der rechten Spalte sind alle drei Übersetzungen gleich gut.

c) Wenn die Gruppe „nd-Form + *esse*" verneint wird, wird aus dem Müssen in der Regel ein Nicht-Dürfen (nicht nur ein Nicht-Müssen), z. B.:

Servus pugnis caedendus non fuit.	Der Sklave durfte nicht mit Faustschlägen traktiert werden.

Übersetzen Sie folgende Sätze!
1) Identidem bibendum non est. (identidem „andauernd") – 2) Cura valetudinis regiae medico neglegenda non erat. (vgl. 15.3. – valetudo regia „das gesundheitliche Befinden des Königs") – 3) Loquendum non erat.

21.5.5. nd-Form als Ergänzung bei *videri*

a) Wenn – besonders in höflicher Redeweise – kein unbedingtes Müssen ausgedrückt werden soll, dann tritt das Verb *videri* („scheinen") an die Stelle von *esse,* z. B.:

Cura adhibenda videtur.	Sorgfalt scheint angewendet werden zu müssen. Man muß, wie es scheint, Sorgfalt anwenden.

Übersetzen Sie folgende Sätze!
1) Semper philosophandum videtur/non videtur. – 2) De hac re mihi quaestio habenda videtur. (nach 19.1.13. – quaestionem habere „eine Untersuchung anstellen") – 3) Loquendum non videtur.

b) Manchmal tritt *videtur* zu der Gruppe (nd-Form + *esse*) hinzu, ohne daß *esse* wegfällt, z. B.:
Cura adhibenda esse videtur.
So ergibt sich eine N.c.I.-Konstruktion, abhängig von *videtur* (vgl. 13.7.).

21.5.6. Die nd-Form als Ergänzung bei *esse/videri* richtet sich nach dem Subjekt (vgl. 21.5.1.). Sie ist in den bisherigen Beispielen als E_{Nom} aufgetreten. Wenn das Sj zu einem A.c.I. gehört und demzufolge im Akk. steht, dann erscheint die nd-Form ebenfalls im Akk.

a) Vergleichen Sie folgende Sätze!

Seneca dicit: „Semper philosophandum est."	Seneca dicit semper philosophandum esse.
Amphitruo dixit: „Mihi quaestio habenda est de hac re." (vgl. 19.1.13.)	Amphitruo dixit sibi quaestionem habendam esse de ea re.

b) Machen Sie die Sätze in 21.5.2.a) als A.c.I. abhängig von: *Non ignoramus*!

21.5.7. Inwiefern läßt sich der dritte Typ der nd-Formen (Ergänzung bei *esse* und *videri*) eindeutig von den beiden anderen Typen (Gerundium, attributive nd-Form) unterscheiden? (Achten Sie auf den Kasusgebrauch!)

21.6. **Grundtext** (2. Teil)

7. Plerumque parentes nobis imitandos proponimus; 8. alii multitudinis iudicio feruntur, et quae maiori parti pulcherrima videntur, ea maxime sequenda putant.

7. imitārī *(Dep.)* nachahmen · **prōpōnere** vor Augen stellen

9. Sed in tota vita constituenda imprimis cura est adhibenda, ut in perpetuitate vitae constare nobis ipsis possimus.

9. imprīmīs vor allem · **perpetuitās** Dauer · **cōnstāre** feststehen *(cōnstāre sibi* mit sich selbst übereinstimmen)

10. Ad hanc autem rationem quoniam maximam vim habet natura nostra, ad eam praecipue consilium est revocandum eiusque habenda ratio in deligendo genere vitae.

10. ratiō *(hier:)* Prinzip · **vīs** *(hier:)* Bedeutung, Gewicht · **praecipuē** vornehmlich · **cōnsilium revocāre ad aliquid** die Planung auf etwas ausrichten · **ratiōnem habēre alicuius** Rücksicht auf etwas nehmen

11. Qui igitur ad naturae suae genus consilium vivendi omne contulerit, is constantiam teneat, nisi forte intellexerit se in deligendo erravisse.

11. cōnsilium cōnferre = *cōnsilium revocāre* · **cōnstantia** Beständigkeit · **forte** zufällig

12. Quod si acciderit (potest autem accidere), facienda morum studiorumque mutatio est.

12. mūtātiō Änderung

13. Commutato autem genere vitae omni ratione curandum est, ut id bono consilio fecisse videamur.

13. (com)mūtāre ändern · **cūrāre** sorgen

Übersetzen Sie diesen Text!

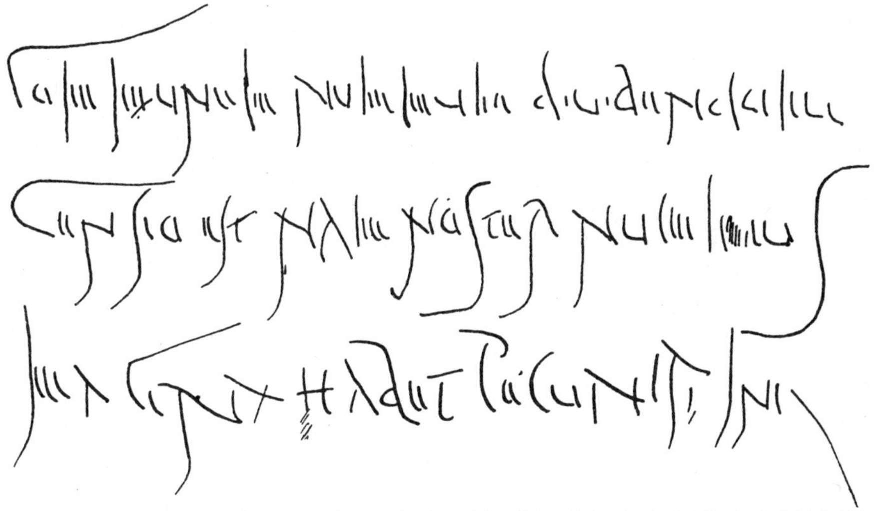

COMMVNEM NVMMVM DIVIDENDVM / CENSIO EST NAM NOSTER NVMMVS / MAGNAm HABET PECVNIAM
Graffito aus Pompeji

21.7. **nd-Formen** (Abschluß)

21.7.1. Stellen Sie die nd-Formen der Sätze 9–13 zusammen und ordnen Sie sie den drei Typen zu, die wir kennengelernt haben!

21.7.2. In Satz 7 und 8 finden Sie je eine weitere nd-Form. Sie gehören beide zum Typ III (nd-Form als Ergänzung bei Verben).
Weisen Sie dies nach, indem Sie folgendes feststellen:
- die beiden Verben, zu denen die nd-Form als Ergänzung tritt;
- das für diese nd-Formen charakteristische Bedeutungsmoment;
- den Kasus dieser nd-Formen.

21.7.3. nd-Formen als Ergänzung bei weiteren Verben
Es gibt (neben *esse* und *videri*) zwei Gruppen von Verben, zu denen nd-Formen als Ergänzung treten können:

a) Verben, die ein „halten für . . ." zum Inhalt haben, z. B.:

Senatus prudentiam pueri laudandam putavit. (vgl. 18.1.)	Der Senat glaubte die Klugheit des Jungen loben zu müssen. Der Senat hielt die Klugheit des Jungen für lobenswert.

Diese Ausdrucksweise unterscheidet sich nur durch das Fehlen des Verbs *esse* von einem A.c.I.:
Senatus prudentiam pueri laudandam esse putavit.

b) Verben, die ein „geben, aushändigen, darbieten zu einem bestimmten Zweck" zum Inhalt haben, wie *dare, tradere, permittere, committere, relinquere, curare;* in der nd-Form wird dann dieser Zweck ausgedrückt; z. B.:

Parentes nobis imitandos proponimus.	Die Eltern stellen wir uns zur Nachahmung (als Nachzuahmende) vor Augen.

c) Übersetzen Sie folgende Sätze!
1) Verba tua audienda non puto. – 2) Papirius sibi tacendum putavit. (vgl. 18.1.) – 3) Scipio sponsam („Braut") Allucii servandam existimavit. (vgl. 17.4.10.) – 4) Scipio sponsam Allucio domum ducendam tradidit. (vgl. 17.4.10.) – 5) Philippus Alexandro medicinam bibendam dedit. (vgl. 15.3.12.) – 6) Pater filiis virgas („Zweige") frangendas dedit. (vgl. 17.2.5.)

21.7.4. Die Deponentien bilden nd-Formen derselben Typen und derselben Bedeutung wie die übrigen Verben (vgl. 21.3.1.c).
Welche der in 21.6. auftretenden nd-Formen stammen von Dep.?

21.7.5. nd-Formen Zusammenfassung

Wir haben drei Verwendungsweisen der nd-Formen kennengelernt:

I. Typ: **Gerundium** („deklinierter Inf.“), insbesondere
- im Genitiv bei Substantiven oder Adjektiven
- im Akkusativ mit Präposition (meist *ad*)
- im Ablativ mit oder ohne Präposition (meist *in*)

Übersetzung mit Inf. oder Verbalsubst. (oft auf -ung)

II. Typ: **Attributive nd-Form** (stimmt im Kasus, Numerus und Genus mit einem Subst. überein und bildet mit ihm zusammen eine Wortgruppe im Satz)
Tritt in denselben Kasus auf wie das Gerundium und wird ebenso übersetzt.

III. Typ: **nd-Form als Ergänzung** bei einem Verb, und zwar
- bei *esse* und *videri* im Nominativ (bzw. im A.c.I. im Akk.)
- bei *putare* u. ä. sowie bei *dare* u. ä. im Akk.

Kennzeichnendes Bedeutungsmoment: „müssen“.
Oft erweitert durch eine Täterangabe im Dativ.
Da die nd-Formen des Typs III nur im Nom. oder im präpositionslosen Akk. auftreten, lassen sie sich schon rein äußerlich von den anderen nd-Formen unterscheiden, die gerade in diesen beiden Kasus nie vorkommen.*

21.8. Übungen

21.8.1. Übersetzen Sie die folgenden Sätze; ordnen Sie die nd-Formen den drei Typen zu!

1) Iudici utraque pars audienda est. 2) Iudex utramque partem audiendam putat. 3) Occasio intrandi non erat. (vgl. 19.1.10. – occāsiō „Gelegenheit“) 4) Occasio domus intrandae non erat. 5) Servus nesciebat, quid faciendum esset. (vgl. 19.1.9. – nescīre „nicht wissen“) 6) Pater narrando filios docuit. 7) Pater narrando exemplo finem litigandi facere voluit. (vgl. 17.2. – lītigāre „streiten“) 8) Concordia vobis servanda est. 9) Tacendum erat de decretis senatus. 10) Decreta senatus efferenda non erant. (vgl. 18.1.) 11) Cicero demonstrat naturae repugnandum non esse. (vgl. 21.6.10. – repūgnāre „sich widersetzen“)

21.8.2. Zu welchen der Sätze unter 21.8.1. passen die folgenden Dat. als Täterangaben bei der nd-Form?

pueris · sibi · hominibus · Papirio

---

* nd-Formen mit dem Bedeutungsmoment „müssen“ werden gelegentlich auch attributiv verwendet. So kann man sagen:

Facinora laudanda fecit. Er hat lobenswerte Taten vollbracht.

Diese Verwendung ist aus Typ III hervorgegangen:

Facinora fecit, quae laudanda sunt.

Nur in diesen Fällen kann eine attributive nd-Form im Nom. oder im präpositionslosen Akk. auftreten.

21.9. **Zusätzliche Übungen**

21.9.1. Die folgenden Sätze beziehen sich auf den Text 16.1.: Bringen Sie die eingeklammerten Wörter in die Form, die zur Übersetzung paßt.

1) Caesar adversarios (bellare) vicerat.
   Caesar hatte seine Gegner durch seine Kriegführung besiegt.
2) (Victoria/exercere) omnia bene constituere voluit.
   Durch Ausnützung seines Sieges wollte er alles in guten Stand bringen.
3) Milites autem eum ad (praeda/quaerere) hortabantur.
   Die Soldaten aber drängten ihn dazu, Beute zu erwerben.
4) In (pax/firmare) (considerare) erat, qualis esset status rei publicae.
   Bei der Sicherung des Friedens mußte bedacht werden, wie der Zustand des Staates war.
5) Nefariorum hominum (studia/removere/Caesar/esse).
   Die Bestrebungen gewissenloser Leute mußte Caesar zurückweisen.
6) Cum urbi Romae fatum (interire) advenerit, cives cum civibus manus conserent.
   Wenn einst für die Stadt Rom das Schicksal des Untergangs gekommen sein wird, werden die Bürger Hand aneinander legen.
7) Fessi (pugnare) regi alieno praedae erunt.
   Müde vom Kampf werden sie einem auswärtigen König zur Beute fallen.
8) Sallustius (Caesar/concordia/firmare) et (discordiae mala/expellere) existimavit.
   Sallust war der Meinung, Caesar müsse die Einigkeit stärken und die Nachteile der Uneinigkeit abschaffen.
9) Studium (pecunia/quaerere) e civitate (expellere/esse).
   Der Drang nach Gelderwerb muß aus der Bürgerschaft ausgetrieben werden.

21.9.2. **a)** Stellen Sie nach 21.4.2.a) eine Tabelle her:
In der linken Spalte stehen: *deligere viam, scribere litteras, degere aetatem* („sein Leben verbringen, führen"), *constituere poenas* („Strafen festsetzen")
Tragen Sie die zugehörigen nd-Konstruktionen (abhängig von *ad* und *in*) in die mittlere und rechte Spalte ein! Übersetzen Sie die nd-Konstruktionen!

b) Wie würde der Ausdruck mit Gerundium und E_{Akk} lauten, der dem Ausdruck *genus aetatis degendae* (21.1.3.) entspricht?

c) Formen Sie die folgenden Gerundia mit den daneben genannten E_{Akk} in attributive nd-Formen um! Übersetzen Sie das Ergebnis!

	Gerundium	E_{Akk}
1) deest tempus	ad narrandum	a) rem iucundam („etwas Erfreuliches") b) res iucundas
2) multum discitur ... et	quaerendo interrogando	causas rerum („Ursachen der Dinge") virum doctum
3) occupatus sum	in scribendo	epistulam
4) sciens	iudicandi	causam („Rechtsstreit")

Lernvokabeln

a) Verben

prōficīscī *(Dep.)*	profi- cīscor	profectus sum		sich aufmachen, aufbrechen
gerere	gerō	gessī	gestum	tragen, (aus)führen
dē'ligere (legere 10)	dēligō	dēlēgī	dēlēctum	auswählen
experīrī *(Dep.)*	experior	expertus sum		versuchen, erfahren
discere	discō	didicī		lernen
sūmere	sūmō	sūmpsī	sūmptum	nehmen, an sich nehmen
cūrāre (cūra 6)	cūrō	cūrāvī	cūrātum	sorgen, besorgen
neglegere	neglegō	neglēxī	neglēctum	nicht beachten, vernachlässigen
prō'pōnere (pōnere 13)	prōpōnō	prōposuī	prōpositum	hinstellen, in Aussicht stellen
cōn'stāre (stāre 11)	cōnstō	cōnstitī		feststehen, bestehen (aus); kosten
re'vocāre (vocāre 1, vōx 2)	revocō	revocāvī	revocātum	zurückrufen, beziehen (auf)
cōn'ferre (ferre 11)	cōnferō	cōntulī	collātum	zusammentragen, vergleichen, hinwenden
mūtāre, com'mūtāre	(com-) mūtō	(com-) mūtāvī	(com-) mūtātum	ändern
ne'scīre (scīre 17)	nesciō	nescīvī	nescītum	nicht wissen
[pūgnāre (pūgna 8)	pūgnō	pūgnāvī	pūgnātum	kämpfen

b) Substantive

voluntās, -ātis *f.* (velle 10)	Wille
adulēscentia, -ae *f.* (adulēscēns 9)	Jugend
cursus, -ūs *m.* (oc'currere 5)	Lauf
occāsiō, -ōnis *f.*	Gelegenheit
[status, -ūs *m.* (stāre 11)	Zustand
[poena, -ae *f.*	Strafe

c) Sonstige Wörter

difficilis, -is, -e (facile 13)	schwierig
forte *(Adv.)*	zufällig
[iūcundus, -a, um	erfreulich

d) Wendungen

ratiōnem habēre	Rücksicht nehmen

Erläuterungen zu den Bildern

S. 15

AABCDEFGH/IKLMNOPQRSTVX

Kritzelei (Graffito) an einer Hauswand in Pompeji

Aus keiner antiken Stadt sind so viele Aufschriften und Kritzeleien erhalten wie aus Pompeji in Süditalien, das im Jahre 79 n. Chr. mit einem Schlage durch einen verheerenden Vesuvausbruch verschüttet wurde; sie gewähren mannigfaltige Einblicke in das öffentliche und private Leben der Bewohner.
Das hier abgebildete lateinische Alphabet stammt offenbar von der Hand eines Schuljungen. Es zeigt, daß die Römer nur unsere Großbuchstaben kannten, daß sie I und J sowie U und V jeweils durch ein Zeichen (durch I bzw. V) wiedergaben und daß sie Y und Z nicht als unentbehrliche Bestandteile des Alphabets ansahen: Diese Buchstaben kamen nur in griechischen Fremdwörtern vor. Das E wurde im allgemeinen so geschrieben, wie es auch bei uns üblich ist; die hier begegnende Form (zwei senkrechte parallele Striche) findet sich vor allem in rasch hingeworfenen Aufzeichnungen.

S. 21

ROMVLVS MARTIS Filius REX ANNo (I)/DE CAENINENSIBVS Kalendis MARtiis
Romulus, Sohn des Mars, König, (siegte) im Jahre (1) über die Caeninenser, an den Kalenden des März (= am 1. März; vgl. 9.4.4.).

Fragment 1 (Höhe 38 cm, Breite 48 cm) der Fasti triumphales, vom Augustus-Bogen in Rom (nach 20 v. Chr.). Rom, Konservatorenpalast

Dieses Bruchstück einer Inschrift enthält den Anfang eines langen Verzeichnisses, der sogenannten Fasti triumphales, d. h. einer Liste mit sämtlichen Siegen, für die dem siegreichen Feldherrn ein Triumph (eine öffentliche Siegesfeier) bewilligt worden war.
Die Schreibweise zeigt, daß die Römer U ebenso schrieben wie V und daß sie mancherlei Abkürzungen verwendeten. So ist hier *filius* durch F, *Kalendis Martiis* durch K MAR(T) (das T fehlt wegen einer Beschädigung des Randes) wiedergegeben. Unsere Abschrift ergänzt das Fehlende durch Kleinbuchstaben, unabhängig davon, ob es sich um abgekürzte Wörter oder um Verluste durch Beschädigungen handelt.
Der Text berichtet von einem Siege, den Romulus im Jahre 1 der Gründung von Rom (angeblich 753 v. Chr.) über die Bewohner von Caenina, einer Nachbarstadt, errungen habe. Die fehlende Jahreszahl kann erschlossen werden, da der Sieg auch durch andere Quellen überliefert ist.
Die Fasti triumphales waren an einem Prunktor angebracht, das Kaiser Augustus erbauen ließ. Sie nahmen, wie unsere Abbildung zeigt, auch die sagenhaften Anfänge Roms auf und verliehen ihnen so eine Art offizieller Beglaubigung.

S. 43

CIVIBus ET SIGNis MILITaribus A PARThis RECVPeratis
(Zum Gedenken an) die Bürger und Feldzeichen, (die) von den Parthern zurückgewonnen (sind)

Rückseite eines Aureus des Augustus (geprägt 18/17 v. Chr. in Spanien), mit dem Augustus-Bogen (Parther-Bogen) in Rom

Das gut organisierte römische Münzwesen wurde in republikanischer Zeit von den „Dreimännern für die Währung" *(tresviri monetales)*, einem jährlich wechselnden Kollegium, beaufsichtigt. Seit Augustus gehörte die Gold- und Silberprägung zu den Privilegien des Kaisers; den Dreimännern blieb nur das Prägerecht in Kupfer. Der Aureus (*aureus nummus* „Goldmünze") hatte den Wert von 25 (Silber-)Denaren (vgl. Abb. S. 49).
Die Münzen waren seit der späten Republik ein bevorzugtes Mittel politischer Propaganda – zu-

nächst senatorischer Familien, dann der Kaiser. Unser Aureus feiert einen Erfolg der augusteischen Diplomatie. Das Bild zeigt das Prunktor, an dem die Fasti triumphales angebracht waren (vgl. Abb. S. 21), einen Ehrenbogen mit drei Durchgängen, der ein Viergespann sowie links und rechts davon die Figur je eines Parthers (mit römischen Feldzeichen in der Hand) trägt. Der Text nennt den Anlaß für die Errichtung des Tores.
Die Parther, ein orientalisches Reich südlich des Kaspischen Meeres (seit etwa 250 v. Chr.), waren seit spätrepublikanischer Zeit Roms einziger ernsthafter Feind. Im Jahre 53 v. Chr. hatte ein angriffslustiger römischer Feldherr bei Carrhae (östlich des Euphrat) eine schwere Niederlage erlitten; der Feldherr fiel, und nur ein Viertel des 40 000 Mann starken Heeres entkam. Erst Augustus erreichte im Jahre 20 v. Chr. durch Verhandlungen, daß die Parther die Gefangenen (die somit 33 Jahre in der Fremde hatten aushalten müssen) und Feldzeichen zurückgaben.

S. 43

AEGVPTo CAPTA
Da Ägypten unterworfen ist (aus Anlaß der Unterwerfung Ägyptens)

Rückseite eines kaiserlichen Aureus (geprägt 27 v. Chr. im Osten des römischen Reiches)

Bild und Aufschrift zeigen ein weiteres Beispiel kaiserlicher Propaganda. Augustus hatte es von Anfang an verstanden, seinem Kampf gegen Antonius das Odium eines Bürgerkrieges (der er eigentlich war) zu nehmen: Antonius war mit der ägyptischen Königin Kleopatra verheiratet, und gegen sie als die Repräsentantin einer auswärtigen Macht richtete sich offiziell der Krieg. Unsere Münze feiert folgerichtig den Sieg als Unterwerfung Ägyptens (auf das durch das charakteristische Tier des Landes, das Krokodil, hingewiesen wird): Ägypten wurde von Augustus im Jahre 30 v. Chr. dem römischen Reiche einverleibt.

S. 48

IMPerator CAESAR DIVI Filius / AVGVSTVS / PONTIFEX MAXIMVS / TRIBVNICia POTESTate XVII / EX Senatus Consulto TERMINAVIT / Recto Rigore PROXIMVS CIPPVS PEDes XXXIII
Imperator Caesar, Sohn des vergöttlichten (Caesar), Augustus, oberster Priester, zum 17. Male mit den Amtsbefugnissen eines Tribunen (versehen), hat auf Grund eines Senatsbeschlusses die Grenze festgesetzt. In gerader Richtung (befindet sich) der nächste Grenzstein, 33 Fuß (entfernt).

Grenzstein (Höhe 233 cm, Breite 74,5 cm) vom rechten Tiberufer in Rom. 26/25 v. Chr. Rom, Nationalmuseum

Diese Inschrift bezeugt die drei üblichen Teile, aus denen der Name des ersten römischen Kaisers bestand. Sie enthält außerdem den unvermeidlichen Hinweis auf den Vater, in diesem Falle auf den Adoptivvater Caesar, der zwei Jahre nach seiner Ermordung (44 v. Chr.) durch einen Senatsbeschluß zum Gott erklärt worden war. Sie nennt sodann einige der Ämter, die Augustus damals innehatte: die (auf Lebenszeit verliehene) Oberpriesterschaft und die (jeweils auf ein Jahr befristete) tribunizische Gewalt.
Der Stein hatte, wie der Text besagt, den Zweck, eine Grenze zu markieren: die Grenze zwischen dem öffentlichen Grund des Flußbettes (und der Uferböschungen) und den privaten Besitzungen der Anlieger. Er gibt genau an, wo sich der nächste Stein befand: 33 Fuß in gerader Richtung.

S. 49

ROMa M CATO PRO PRaetore
VICTRIX („siegreich, Siegerin")

Vorder- und Rückseite eines Denars, geprägt von Cato Uticensis (47/46 v. Chr. in Afrika)

Der Denar (*denarius*, von *decem* „zehn") war die Hauptsilbermünze Roms; er hatte ursprünglich den Wert von zehn, später von sechzehn Assen, d. h. von bestimmten Kupfermünzen (*as* „Einheit, Pfund").

Unsere Münze entstammt der Zeit, in der die pompejanischen Streitkräfte in Afrika Caesar die Stirn zu bieten versuchten. Cato war als Proprätor, d. h. als Befehlshaber mit den Befugnissen eines Prätors, Kommandant der Stadt Utica. Die Münzprägung oblag an sich den „Dreimännern für die Währung", einer Behörde in Rom (vgl. Abb. S. 43); Catos Münzen waren eine durch den Krieg erzwungene Notmaßnahme.
Die Bewohner des römischen Reiches müssen sich auf das Entschlüsseln symbolischer Andeutungen verstanden haben. Die Vorderseite mit Libertas, der Göttin der Freiheit (man erkannte sie an der Art der Darstellung), sollte ihnen sagen, daß es um die Freiheit des römischen Staates gehe, die von Cato gegen Caesar verteidigt werde. Auf der Rückseite verhießen Bild (Victoria: Göttin des Sieges) und Text eben dieser Sache der Freiheit den Sieg.

S. 54

CAESAR

Vorder- und Rückseite eines Denars, geprägt von Caesar (ab ca. 54 v. Chr.)

Caesar war in den Jahren 58–50 v. Chr. Statthalter der gallischen Provinzen (Oberitaliens und der Provence); er eroberte in dieser Zeit das ganze übrige Gallien (Frankreich und Belgien) und verschaffte sich hierdurch eine Art militärischer Hausmacht.
Als er die hier abgebildete Münze zu prägen begann, verstärkte sich in Rom die von Cato geführte Opposition; man sah in ihm nicht zu Unrecht eine ernstliche Gefahr für die republikanische Verfassung. Seine Münze wiederum brachte zum Ausdruck, wie er die Dinge betrachtet wissen wollte: Der Zeitgenosse konnte schwerlich umhin, den Elefanten mit Caesar und die Schlange mit dessen Gegnern zu identifizieren – das Bild enthält also eine massive Drohung.
Die Rückseite spielt auf das Amt des Oberpriesters (vgl. Abb. S. 48) an, das Caesar seit langem innehatte; die abgebildeten Gegenstände (Schöpfkelle und Wedel, Beil, Priestermütze) wurden bei Kulthandlungen verwendet.

S. 58

D LVCRETI / SATRI VALENTIS FLAMINIS NERONIS CAESARIS AVGusti FILIi/PERPETVI GLADIATORVM PARIA XX ET D LVCRETIO VALENTIS FILIi / GLADiatorum PARIA X PVGnabunt POMPEIS VI V IV III PRidie IDVS APRiles VENATIO LEGITIMA / ET VELA ERVNT
Im C und rechts am Fuß des I von LVCRETI:
SCRipsit CELER / SCRipsit AEMILIVS CELER SINGulus AD LVNAm
Von Decimus Lucretius Satrius Valens, dem ständigen Priester des Nero Caesar, des Kaisersohnes, werden 20 Gladiatorenpaare, von Decimus Lucretius Valens, dem Sohne, werden 10 Gladiatorenpaare kämpfen: in Pompeji, am 6., 5., 4., 3. und letzten Tage vor den Iden des April (= am 8., 9., 10., 11. und 12. April). Es wird eine gehörige Tierhetze und Sonnensegel geben.
Dies hat Celer geschrieben. / Dies hat Aemilius Celer geschrieben, allein, beim Mondschein.

Mit Pinsel gemalte Aufschrift an einem Hause in Pompeji. Zeit des Prinzen Nero (51–54 n. Chr.; vgl. die Einführung zu L. 20)

Die Aufschrift kündigt Gladiatorenkämpfe und Tierhetzen an. Sie nennt die Veranstalter, einen Priester namens Lucretius Valens (er hatte den Kult des zum „Gott" erhobenen Prinzen Nero, des Adoptivsohnes von Kaiser Claudius, zu versehen) und dessen Sohn. Sie gibt die Zahl der Schwertkämpfer an und bestimmt Ort und Zeit (zu den römischen Datumsangaben vgl. 9.4.4.). Die eigens angekündigten Sonnensegel dienten dem Schutze der Zuschauer.
Der Schreiber, ein gewisser Aemilius Celer, stellt sich eigens vor, als sei er ein Künstler. Ihm ist an einer Stelle ein Fehler unterlaufen: bei der Nennung von Lucretius jun. muß es LVCRETI statt LVCRETIO heißen.

S. 63

BONIS BENE / QVIA MALI NON SVNT
Den Guten (möge es) gut (gehen), weil sie nicht schlecht sind.

Hausinschrift (Breite 68 cm, Höhe 32 cm), Leptis Magna (Tripolitanien), an der Hauptstraße. Ende des 2. Jh. n. Chr.

Eine moderne Stadt hinterließe, wenn sie in Schutt und Asche versänke, nur wenige „sprechende" Zeugen: In Stein gehauene Inschriften sind bei uns – wohl nicht zuletzt wegen der Kostspieligkeit – eine Seltenheit. In den römischen Städten sah es anders aus: Behörden und Privatleute ließen es sich nicht verdrießen, die verschiedensten Dinge – Gesetze, Verträge, Erlasse, Diplome, Rechnungen und vieles andere – in Steinen zu „verewigen". Das mannigfaltige Material, das Ausgrabungen und Zufallsfunde zutage gefördert haben, ist daher eine wichtige Quelle für die römische Kultur, zumal für die Wirtschafts- und Sozialgeschichte.
In diesem naiven Segenswunsch spricht offensichtlich eine Privatperson zu uns, vielleicht ein Geschäftsmann, der seinen Kunden etwas Freundliches sagen und sich bei ihnen anbiedern wollte. Leptis Magna, in Tripolitanien (Libyen), war während der römischen Kaiserzeit eine blühende Hafenstadt; Ausgrabungen haben einen großen Teil der stattlichen Überreste (Theater, Markthalle, Bäder u. a.) freigelegt.

S. 77

OCEANVS Libertus victoriarum XIII Vicit
ARACINTVS Libertus victoriarum ... IIII periit
SEVERVs libertus victoriarum XIII periit
ALBANVS SCauri Libertus victoriarum XIX Vicit
Der Freigelassene Oceanus, 13 Siege, hat gesiegt.
Der Freigelassene Aracintus, 4 (?) Siege, hat verloren.
Der Freigelassene Severus, 13 Siege, hat verloren.
Albanus, der Freigelassene des Scaurus, 19 Siege, hat gesiegt.

Wandzeichnungen in Pompeji

Das Bild zeigt zwei Paare von Gladiatoren. Die Sieger (Oceanus und Albanus) halten in ihrer Rechten das Schwert und in ihrer Linken den Schild. Den Verlierern (Aracintus und Severus) ist der Schild entfallen; sie weichen vor ihren Gegnern zurück.
Als Gladiatoren wurden vor allem Kriegsgefangene, Sklaven und Verurteilte verwendet; nicht wenige (wahrscheinlich auch die Freigelassenen unserer Abbildung) übten dieses grausame Gewerbe aus freien Stücken aus. Die Gladiatoren wohnten in besonderen Kasernen; sie erhielten dort eine harte und gründliche Ausbildung. Wer in einem Kampfe unterlag, konnte den Veranstalter der Spiele um Gnade bitten; er wurde, wenn dieser sein Gesuch abwies, vom Sieger getötet.

S. 87

DIES	NVNDINAE	Tage	Markt
SATurni	POMPEIS	Sonnabend	in Pompeji
SOLis	NVCERIA	Sonntag	(in) Nuceria
LVNae	ATILLA	Montag	(in) Atella
MARtis	NOLA	Dienstag	(in) Nola
MERcuri	CVMIS	Mittwoch	in Cumae
IOVis	PVTIOLOS	Donnerstag	in Puteoli
VENeris	ROMA	Freitag	(in) Rom
	CAPVA		(in) Capua

Kritzelei (Graffito) an der Wand eines Ladens in Pompeji

Hier hat jemand die Markttage einiger süditalischer Städte aufgezeichnet. Dabei hat er sich wenig um die in 9.2.4.d beschriebenen Regeln gekümmert: Während Pompeji und Cumae richtig im Ablativ genannt sind, erscheint bei den übrigen Städtenamen einfach der Nominativ, im Falle von Puteoli gar der Akkusativ. Die übrigen fünf Kolumnen unseres Bildes scheinen allerlei Daten anzugeben; man hat hierfür noch keine befriedigende Deutung gefunden.

S. 101

C. ALlius ROMA

Denar, geprägt von C. Allius (ca. 211–208 v. Chr., wohl in Sizilien)

Vorderseite: Kopf der Roma mit Flügelhelm, links davon die Wertangabe X (= zehn)

Rückseite: die berittenen Dioskuren mit eingelegter Lanze

Im 2. Punischen Krieg führte Rom den Denar als Hauptsilbermünze ein; unser Bild zeigt ein Exemplar aus einer der ältesten Serien. C. Allius war vielleicht der erste Prägebeamte, der die von ihm herausgebrachten Münzen mit seinem Namen versah. Das Zahlzeichen X schreibt der Münze den Wert von zehn Kupferassen zu (vgl. Abb. S. 49).
Die auf der Vorderseite abgebildete Roma genoß in republikanischer Zeit keine kultischen Ehren; sie war also keine Göttin, sondern diente als Symbol, als „Hoheitszeichen“ des römischen Staates. Mit den Dioskuren Kastor und Pollux hingegen hat es eine andere Bewandtnis: Der Kult dieser griechischen Nothelfer war schon im 5. Jahrhundert v. Chr. aus den griechischen Städten Süditaliens nach Rom vorgedrungen. Ein römischer Feldherr – berichtet der Geschichtsschreiber Livius – habe in Roms Frühzeit dem Brüderpaar einen Tempel für den Fall versprochen, daß er über die Feinde siege; die Brüder erschienen, kämpften auf der Seite der Römer, schlugen deren Feinde und eilten nach Rom, den Sieg zu verkünden. Sie erhielten einen Tempel an der Südostecke des Forum Romanum. Sie galten als Schutzpatrone der Reiter; sie wurden außerdem bei Seenot und in Krankheitsfällen angerufen.

S. 123

AMANTES VT APES VITAm MELLITAm EXIGVNT
Liebende führen, wie die Bienen, ein honigsüßes Leben.

Kritzelei in Pompeji, neben der Tür eines Schlafzimmers

Diese – vielleicht von Neid nicht freie – Betrachtung wurde von einer zweiten Hand kommentiert (auf unserer Abbildung nicht sichtbar): VELLEm „ich wollte (, es wäre so)“.
Das fehlende Schluß-M bei *vitam, mellitam* und *vellem* läßt auf orthographische Unsicherheit schließen; dieser Laut wurde bei der Aussprache nur schwach angedeutet. Das X zwischen *mellitam* und *exigunt* ist ein Schreibversehen.

S. 127

CONCORDIA HIC IACet / PIA PARENTIBus VIXIt / ANNVM unum SEMISsem INNO/CENS IN CAELIS HABETVR
Hier liegt Concordia, ihren Eltern teuer. Sie lebte anderthalb Jahre. (Da sie) unschuldig (ist,) wird sie im Himmel bewahrt (= hält sie sich im Himmel auf).

Grabinschrift (Breite 73 cm, Höhe 54 cm), von St. Severin in Köln. 4. Jh. n. Chr., Köln, Römisch-Germanisches Museum

Unter den steinernen Sprachdenkmälern der Römer ist kein Typus häufiger als die Grabinschrift. Sie pflegte Namen und Herkunft, bei Politikern auch die gesamte Ämterlaufbahn zu nennen; sie enthielt oft Gruß- und Gebetsformeln und pries Charakter und Leistungen des Toten.
Köln hieß in römischer Zeit Colonia Agrippinensis. Der erste Teil des Namens zeigte den rechtlichen Status der Stadt an (etwa: „Kolonie römischer Bürger“); der zweite Teil nannte die Gründerin, die jüngere Agrippina und Mutter des Kaisers Nero (vgl. die Einleitung zu L. 20), die dort im Lager der römischen Truppen zur Welt gekommen war.

Der hier abgebildete Stein hat als Deckel eines Sarkophags gedient; er stammt von einem Friedhof bei der (auf die Antike zurückgehenden) Kirche St. Severin. Die Eltern der Toten, der kleinen Concordia, waren Christen. Sie haben über der Inschrift zwei Palmenzweige und ein sogenanntes Christusmonogramm anbringen lassen. Das Monogramm besteht aus den griechischen Buchstaben X (sprich: chi) und P (sprich: rho), den beiden ersten Buchstaben des Namens Christi, sowie aus A(lpha) und O(mega), dem ersten und letzten Buchstaben des griechischen Alphabets. Alpha und Omega sind ein christliches Symbol für die Ewigkeit.

S. 137

Dis Manibus Caius IVLius MATERNVS / VETeranus EX LEGione I Minervia VIvVS SIBI / ET MARIE MARCELLINAE / COIIVGI DVLCISSIME / CASTISSIME OBITAE Fecit
Den Totengeistern (geweiht). Gaius Iulius Maternus, Veteran von der 1., „minervischen" Legion, hat zu seinen Lebzeiten (diesen Grabstein) für sich und Maria Marcellina, seine zärtlich geliebte, allersittsamste verstorbene Frau, errichtet.

Grabstein (Höhe 91 cm, Breite 61,5 cm) vom Kunibertskloster in Köln. 2. Jh. n. Chr. Köln, Römisch-Germanisches Museum

Iulius Maternus, ein Berufssoldat, hatte seine zwanzigjährige Dienstzeit abgeleistet; er war Veteran. Seine Einheit, die 1. Legion, trug den Beinamen *Minervia*, was etwa „dem Schutze der Göttin Minerva unterstellt" bedeutet.
Die römischen Frauen hatten keinen wirklichen Eigennamen; sie führten einfach den Namen ihres Geschlechts mit der Endung -a. Die Gattin des Iulius Maternus gehörte also dem Geschlecht der Marii Marcellini an – ihr „Name" Mária hat nichts mit dem jüdisch-christlichen Vornamen Maria zu tun.
An der Schreibweise fällt auf, daß der Dativ der a-Deklination in willkürlichem Wechsel bald durch *-ae (Marcellinae, obitae)*, bald unrichtig durch *-e (Marie, dulcissime, castissime)* wiedergegeben ist; ferner steht *coiiugi* für *coniugi*. Das fehlende V in *vivus* ist wohl ein unbeabsichtigtes Schreibversehen.
Das Relief zeigt, wie sich Leute vom Schlage des Iulius Maternus das Jenseits vorstellten: Er hält mit seiner Frau (die, ihrer untergeordneten Stellung entsprechend, kleiner dargestellt ist) Mahlzeit – er selbst liegend, die Frau sitzend. Die Figuren am rechten und linken Bildrand sind ein Diener und eine Dienerin.

S. 141

TYRANNVS	ISOCHRYSVS
LIVIAE	LIVIAE
MEDICVS	AD VESTEM

Tyrannus, Arzt der Livia / Isochrysus, Garderobier der Livia

Grabstein (Breite ca. 43 cm, Höhe ca. 14 cm) aus einem Columbarium für Freigelassene und Sklaven der Livia, beim 1. Meilenstein der Via Appia. Zeit des Augustus. Rom, Vatikanische Museen

Der ärztliche Beruf war (wie die medizinische Wissenschaft) während der ganzen Antike eine bevorzugte Domäne der Griechen; er wurde oft von Freigelassenen und Sklaven ausgeübt. Unser Grabstein nennt die Namen zweier griechischer Sklaven, die zur Dienerschaft der Kaiserin Livia, der Gemahlin des Augustus, gehörten; Tyrannus ist als Arzt, Isochrysus als „für die Kleidung" zuständig bezeichnet. Gewiß besaß Livia in ihrem zahlreichen Gefolge noch andere Ärzte; Tyrannus wurde wohl nur für untergeordnete Aufgaben verwendet.
Columbarien (von *columba* „Taube") waren Grabmonumente, welche die in Rom verbreitete Feuerbestattung mit sich brachte. Sie enthielten Hunderte von taubenschlagartigen Nischen, in denen jeweils zwei Urnen beigesetzt wurden.

S. 147

Iovi Optimo Maximo ET / GENIO LOCI / SEXtus INSIVS / RVFVS BeneFiciarius COnSularis / Votum Solvit Libens Merito
Für den allerbesten und größten Jupiter und die Schutzgottheit des Ortes. (Hiermit) hat Sextus Insius Rufus, Gefreiter durch Verfügung des Statthalters, sein Gelübde freudig (und) mit gutem Grund erfüllt.

Inschrift auf einem Altärchen (Höhe 64 cm, Breite 37,5 cm) aus Köln. 2.–3. Jh. n. Chr. Köln, Römisch-Germanisches Museum

Dieses Bild zeigt eine römische Weihgabe, wie sie massenhaft aus allen Teilen des römischen Reiches erhalten sind. Der Weihende, Sextus Insius Rufus, war in irgendeine Bedrängnis geraten; er hatte dem höchsten Gotte sowie einer anonymen Schutzmacht, dem Genius loci, für den Fall, daß sie ihm Hilfe brächten, einen Altar und Opfer versprochen. Die angerufenen Gottheiten halfen; die Inschrift bezeugt, daß Insius seiner hiermit fällig gewordenen Verpflichtung nachgekommen ist.
Der Genius (von *gignere* „zeugen, hervorbringen") war ursprünglich ein Fruchtbarkeitsdämon, die personifizierte Zeugungskraft eines jeden Mannes; er galt dann als eine Art Schutzgeist, der Individuen und Kollektive (Gemeinden, Truppeneinheiten, Völker) oder – wie hier – bestimmte Örtlichkeiten vor Schaden bewahrte.
Der Weihende war *beneficiarius consularis,* d. h. der Provinzialstatthalter hatte ihm die Vergünstigung zuerkannt, daß er von den härteren Pflichten des gemeinen Soldaten – wie Schanzenbauen, Wasserholen – befreit war; er versah Wach- und Polizeidienste.
Die Inschriften auf Weihegaben und Grabsteinen waren stark von stereotyp wiederkehrenden Formeln durchsetzt. So kamen Abkürzungen auf, die nur noch die Anfangsbuchstaben nannten: V S L M = *votum solvit libens merito.*

S. 152

CLEMENTIAE CAESARIS
(Tempel der) Milde Caesars

Vorderseite eines Denars, geprägt vom Münzmeister (d. h. einem Mitglied der Dreimänner-Behörde) P. Sepullius Macer, 44 v. Chr.

Die Milde gehörte zu den Eigenschaften, die Sallusts Charakteristik Caesar zuschrieb; „Milde" lautete die Devise, unter der Caesar nach der Beendigung des Bürgerkrieges seine Versöhnungspolitik gegenüber den ehemaligen Anhängern des Pompeius betrieb.
Unsere Münze hat offensichtlich den Zweck, propagandistisch auf die „Milde" des Diktators Caesar hinzuweisen. Sie zeigt einen Tempel, den der Senat an einer uns nicht bekannten Stelle in Rom hatte errichten lassen; dieser Tempel war der zur Göttin emporstilisierten „Milde Caesars" geweiht.

S. 161

CLODIA Luci Liberta OPTATA / PATRI PATRONO / PARENTIBVS / VIRO SVO / PLAQVIT
Clodia Optata, die Freigelassene des Lucius, hat ihrem Vater, ihrem Patron, ihren Anverwandten (und) ihrem Manne Freude bereitet.

Grabstein (Höhe 245 cm, Breite 41,5 cm) aus Cartagena. 1. Jh. v. Chr. Cartagena, Archäologisches Museum

Der Stein stammt aus Carthago Nova, der karthagischen Gründung in Spanien, die im zweiten punischen Kriege von Scipio erobert wurde. Die Verstorbene war ursprünglich Sklavin gewesen. Ihr Herr, ein gewisser L. Clodius, hatte sie freigelassen, und sie trug seither dessen Namen, hieß also Clodia. Ihr einstiger Herr war nunmehr ihr *patronus* (etwa: „Schutzherr"), dem sie – bei der Freilassung vereinbarte – Dienste zu leisten hatte. Der Text spiegelt eine von Männern beherrschte Welt: Er weiß von der Toten nichts Rühmlicheres zu sagen, als daß sie ihrem Vater, Patron usw. „gefiel". *Plaquit* statt *placuit* ist altertümliche Schreibweise.

S. 165

LABORA ASELLE QVOMODO EGO LABORAVI ET PRODERIT TIBI
Arbeite, mein Eselchen, wie ich gearbeitet habe, und es wird dir Nutzen bringen.

Kritzelei in einem Zimmer des Pädagogiums am Palatin, Rom

Die Zeichnung zeigt einen Esel, der durch eine Stange mit dem oberen Stein einer Mühle verbunden ist; der Esel dreht den Mühlstein, indem er an der Stange um den Stein herumgeht.
Die römischen Kaiser entfalteten auf dem Palatium oder *collis Palatinus* („Palatin, Palatinischer Hügel", einer der sieben Hügel Roms) eine rege Bautätigkeit; sie errichteten dort ihre nach dem Palatium benannten „Paläste", von denen erhebliche Reste erhalten sind. Am Südwesthang des Palatins findet sich ein Gebäude, dessen Zweckbestimmung aus Kritzeleien erschlossen worden ist: Aufschriften wie *Corinthus exit de pedagogio* („Korinthus verläßt das Pädagogium") lassen vermuten, daß es den kaiserlichen Pagen als Ausbildungs- und Wohnstätte gedient hat. Da das Wort *Asellus* auch als Eigenname vorkam, mag unser Text nicht einem beliebigen „Eselchen", sondern einem faulen Pagen dieses Namens gegolten haben.

S. 166

VRNA AENIA PEREIT DE TABERNA / SEIQVIS RETTVLERIT DABVNTVR / HS LXV SEI FVREM / DABIT VNDE . . .
Ein Bronzegefäß ist aus dem Laden abhanden gekommen. Wenn es jemand zurückbringt, werden (ihm) 65 Sesterzen gezahlt; wenn er den Dieb anzeigt, von dem . . .

Aufschrift an einem Hause in Pompeji

Eine Verlustanzeige; der unleserliche Schluß hat offenbar demjenigen, der dem Besitzer durch Nennung des Diebes wieder zu seinem Gefäß verhelfen würde, ebenfalls eine Belohnung versprochen.
Die Buchstaben HS bezeichneten den Sesterz *(sestertius),* eine kleine Silbermünze. Der Sesterz hatte den Wert eines Vierteldenars oder von zweieinhalb Assen (vgl. Abb. S. 49). So erklärt sich das Wort, das aus *semis-tertius* „das dritte (As) halb" entstanden ist. So erklärt sich auch das Zeichen: H steht für II = 2, S für *semis* = ½.
Die Schreibung EI statt eines langen I (*sei* = *si;* wohl auch *pereit* = *perit,* statt *periit*) war in älterer Zeit allgemein üblich. *aenius* statt *aeneus* ist eine durch die Aussprache bedingte Ungenauigkeit.

S. 175

THEODORE BENEMERENTI / QVE VIXIT CVM MARITO / ANNOS XLIIII MENSIS III / vIDVA VIXIT ANNOS XXII / MENSIS VIIII RECESSIT / IN PACE ANNORVM / LXVII
Der verdienten Theodora, die mit ihrem Gatten (bis zum Alter von) 44 Jahren (und) 3 Monaten lebte, (die) als Witwe 22 Jahre (und) 9 Monate lebte. Sie verschied in Frieden (im Alter von) 67 Jahren.

Grabstein aus Lérida (Katalonien). 4./5. Jahrhundert n. Chr. Lérida, Archäologisches Museum

Theodora aus Ilerda, dem heutigen Lérida, war, wie der Name verrät, griechischer Herkunft; vielleicht stammte sie aus Emporiae, einer von Griechen gegründeten Hafenstadt am Osthang der Pyrenäen, oder aus Massilia (heute Marseille), das seine Stellung als westliches Zentrum griechischer Kultur bis zum 6. Jahrhundert n. Chr. behauptet hat. Das Christusmonogramm über der Inschrift (vgl. Abb. S. 127) gibt zu erkennen, daß Theodora Christin war. Der Text hebt hervor, daß sie nach dem Tode ihres Mannes noch 22 Jahre im Witwenstande gelebt habe. Offensichtlich hat diese Mitteilung preisenden Charakter: Theodora war eine *univira,* d. h. sie war nur mit einem Manne verheiratet; sie erfüllte somit ein römisches Frauenideal, das – neben Eigenschaften wie Sittenstrenge, Keuschheit usw. (vgl. Abb. S. 137) – auf zahlreichen Grabsteinen gerühmt wird.
Der Dativ *Theodorae* und das Relativpronomen *quae* sind hier in der volkstümlichen Schreibweise auf *-e* wiedergegeben (vgl. Abb. S. 137); der Akkusativ Plural *mensis* (statt *menses*) ist eine auch im korrekten Latein gebräuchliche Variante. Die Worte *que vixit cum marito annos XLIIII mensis III* bedeuten eigentlich: „die mit ihrem Gatten 44 Jahre und 3 Monate lebte"; da so die Rechnung nicht aufgeht, ist zweifellos der in der Übersetzung angedeutete Sinn gemeint.

S. 182

QVI MIHI DOCENDI / DEDERIT MERCEDEM / ABEAT QVOD / PETIT A SVPERIS
Wer mir das Unterrichtshonorar zahlt, soll bekommen, was er sich von den Göttern wünscht.

Aufschrift an einem Raum in Pompeji, in dem ein Elementarlehrer gegen Bezahlung Unterricht erteilte

Die Antike kannte keine allgemeine Schulpflicht und nur vereinzelt öffentliche Schulen. Alle Unterweisung verlief in den Formen des heutigen Klavier- oder Geigenunterrichts: Die Eltern bestimmten, was ihren Kindern beigebracht wurde; sie schlossen Verträge mit privaten Lehrern und versprachen ein monatliches Honorar. Daß dann die Bezahlung mitunter ausblieb, erfahren wir auch aus anderen Quellen.
Unser Schulmeister war in der lateinischen Orthographie nicht ganz hieb- und stichfest: Er schrieb *abeat* statt *habeat*, weil das H nur schwach oder (wie in den heutigen romanischen Sprachen) gar nicht ausgesprochen wurde.

S. 195

AGRIPPina AVGusta DIVI CLAVDii NERONIS CAESaris MATER
Agrippina, die Kaiserin (und Gemahlin) des vergöttlichten Claudius, die Mutter des Nero Caesar

NERONI CLAVDio DIVI Filio CAESari AVGusto GERManico IMPeratori TRibuno Plebis / EX Senatus Consulto

Kaiserlicher Aureus (geprägt 54 n. Chr. in Rom)
Vorderseite: Brustbilder Kaiser Neros und seiner Mutter Agrippina
Rückseite: Bürgerkrone aus Eichenlaub

Ein Münzbild aus den Anfängen der Herrschaft Neros. Die Aufschrift der Vorderseite hebt einseitig die Kaiserin Agrippina hervor, die als Gemahlin des „vergöttlichten“ (d. h. nach seinem Tode zum Gott erklärten; vgl. Abb. S. 48) Claudius und als Mutter Neros vorgestellt wird. Die Münze beweist, daß Agrippina die Regentschaft, die sie sich anmaßte, nicht auf das Innere des kaiserlichen Palastes beschränkt wissen wollte, sondern ihr ein offizielles, für das ganze Reich verbindliches Gepräge zu verleihen suchte.
Die Rückseite nennt eine Reihe von Namen und Titeln Neros (zu den Titeln vgl. Abb. S. 48) und verkündet, daß Nero durch einen Senatsbeschluß die *corona civica* („Bürgerkrone“) verliehen worden sei. Dieses Symbol hatte in republikanischer Zeit als hohe militärische Auszeichnung gegolten. Es wurde dem zuerkannt, der in der Schlacht einem Bürger das Leben gerettet hatte. Augustus erhielt die Bürgerkrone, weil er den Frieden wiederhergestellt hatte; in der folgenden Zeit gehörte sie zu den üblichen Ehrungen, die der Senat einem jeden Kaiser darbrachte.

S. 195

CLAVDIAE PTHONGE / NVTRICI BRITTANNICI / APHNIVS CAESARIS AVGusti / AB EPISTVLIS CONTVBERNALI / OPTIME DE SE MERITAE
Der Claudia P(h)thonge, der Amme des Britannicus, Aphnius, der Sekretär des Caesar Augustus: der Hausgenossin, die sich große Verdienste um ihn erworben hat

Inschrift eines Grabsteins (Breite 30 cm, Höhe 20 cm) aus Rom. Zeit Neros, wohl nach 55 n. Chr. Rom, Lateran

Claudia Phthonge: der zweite Name verrät die griechische Herkunft; der erste zeigt den Erwerb des römischen Bürgerrechts an. Die Frau war also Sklavin gewesen; sie hatte bei der Freilassung, die sie zur römischen Bürgerin machte, den Namen des Freilassers – zweifellos handelte es sich um Kaiser Claudius – angenommen (vgl. Abb. S. 161). Aphnius, ebenfalls griechischer Abstammung, war Sklave und Sekretär (*ab epistulis* „von der Korrespondenz, für die Korrespondenz zuständig“) Kaiser Neros. Wegen seines Sklavenstandes konnte er mit Claudia Phthonge keine rechtmäßige Ehe eingehen; er bezeichnet sie daher korrekt nicht als seine *coniunx*, sondern als seine *contubernalis* („Hausgenossin“).

Als Claudia Phthonge starb, war Britannicus wohl schon ermordet worden. Denn sonst hätte Aphnius gewiß keine Bedenken gehabt, den Zögling seiner Hausgenossin mit vollem Namen – also Tiberius Claudius Caesar Britannicus – zu nennen und so dessen hohe Stellung nachdrücklich hervorzuheben.

S. 202

ADMIROR TE PARIES NON CECIDISSE ruinis
QVI TOTT SCRIPTORVM TAEDIA SVSTINEAS
Ich wundere mich, Wand, daß du noch nicht in Trümmer gesunken bist,
da du doch das widerliche Zeug so vieler Schreiber aushalten mußt.

Kritzelei aus Pompeji. Neapel, Nationalmuseum

Ein lateinischer Vorläufer unseres Sprichworts: „Narrenhände beschmieren Tisch und Wände". Er ist noch an anderen pompejanischen Mauern erhalten; daher wissen wir, daß der Schreiber unseres – besonders gut lesbaren – Beispiels nicht nur das Wort *ruinis* vergessen, sondern auch die Worte *te* und *paries* vertauscht hat (er hat außerdem versehentlich *tott* statt *tot* „so viele", geschrieben). Der Spruch lautet demnach in Wahrheit:
Admirór, pariés, te nón cecidísse ruínis,
quí tot scríptorúm taédia sústineás.
So ergeben sich zwei makellose Verse, ein sogenanntes Distichon.

S. 211

COMMVNEM NVMMVM DIVIDENDVM / CENSIO EST NAM NOSTER NVMMVS / MAGNAm HABET PECVNIAM
(Hiermit) wird die Meinung ausgesprochen, daß die Gemeindekasse aufzuteilen sei. Denn unsere Kasse hat viel Geld.

Kritzelei an einem Hause in Pompeji

Dieser witzige Vorschlag für eine neuartige Finanzpolitik der Gemeinde Pompeji findet sich an mehreren Stellen; man darf annehmen, daß er nicht befolgt worden ist.
Er hat Versform; er besteht aus zwei jambischen Trimetern (die eingeklammerten Silben werden nicht gesprochen):
Commúnem númmum dívidéndum cénsi(o) ést;
nam nóster númmus mágn(am) habét pecúniám.
Die Schrift scheint nur im ersten Augenblick schwer leserlich zu sein: Sie verwendet für E zwei senkrechte parallele Striche (vgl. Abb. S. 15) und für M einen längeren und drei kürzere senkrechte parallele Striche. Bei *magnam* fehlt das Schluß-M (vgl. Abb. S. 123).

Bildquellen

S. 15: Koehler & Amelang, Leipzig – S. 21: Konservatorenpalast, Rom – S. 43: Britisches Museum, London – S. 43 Hirmer Verlag, München – S. 48: University of California Press, Berkeley – S. 49: Staatliche Münzsammlung, München – S. 54: Hirmer Verlag, München – S. 58: Koehler & Amelang, Leipzig – S. 63: Photo Börker, Berlin – S. 77: Koehler & Amelang, Leipzig – S. 87: Koehler & Amelang, Leipzig – S. 101: Britisches Museum, London – S. 123: Koehler & Amelang, Leipzig – S. 127: Römisch-germanisches Museum, Köln – S. 137: Römisch-germanisches Museum, Köln – S. 141: Vatikanische Museen, Rom – S. 147: Römisch-germanisches Museum, Köln – S. 152: Britisches Museum, London – S. 161: Dr. M. Koch, Konstanz – S. 165: Institutum Romanum Finlandiae, Helsinki – S. 166: Koehler & Amelang, Leipzig – S. 175: Imprenta Escuela Provincial – S. 182: Koehler & Amelang, Leipzig – S. 195: 1) Hirmer Verlag, München, 2) Lateran, Rom – S. 202: Koehler & Amelang, Leipzig – S. 211: Koehler & Amelang, Leipzig

Quellennachweis der Texte

2.1.–2.4.	Die Sage von der Gründung Roms	[Aurelius Victor] De viris illustribus 1
3.1.	Die Sage von den Vorfahren des Romulus	Livius 1,1/1,3 – Iustinus 43,1,10–13
4.1.	Marcus Porcius Cato, genannt der Zensorier	Cornelius Nepos, Cato 1–2
4.7.2.	Ciceros Schwiegersohn Dolabella	Macrobius, Saturnalia 2,3,3
5.1.	Die gelehrigen Vögel	Macrobius, Saturnalia 2,4,29
6.1.–6.5.	Caesar und Cato Uticensis	Sallust, Catilina 54
6.8.3.	Cornelia, die Mutter der Gracchen	Valerius Maximus 4,4 pr.
7.1.–8.1.	Der dankbare Löwe	Romulus, Aesopus Latinus 51
9.1.	Vergil	Donat-Sueton, Vita Vergilii
10.1., 10.3., 10.7.	Scipio Nasica und Ennius	Cicero, De oratore 2,276
10.3.4.	Herr und Sklave	Griechische Anekdote in einer lateinischen Fassung des 18. Jh.
11.1.	Simonides und die Dioskuren	Cicero, De oratore 2,352–353
12.1.	Von der Kürze des Lebens	Seneca, De brevitate vitae 1–3
13.3.	Name und Wirklichkeit	Erasmus, Colloquia familiaria: De rebus et vocabulis
14.1.	Die „Klassen-Mahlzeit"	Plinius, Epistulae 2,6
14.7.	Das gestohlene Schwein	Poggio Bracciolini, Facetiae 148
15.1.–15.3.	Alexander und der Arzt Philippus	Curtius Rufus 3,5–6
15.9.2.	Erziehungskosten	Griechische Anekdote in einer lateinischen Fassung des 18. Jh.
16.1.	Sallust an Caesar	Sallust, Ad Caesarem 1
17.2.	Die Parabel von den Stäbchen	Antik-mittelalterliches Erzählgut (vgl. Aesop 53 Hausrath)
17.4.	Scipio und der Ibererfürst	Livius 26,50
17.9.2.	Bauluxus	Erasmus, Apophthegmata 7: Empedocles 12
18.1.–18.5.	Amtsverschwiegenheit	Gellius 1,23
18.8.2.	Der Angeber	Bebel, Facetiae 3,108
19.1.	Der doppelte Sosias	Plautus, Amphitruo 551–632
19.11.	Der Fußtritt	Erasmus, Apophthegmata 3: Socrates 24
20.1.	Die Ermordung des Britannicus	Tacitus, Annales 13,13–16 – Sueton, Nero 28
21.1.–21.6.	Probleme der Berufswahl	Cicero, De officiis, 1,115–120

Pensenverzeichnis

Grammatischer Index

Abkürzungen

Abl.	= Ablativ	Konjug.	= Konjugation
A.c.I.	= Akkusativ mit Infinitiv (accusativus cum infinitivo)	m.	= masculinum (männlich)
		n.	= neutrum (sächlich)
Ad	= (freie) Angabe (Adverbial)	N.c.I.	= Nominativ mit Infinitiv (nominativus cum infinitivo)
Adj.	= Adjektiv		
Adv.	= Adverb	Nom.	= Nominativ
Akk.	= Akkusativ	Pass.	= Passiv
Akt.	= Aktiv	Perf.	= Perfekt
Attr.	= Attribut	Pers.	= Person
Dat.	= Dativ	Pers.-Pron.	= Personal-Pronomen
Dekl.	= Deklination	Plqpf.	= Plusquamperfekt
Dep.	= Deponens	Plur.	= Plural
E	= Ergänzung	PPA	= Partizip Präsens Aktiv
f.	= femininum (weiblich)	PPP	= Partizip Perfekt Passiv
Fut.	= Futur	Präs.	= Präsens
Gen.	= Genitiv	Pron.	= Pronomen
Imp.	= Imperativ	Sing.	= Singular
Impf.	= Imperfekt	Sj	= Subjekt
Inf.	= Infinitiv	Subst.	= Substantiv
Konj.	= Konjunktiv	Vok.	= Vokativ

Stichwörter

Durch **Fettdruck** sind die Stellen hervorgehoben, an denen die betreffende Erscheinung besonders ausführlich oder definierend oder zusammenfassend behandelt wird.

A

Wortindex

Die Wörter werden in der Regel nur mit der ersten Stelle ihres Auftretens genannt. (Die Grundtexte werden nur mit der Lektionsziffer bezeichnet.)

Die **Lernvokabeln** (orientiert am „Grund- und Aufbauwortschatz Latein“, Klettbuch 6042) sind folgendermaßen gekennzeichnet:

x Wort des Grundwortschatzes
[x Wort des Grundwortschatzes, das nur in einer zusätzlichen Übung oder Wortstudie auftritt (im Lektionsvokabular nach eckiger Klammer aufgeführt)
– Wort, das zwar nicht zum Grundwortschatz gehört, aber im Lehrgang selbst häufiger auftritt

Ein **Pluszeichen** (+) vor einer Stellenangabe kennzeichnet zusätzliche Übungen.

Durch **Fettdruck** sind bei Lernvokabeln diejenigen Lektionen hervorgehoben, in denen

a) im Lektionsvokabular die Stammreihe des betreffenden Verbs gegeben wird (in den Lektionen 6 bis 9 nur in der 3. Pers. Sing. und oft noch ohne das Präsens) oder bei den „Verba anomala“ (z. B. *esse, posse*) Teile der Flexionstabellen als Lernpensen genannt werden,
b) Formenschemata von Pronomina komplettiert werden und als Lernpensum genannt werden,
c) Zusammenfassungen zu Konjunktionen gegeben werden.

x alius 1.1.3; **13.8.** ein anderer
alligare +4.7.2. anbinden
x alter 5; **13.8.** der andere
[x altitudo +14.8.2. Höhe, Tiefe
x altus 14 hoch, tief
alumnus 15 Zögling
x amare **19.**3.4. lieben
x ambitio 12 Ehrgeiz
ambo 7/8 beide
amica 21.4.2. Freundin
x amicitia 10.3.1. Freundschaft
x amicus 4 Freund
x amnis 15 Fluß
x amor 17.4. Liebe
amphitheatrum 7/8 Amphitheater
Amphitruo 19
Amulius 2
x an 13 oder
ancilla 10 Dienerin
x animadvertere **14** bemerken
x animus 1.1.3. Geist
x annus 4 Jahr
x ante *(Präp.)* 9 vor
x ante *(Adv.)* 10 vorher
x antea 4 früher
– anteponere +8.7.1.; **13** vorziehen
anteponebant +8.7.1.
x antequam 20.6.1. bevor
x antiquus 3 alt
Antonius 5
x aperire **8** öffnen
aperuit 7/8
x apparet **12** es ist offenkundig
x appellare **17.**4. nennen
appellavit 3
– appellere **9** herantreiben
appulerant 3
appulerat +3.5.2.
naves appellere 3 landen
appropinquare 12 sich nähern
x apud 11 bei
x aqua 2 Wasser
x arbitrari **19** meinen
x arcessere **17.**4. herbeirufen
arena 2.4. Sand
x arguere **15** beschuldigen
x arma 17 Waffen
armare 3 bewaffnen
Ascanius 3
asinus +19.11. Esel
aspectus 20 Anblick
x asper 14 rauh, herb
aspernari 20 verwerfen

– assentiri **13** zustimmen
assidere 7/8 sich dazusetzen
assuescere 4 sich gewöhnen
x at 6 aber
x atque 11 und; *(beim Vergleich:)* wie
ac 6
atrox 15 gräßlich
attamen 7 aber dennoch
attendere 10.3.1. zuhören, beachten
x auctor +11.10.1.; 12 Gewährsmann, Autor
x audēre **15** wagen
x audire **10.**5.1. hören
audivit 2
audivisset 5
audiebat 7.7.2.
auditum **10.5.1.**
[x auferre +14.7. wegtragen
x augēre **9** vergrößern
x aurum 17 Gold
x aut 10.3.3. oder
x aut . . . aut 13 entweder . . . oder
x autem 2 aber
x auxilium 15 Hilfe
x avaritia 12 Habgier
avarus +15.9.2. habgierig
ave 5 sei gegrüßt
avis 5 Vogel
avocare 4.8.1. wegrufen
x avus 2.4. Großvater

B

beatitudo +14.8.2. Glück
x beatus 13 reich, glücklich
bellare +21.9.1. kriegführen
x bellum 3 Krieg
x bene *(Adv.)* 7.5.2. gut
x beneficium 6 Wohltat
bestia 7/8 Tier
bestiarius 7/8 Tier-
– bibere **14** trinken
blandiri 7/8 schmeicheln
blandus 7 schmeichelnd
blande 7/8
x bonus 6 gut
bonum 16 Gut, Vorteil
bos (bovem) 1.1.2. Rind
brevi 16 binnen kurzem
x brevis 7 kurz
breviter 7/8 in Kürze
Britannicus 20

C

caecus 1.1.3. blind
– caedere 19 niederhauen
x caedes 20 Mord(en)
Caesar, Gaius Iulius C. 6; 16 Caesar
Caesar, Imperator Caesar Augustus 5; 9 Augustus
calcare 7/8 treten
calidus 15 warm
– callidus 5 schlau
calor 15 Wärme
calx +19.11. Ferse
Campanus+6.8.3. aus Campanien
canere 11 singen
x capere 7; **10.**5.1. fassen, nehmen
ceperunt 7/8
capessere 4 ergreifen
capillus 1.1.1. Haar
captare +18.9.2. fangen, jagen
captivus 17.4. gefangen
x caput 9 Kopf
caritas 15 Liebe
x carmen 11 Gedicht, Lied
casa +2.6.4. Hütte
Castor 11 Kastor
Cato, M. Porcius Censorius 4; 6 Cato d. Ä.
Cato, M. Porcius Uticensis 6 Cato d. J.
cauda 7/8 Schwanz
x causa 4 Ursache
x causā 4 um . . . willen
qua de causa 7 weshalb; deshalb
caute 7/8 vorsichtig
x celebrare 9 preisen
x celer 7 schnell
celeriter 7/8
cena + 14.7.; 14 Mahlzeit
– cenare **11** speisen
censor 4 Zensor
censura 4 Zensur
x certare 6 (wett-)kämpfen
certitudo +14.8.2. Gewißheit
x certus 13 entschieden
x ceteri 4 die übrigen
cibus 14 Speise
Cicero 10; 11; 21 Cicero
x circa 12 um . . . herum
circumdare +18.8.2 umgeben

D

E

x exercitus 6 Heer
exiguus +4.7.2.; 12 klein
– eximius 15 außergewöhnlich
x existimare **13**.7.1. meinen
existimatio +16.6. Urteil, Meinung
x expellere +7.9.2.; **16** vertreiben
expulerant +3.5.2.
expulit 2
expulsus 7.9.1.
x experiri **21** durch Erfahrung kennenlernen
explēre 12 erfüllen
x explorare **20** erkunden
x (exponere) exposuit 2 aussetzen
exprimere 5 ausdrücken
x expugnare **17**.4. erobern
expugnaverant 3
exsequi 20 ausführen
x exspectare 5 erwarten
exspectarent 5
exspectatio 15; +16.6. Erwartung
x extemplo 17.4. sofort
x extremus 15 äußerster
exul 9 verbannt

F

x fabula 1 Geschichte
x facere 5.5.1.; **10**.3.4 machen
fecit 2; 3
fecerunt +2.6.3.; 5.5.1.
facies 9 Gesicht
x facilis 14.4.3. leicht
x facile *(Adv.)* 13
facilitas 6 Umgänglichkeit
x falsus 8 falsch
x fama +12.6.3.; 16 Gerücht, Ruf
x familia 18 Familie, Gesinde
x familiaris 10.3.1. zur Familie gehörig, vertraut
fasciculus 17.2. Bündel
x fatēri **13** bekennen, gestehen
fatigare 12 ermüden
x fatum 16 Schicksal
fauces 9 Schlund, Kehle
favēre 17.4. begünstigen
x fere 15 beinahe
x ferre **11**; **18** tragen, bringen
ferunt 11
fertur 13.7.1.
fervidus 15 heiß
fervor 20 Hitze
fessus 16 erschöpft
festinatio 15 Eile
x fides 17.1. Treue, Vertrauen
fidus 15 treu
x fieri **14** geschehen
x filia 2 Tochter
x filius 2 Sohn
finire +8.7.3. beendigen
x finis 12 Grenze, Ende
x firmare **16** sichern
x firmus 11.8.2. sicher, stark
flēre 2 weinen
fluctuare 15 hin und her schwanken
x fluere **15** fließen
x flumen 2.4. Fluß
x forma 17.4. Gestalt, Schönheit
x forte 21 zufällig
fortitudo 4 Tapferkeit
fortunatus 11 glücklich, begütert
x frangere **15** brechen
x frater 2 Bruder
frigidus 19.7.2. kalt
x frustra 17.2. vergeblich
x fugere **14** fliehen
fuisse *s. u.* esse
x fundere **8** (aus)gießen
fundus 4 Landgut
[x furtum +14.7. Diebstahl
x futurus 16 künftig

G

geminus 2.4. Zwilling
gener +4.7.2. Schwiegersohn
x gens 16 Volk, Sippe
x genus 3 Geschlecht, Art
x gerere 7; **21** tragen, (aus)führen
gessit 4
gessisset +5.8.1.
gestus 7.3.4.
gesturi 21
glacies +18.8.2. Eis
x gladius +4.7.2.; +8.7.1., 14.5.2. Schwert
x gloria 6 Ruhm
gloriari +18.8.2. sich rühmen
gloriosus 4 ehrgeizig, ruhmvoll
Gracchus +6.8.3.
gradatim 14 stufenweise
Graeci 3
x grandis 9 bedeutend, groß
x gravis 9; 20 schwer
gustus 20 Abschmecken

H

x habēre 1.2.2.; 5., **12** haben, halten
habet 1.1.1.
habuit 2; 4
habuerunt 2
habebat +3.5.2.
habebatur 6
se habere 13.3.15. sich verhalten
x habitare **9** wohnen
hasta 14.5.2. Lanze
haurire 15 austrinken
Hercules 21
Hercule 14 beim Herkules
x hic, haec, hoc **6**.5.; +14.8.3. dieser
x hic *(Adv.)* 9.2.6. hier
[x hiems +14.7.; +18.8.2. Winter
x hinc 7 von hier, hierauf
x hodie 19.3.2. heute
x homo 3 Mensch
homo novus 4 politischer Neuling
x honor 9 Ehre
honoris causa 18 ehrenhalber
x hortari **16** ermahnen
x hostis 15 Feind

I

x iam 7 schon, jetzt
ianua 11 Tür
x ibi 3 dort
x idem, eadem, idem **8** derselbe
idem atque 16; 18.8.2.
identidem 21.5.4. andauernd
x ideo 7 deshalb
Idus 9 die Iden
x igitur 16 also
ignarus +15.9.2. unwissend
x ignorare **10**.3.1. nicht wissen
x ignoscere 6; **19** verzeihen
ignoscendo 6
x ille, illa, illud **6**.5.; +14.8.3. jener
illo 4

imitari 21 nachahmen
x immortalis 16 unsterblich
impensa +14.7. Aufwand
x (imperare) imperavit 2 befehlen
x imperator +11.10.1.; 15 Befehlshaber
x imperium 2 Herrschaft
implicare 21 verwickeln
x imponere **9** auf(er)legen
impossibilis +18.6.2. unmöglich
imprimis 20 vor allem
imprudens 20 unwissend
impudens 10 unverschämt
x in 1.1.2. in, an, auf, nach
incedere 12 einhergehen
inchoare 9 anfangen
x incipere **12** anfangen
coepit 4
x inde 3 von dort
indignatio 15 Ärger, Unwillen
indoles 14 Begabung
x inducere 6 (hin)einführen, verleiten
induxerat 6
inductus +7.9.1.
indulgēre +17.9.2. sich widmen
infantia 20 Kindheit
x inferre **15** hineintragen
inflare 1 aufblasen
x ingenium 18 Begabung, Einfall
x ingens 8 ungeheuer
x ingredi 9; **10.**5.2. hineingehen
ingressus 9
ingressus, -us +18.8.2. Eingang
inimicitia 4 Feindschaft
x inimicus 17.2. Feind
inire 21 beginnen
x initium 9 Anfang
x iniuria 16 Unrecht, Ungerechtigkeit
– iniustus 2.4. ungerecht
innocens 6 uneigennützig
x inquam 10.3.1. sag(t)e ich
inquirere 18 untersuchen
x inquit +4.7.2.; +6.8.3.; 10 sagt(e) er
inquam 10.3.1.
insatiabilis 12 unersättlich
insectari 20 verunglimpfen
inspicere 7/8 betrachten
x instare **12** eindringen auf, bevorstehen
x institutum 20 Einrichtung
x insula 4 Insel
integritas 6 Redlichkeit
intellectus 20 Einsicht
x intellegere **12** einsehen
intemperantia 18 Maßlosigkeit
x intendere **20** (sich) anspannen
intentus 6 um etwas bemüht
x inter 4 zwischen
x interdum 11.6.2. manchmal
x interficere +7.9.2. töten
interfecit 2
interfecerunt 2
interfectus +7.9.2.; +8.7.2.
x interim 11 inzwischen
x interire **11** untergehen
interitus +11.10.1.; 16 Untergang
– interrogare **14** fragen
interrogavit 1
intrare **19** betreten
introducere (introductus) 7/8 hineinführen
introire 18 hineingehen
intuēri 20 betrachten
intus 8 innen
x invenire finden
invēnit 2
inventus +8.7.1.
x invidia 5 Neid
inviolatus 17.4. unversehrt
invitare 14 einladen
iocosus 10.3.1. scherzhaft
x ipse, ipsa, ipsum 10; **15** selbst
irasci 19.7.2. zürnen
iratus 1.1.1. zornig
x ire **18** gehen
eamus 19
irridēre +15.9.2.; 19 verspotten
x is, ea, id **6.**5. der(jenige)
x iste, ista, istud 5; **6** dieser da
x ita 2 so
Italia 3
x itaque 3 daher
x item 6 ebenso
x iter 9 Weg, Reise
x iterum 4 wiederum
x iubēre **15** auftragen, befehlen
x iucundus +21.9.2. erfreulich
x iudex 7.3.1. Richter
x iudicare urteilen
iudicavit 4
x iudicium 12 Urteil
x iungere **14** verbinden
Iuppiter 19
x iurare +14.7.; **20** schwören
iuraret +14.7.
[x ius +19.11. Recht
x iussu 5 auf Befehl
iustitia 4 Gerechtigkeit
x iustus 20 gerecht
x iuvenis 11 junger Mann

K

Kalendae 9 die Kalenden

L

x labor 12 Mühe
x laborare 6 sich anstrengen, leiden
lacrimare 18 weinen
x laedere **7** verletzen
laetitia 20 Fröhlichkeit
x laetus 15 froh
languor 9 Schwäche
largiri 6 schenken
lascivia +19.11. Ausgelassenheit
Latinus 3
x latus *(Subst.)* 8 Seite
x laudare 6 loben
laudabatur 6
laudatio +16.6. Lobrede
lautus 14 vornehm
x lavare **11.**6.1. waschen
Lavinia 3
Lavinium 3
lectus 14 erlesen
x legatus 19.10.2. Gesandter
x legere **10.**8.3. lesen
x legio 4 Legion
x lenis (leniter) 7 sanft
leo 7/8 Löwe
lepidus 18 witzig
x levare **8** heben, erleichtern
x lex 1.1.1. Gesetz
x libenter 10.3.1. gerne
liberalitas 5 Freigebigkeit
x liberi *(Subst.)* 20 Kinder
liberta 20 Freigelassene
[x libertas + 16.5.2. Freiheit
libertus 14 Freigelassener
x libido 16 Lust
licens 16 frei, zügellos

M

N

x ni 19 = nisi wenn nicht, außer wenn
x nihil 5 nichts
nihilo magis 19 ebenso
nimirum 7 freilich, natürlich
x nimis 11 zu sehr
[x nimius + 15.9.2. zu groß
x nisi 13 wenn nicht, außer wenn
x non nisi + 18.8.2; 19.8.1. nur
x nobilis 3 berühmt, vornehm
nobis *Dat. u. Abl. zu* nos
nodus 17.2. Knoten
x nolle **11**.8. nicht wollen
Futur **16**
Konjunktive **17**
x nomen 3 Name
x non 1.1.1. nicht
x non modo ... sed etiam 15 nicht nur ... sondern auch
x non nisi + 18.8.2.; 19.8.1. nur
Nonae 9.4.4. die Nonen
x nondum 4 noch nicht
x nonne 13 nicht?
x nonnulli 4 einige
x nos **10** wir, uns
x noster **10**.3.1. unser
nostri (*Gen. von* nos) 17.4.12. unser
nota 14 Zeichen, Marke
notus 10.3.1. bekannt
x novisse 13 kennen
novissime 9 zuletzt
x novus 2.4. neu
[x nox + 14.7. Nacht
– nubere **18** heiraten
nupsit 2
x nullus 11, **13.8.** kein(er)
x num 18.4.1. denn etwa?
Numitor 2
nummus 5 Münze
x numquam 12 niemals
x nunc 15 nun, jetzt
x nuntiare **11** melden
x nuper 14 neulich
x nusquam 19 nirgends

O

x ob 7 wegen
quam ob rem 7 weshalb, deshalb
x obicere 7; **15** entgegenwerfen
obiecit 7
obire 9 sterben
obsecrare 18 beschwören, bitten
obsequium 20 Gehorsam
observare 21.5.2. beachten
x (obtinēre) obtinuit 3 innehaben
x occasio 21.8.1. Gelegenheit
x occīdere + 14.7.1.; **20** töten
x occupare 12 besetzen
x occurrere 5; **9** begegnen
occurerat 5
occurrit 7/8
Octavianus, *s.* Caesar Augustus
x oculus 1.1.3. Auge
x odisse **18** hassen
x offerre **9** anbieten
officiosus 5 diensteifrig
x officium 17.1. Pflicht
x omittere **15** loslassen, aufgeben
x omnis 4 jeder, alle, ganz
x opera 9 Mühe
operosus 12 geschäftig
x opinari 13 meinen
x oppidum 3 Stadt
x opprimere **8** unterdrücken
x optare 16 wünschen
x optimus 14.4.3. bester
x opus 9 Arbeit, Werk
opus est 16 es ist nötig
x orare **18** bitten
x orbis 16 Kreis
orbis terrarum 16 Erdkreis
oriens 9 Orient
x origo 3 Ursprung
x oriri 16 entstehen
x ornamentum + 6.8.3.; 11.6.2. Schmuckstück
x ornare 6 schmücken
ossa 9 Gebeine
x ostendere + 6.8.3.; **11**.6.2. zeigen
ostendit + 6.8.3.
ostium 10 Tür
x otium 12 Muße
ovis 7/8 Schaf

P

pacisci 11 vereinbaren
x paene 19.7.2. beinahe
pagus 9 Dorf
x palam 20 öffentlich
Papirius 18
x par 6 gleich
x parare **17.1**. bereiten
x parcere **14** schonen
x parentes 9 Eltern
x parere 5.5.1.; **17.1**. hervorbringen, gebären
peperit 2
pepererat 5.5.1.
pariter 20.3.2. gleichermaßen
x pars 14.6.2. Teil, Seite
x parum 13 zu wenig
x parvus 2.4. klein
pascere + 11.10.1. weiden
– pastor 2 Hirte
patefacere 7/8 öffnen
x pater 1.5.1. Vater
pater familias + 15.9.2. Familienvater
x patēre **16** offenstehen
x pati **12** leiden, zulassen
x patres 18 die Senatoren
x patria 3 Vaterstadt, Heimat
x pauci 9 wenige
x paulatim 15 allmählich
paulisper 7/8 eine Zeitlang
x paulo *(Adv.)* 11 ein wenig
x paulo post 7 wenig später
x paulum 20 (ein) wenig
x pax 3 Friede
x pecunia 7.5.4. Geld
x pecus 7 Vieh
x peior 14.4.3. schlechter
pellis 1.1.2. Haut
x per 3 durch
per deos omnes + 14.7. bei allen Göttern
peragere 4 durchführen
percontari 17.4. fragen
percutere 10.3.4. schlagen, erschüttern
x perdere **12** zugrunde richten, verlieren
x perferre **18** überbringen, ertragen
x perficere **9** vollenden
perfugere 8.6.4. flüchten
perfugium 6 Zuflucht
perfundere 15 übergießen
x pergere **16** fortsetzen
x periculum 15 Gefahr
x perire **17.4**. zugrunde gehen
x permittere **20**.7.2. erlauben
x pernicies 6 Verderben
peropportunus 20 sehr gelegen

perpetuitas 21 Dauer
x persequi **19** verfolgen
perseverare +14.7. fortfahren (zu tun)
persona 21 Rolle
x persuadēre **15** überreden, überzeugen
x perturbare **8** verwirren
perturbatio +16.6. Verwirrung
pervadere 20 durchdringen
x pervenire **12** (hin)gelangen
pervenerat 5
x pes 7 Fuß
pessimus 14.4.3. schlechtester
pestis 4 Verderben
x petere **8** erstreben, (er)bitten
[x petitio +16.6. Bitte, Anspruch
Phaedrus 1
Philippus 15
philosophari 21.5.2. philosophieren
philosophus +15.9.2. Philosoph
piger +11.9.1. faul
pius 13 fromm
x placēre **12** gefallen
x plane 13 deutlich, durchaus
Plautus 19
x plenus 15 voll
x plerique 13 die meisten
x plerumque 9 meistens
x plures 14.4.3. mehr
plurimi 13; 14.4.3. sehr viele
plus 14; 14.4.3. mehr (Menge)
pluris 14 teuer, zu teuer
[x poena +21.9.2. Strafe
Poenus 4
– poeta 4 Dichter
Pollux
x ponere 7; **13** legen
positus 7.4.1.
posuit 7
x populus 7 Volk
porcus +14.7. Schwein
x posse 6; **12** können
potes 11
Formen des Präs.-Stammes **12.5.**
Futur **16**
posset 6
Konjunktive **17**
x possīdere **9** in Besitz nehmen
x post *(Adv.)* 4 später
x post *(Präp.)* 3 nach
x paulo post 7 wenig später
x postea 2 später
x posterus 18 nachfolgend, später
in posterum 18 in Zukunft
posteri 7.3.4. die Nachkommen
x postquam 20 nachdem
x post . . . quam 20 nachdem
x postremo 3 zuletzt
x postridie +17.9.2.; 18 am folgenden Tag
postulatio 18 Forderung
x potens 6 mächtig
x potentia 6 Macht
potio 20 Getränk
x potius 16 eher, lieber
x praecipere 5 vorschreiben
praecepit 5
praecipue 21 vornehmlich
x praeda 3 Beute
praedium 12 Landgut
x (praeesse) praefuit 4 leiten
x praemittere **19** vorausschicken
x praesertim 16 besonders
x praesidium 17.4. Schutz, Besatzung
x praestans 4 vorzüglich
x praestare **17.4.** übertreffen
x praesto 5 zur Stelle
x praeter 15 außer
praetexta (toga p.) 18 Knabentoga
praetextatus 18 mit der Knabentoga bekleidet
x praetor 4 Prätor
pratum 1.1.2. Wiese
pravitas 12 Verkehrtheit
x pretium 5 Preis
x primo 7 zuerst
x primum 4 zuerst
x primus 9.4. der erste, vornehmste
x princeps 17.4. Anführer, erster
principatus 20 Herrschaft
x principium 16 Anfang
x prior 19 der frühere, vorzüglichere
x priusquam 18 bevor
prius . . . quam 18 eher . . . als
x pro 5 vor, für, anstelle
pro virili parte 16 nach Kräften
probabilis 13 einleuchtend
x probare **14** prüfen, billigen
Procas 2; 3
x procul 9 weit, von weitem
x prodere **20** verraten
prodigiosus 13 abstoßend, scheußlich
prodigus 12 verschwenderisch
– prodire **11** hervorkommen
x proelium 3 Kampf
x profecto 19 wahrhaftig
x proficisci +14.7.4.; **21** sich aufmachen
x prohibēre **19** fernhalten
prohibuit 2
x promittere **15** versprechen
pronepos 6 Urenkel
x prope 7 nahe, beinahe
x propinquus 20 verwandt
x proponere **21** hinstellen
x proprius 6 eigen(tümlich)
x propter 4 wegen
prosperus 13 wunschgemäß
proverbium 10.8.3. Sprichwort
x provincia 4 Provinz
x proximus 14 der nächste
x prudentia 18 Klugheit
x publicus 4 staatlich
pudet 12 es erfüllt mit Scham
x puer 2 Kind
x pugna 8 Kampf
[x pugnare + **21.**9.1. kämpfen
pugnus 19; 21.5.2. Faust
x pulcher +6.8.3.; 14.4.3. schön
pulvis 15 Staub
purpuratus 15 Würdenträger
x putare **13.**7.1. glauben, meinen

Q

x qua 17.4. wo; wohin; wie
qua de causa 7 weshalb, deshalb
quacumque 17.4. wo auch immer
x quaerere **10** suchen, fragen
quaerebat 7
quaeso 16 bitte
quaestio +16.6.; 19 Frage
quaestor 4 Quästor
x qualis 16 was für ein
x quam 12 wie sehr
x quam *bei Vergleich* 13 als

R

S

x secundus 17.4. der zweite
securus 15 sorglos
x sed 2 aber
x sedēre **20** sitzen
sedulitas 12 Emsigkeit
[x semel +18.8. einmal
x semper 12 immer
x senator 4 Senator
x senatus 18 Senat
Seneca (12); 21.5.6. Seneca
x sensus +11.10.2.; 20 Empfindung, Sinn
x sentire **10** fühlen, meinen
separatus 14 getrennt, abgesondert
(sepelire) sepultus 9.3.3. bestatten
x septem 9 sieben
x sequi **14** folgen
x sermo 17.4. Gespräch, Rede
serus 12 spät
x servare **13.**7.1. bewahren
[x servitus +16.5.2. Knechtschaft
x servus 10.3.3. Sklave
– severitas 4 Strenge
x severus 7.5.4. streng
x si *mit Ind.* 10.3.; **19.8.** wenn
mit Konj. II 13; **19.8**
mit Konj. III 16; **19.8.**
x sibi *s.* se
x sic 16 so
siccus 2 trocken
Sicilia 3; 4
x sicut 10.4. so wie
x silentium 18 Schweigen
x silva 8 Wald
x similis 6 ähnlich
similitudo +14.8.2. Ähnlichkeit
Simonides 11
– simplex 4 einfach
x simul 7 zugleich
x simulatque 17.2. sobald als
x sin 16 wenn aber
sin autem 19.8.2. wenn aber
[x sine +14.8.4. ohne
x sinere **12** zu(lassen)
x singularis 4 einzigartig
x singuli 17.2. einzeln
sinus 7/8 Schoß
x situs 9.2.5. gelegen
x sive ... sive 16 sei es daß ... sei es daß
x societas 14 Gemeinschaft, Mischung
x socius 3 Gefährte, Verbündeter
Socrates +19.11.; 20.4.2.
x solēre **20** pflegen
x sollicitare **18** beunruhigen
sollicitudo 15 Sorge
x solus +9.5.2; **13.8.** allein
x solvere 5; **17.**2. lösen, zahlen
solveret 5
sordes 14 Geiz
– sordidus 11 schmutzig, geizig
x spatium 10.3. Strecke, Zeitraum
x spectare **19.**10.2. betrachten
speculum 11.6.1. Spiegel
x sperare **12** hoffen
x spes 12 Hoffnung
spina 7/8 Dorn
spiritus 20 Atem
splendēre 6 glänzen
x spoliare **13** berauben
sponsa 17.4. Braut
sponsus 17.4. verlobt
x stare **11** stehen
x statim 3 sofort
x statuere 5; **18** beschließen
statuit 5
statuerant 5.5.1.
statura +4.7.2.; 9 Körper(bau)
[x status +21.9.1. Zustand
stipendium 4 Kriegsdienst
stomachus 9 Magen
strenuus 6 tüchtig
x studēre 6 sich bemühen
x studium 4 Eifer
x stultus 12 töricht
x sub 3 unter
x subicere **12** unterwerfen
subigere 20 unterwerfen
x subito 7 plötzlich
sublevare 6 unterstützen
subripere +14.7. heimlich rauben
x (succedere) successit 3 nachfolgen
sudor 15 Schweiß
sum *s. u.* esse
x sumere **21.**3.7. nehmen
x summus 4 höchster
sumptuosus 14 verschwenderisch
x sumptus 14 Aufwand, Kosten
x super +18.8.2. über
x superare überragen
superavit 4
superaverat 5
superavisset 5
supervacuus 12 überflüssig
supremus 12 der oberste, äußerste, letzte
x surgere **11** aufstehen
x suscipere **20** übernehmen
suscepit 4
suspendere 7/8 herabhängen lassen
x sustinēre **9** aushalten
x suus 1.1.1.; **11.6.** sein, ihr
sui 8.4.2. die „Seinen“, seine Angehörigen

T

tabernaculum 15 Zelt
x tacēre +6.8.3.; **18** schweigen
tacebat +6.8.3.
talentum 15 *Geldeinheit*
x talis 13 solch ein
x tam 12 so (sehr)
x tamen 4 dennoch
x tametsi 19.8.2. auch wenn
x tandem +14.7.; 17.2. endlich
x tantum 15.8.2. so viel
tanti +15.9.2. für so viel
x te *Akk. u. Abl. zu* tu
tecum (= cum te) 17.4. mit dir
x tempus 3 Zeit
x tenēre **12** (fest)halten
tenebat 5
tenebant 3
x terra 12 Erde, Land
terror 20 Schrecken
thesaurus 17.1. Schatz
tibi *Dat. zu* tu
x timor 15 Furcht
toga 9 Toga
toga praetexta 18 Knabentoga
x tollere **16** aufheben
x totus 12; **13.8.** ganz
x tractare **18** behandeln
x tradere **17.**2. übergeben
tranquillus 15 ruhig
transcurrere 12 vorübereilen
x transferre **9** hinübertragen
x transire 9; **12** hinübergehen, vergehen
transiit 9

Flexionstabellen

1. Deklination

1.1. Substantive

	a-Deklination	o-Deklination		e-Deklination	u-Deklination
	Singular				
Nom.	aqua	animus	bellum (n.)	rēs	manus
Gen.	aquae	animī	bellī	reī	manūs
Dat.	aquae	animō	bellō	reī	manuī
Akk.	aquam	animum	bellum	rem	manum
Abl.	aquā	animō	bellō	rē	manū
	Plural				
Nom.	aquae	animī	bella	rēs	manūs
Gen.	aquārum	animōrum	bellōrum	rērum	manuum
Dat.	aquīs	animīs	bellīs	rēbus	manibus
Akk.	aquās	animōs	bella	rēs	manūs
Abl.	aquīs	animīs	bellīs	rēbus	manibus

	i-Deklination		kons. Deklination	
	Singular			
Nom.	Tiberis	mare (n.)	lēx	nōmen (n.)
Gen.	Tiberis	maris	lēgis	nōminis
Dat.	Tiberī	marī	lēgī	nōminī
Akk.	Tiberim	mare	lēgem	nōmen
Abl.	Tiberī	marī	lēge	nōmine
	Plural			
Nom.	vīrēs*)	maria	lēgēs	nōmina
Gen.	vīrium	marium	lēgum	nōminum
Dat.	vīribus	maribus	lēgibus	nōminibus
Akk.	vīrēs	maria	lēgēs	nōmina
Abl.	vīribus	maribus	lēgibus	nōminibus

*) zu *vīs,* von dem es im Sing. nur Nom., Akk. *(vim)* und Abl. *(vī)* gibt

Zur o-Deklination gehören auch Stämme auf *-r* und *-er,* z. B. *puer, puerī* m.

1.2. Adjektive

1.2.1. a/o-Deklination

	m.	f.	n.
		Singular	
Nom.	māgnus	māgna	māgnum
Gen.	māgnī	māgnae	māgnī
Dat.	māgnō	māgnae	māgnō
Akk.	māgnum	māgnam	māgnum
Abl.	māgnō	māgnā	māgnō
		Plural	
Nom.	māgnī	māgnae	māgna
Gen.	māgnōrum	māgnārum	māgnōrum
Dat.	māgnīs	māgnīs	māgnīs
Akk.	māgnōs	māgnās	māgna
Abl.	māgnīs	māgnīs	māgnīs

Zur a/o-Deklination gehören auch Stämme auf *-r* und *-er*, z. B. *miser, misera, miserum*

1.2.2. i-Deklination (kons. Dekl.)

	m.	f.	n.
		Singular	
Nom.	brevis	brevis	breve
Gen.	brevis	brevis	brevis
Dat.	brevī	brevī	brevī
Akk.	brevem	brevem	breve
Abl.	brevī	brevī	brevī
		Plural	
Nom.	brevēs	brevēs	brevia
Gen.	brevium	brevium	brevium
Dat.	brevibus	brevibus	brevibus
Akk.	brevēs	brevēs	brevia
Abl.	brevibus	brevibus	brevibus

1.3. Pronomina

1.3.1. Personalpronomina

	1. Person	2. Person	für die 3. Pers. reflexiv
	Singular		
Nom.	ego	tū	
Gen.	meī	tuī	suī
Dat.	mihi	tibi	sibi
Akk.	mē	tē	sē
Abl.	mē (-cum)	tē (-cum)	sē (-cum)
	Plural		
Nom.	nōs	vōs	
Gen.	nostrī/nostrum	vestrī/vestrum	suī
Dat.	nōbīs	vōbīs	sibi
Akk.	nōs	vōs	sē
Abl.	nōbīs (-cum)	vōbīs (-cum)	sē (-cum)

1.3.2. Possessivpronomina

1. Person	2. Person	für die 3. Pers. reflexiv
Singular		
meus, -a, -um	tuus, -a, -um	suus, -a, -um
Plural		
noster, nostra, nostrum	vester, vestra, vestrum	suus, -a, -um

Die Possessivpronomina werden nach der a/o-Deklination flektiert.

1.3.3. Demonstrativpronomina

	hic, haec, hoc			ille, illa, illud			is, ea, id		
	Singular								
Nom.	hīc	haec	hoc	ille	illa	illud	is	ea	id
Gen.		huius			illīus			eius	
Dat.		huic			illī			eī	
Akk.	hunc	hanc	hoc	illum	illam	illud	eum	eam	id
Abl.	hōc	hāc	hōc	illō	illā	illō	eō	eā	eō
	Plural								
Nom.	hī	hae	haec	illī	illae	illa	iī(eī)	eae	ea
Gen.	hōrum	hārum	hōrum	illōrum	illārum	illōrum	eōrum	eārum	eōrum
Dat.		hīs			illīs			iīs (eīs)	
Akk.	hōs	hās	haec	illōs	illās	illa	eōs	eās	ea
Abl.		hīs			illīs			iīs (eīs)	

iste, ista, istud und *ipse, ipsa, ipsum* werden dekliniert wie *ille,*
idem, eadem, idem wird dekliniert wie *is (m* wird vor *d* zu *n,* also *eundem, eandem, eorundem, earundem).*

1.3.4. Interrogativpronomen

	quis? quid? (substantivisch)		
Nom.	quis		quid
Gen.		cuius	
Dat.		cui	
Akk.	quem		quid
Abl.		ā quō	

Das adjektivische Interrogativpronomen ist formgleich mit dem Relativpronomen (s. 1.3.6.).

1.3.5. Indefinitpronomina

Substantivische Indefinitpronomina (z. B. *aliquis, aliquid)* werden wie das substantivische Interrogativpronomen, adjektivische Indefinitpronomina (z. B. *aliqui, aliqua, aliquod)* werden wie das Relativpronomen dekliniert.

1.3.6. Relativpronomen

	quī, quae, quod					
	Singular			Plural		
Nom.	quī	quae	quod	quī	quae	quae
Gen.		cuius		quōrum	quārum	quōrum
Dat.		cui			quibus	
Akk.	quem	quam	quod	quōs	quās	quae
Abl.	quō	quā	quō		quibus	

quidam, quaedam, quoddam wird wie das Relativpronomen dekliniert (*m* wird vor *d* zu *n,* also *quendam, quandam, quorundam, quarundam*).

2. Konjugation

2.1. Vom Präsensstamm abgeleitete Formen

a) Aktiv

		a-Konjug.	e-Konjug.	kons. Konjug.	gem. Konjug.	i-Konjug.
	Stamm	laudā-	vidē-	scrib-	capi-	audī-
Indikativ	Präs.	laudō laudās laudat laudāmus laudātis laudant	videō vidēs videt vidēmus vidētis vident	scrībō scrībis scrībit scrībimus scrībitis scrībunt	capiō capis capit capimus capitis capiunt	audiō audīs audit audīmus audītis audiunt
	Impf.	laudābam laudābās laudābat laudābāmus laudābātis laudābant	vidēbam vidēbās vidēbat vidēbāmus vidēbātis vidēbant	scrībēbam scrībēbās scrībēbat scrībēbāmus scrībēbātis scrībēbant	capiēbam capiēbās capiēbat capiēbāmus capiēbātis capiēbant	audiēbam audiēbās audiēbat audiēbāmus audiēbātis audiēbant
	Fut. I	laudābō laudābis laudābit laudābimus laudābitis laudābunt	vidēbō vidēbis vidēbit vidēbimus vidēbitis vidēbunt	scrībam scrībēs scrībet scrībēmus scrībētis scrībent	capiam capiēs capiet capiēmus capiētis capient	audiam audiēs audiet audiēmus audiētis audient
Konjunktiv	I	laudem laudēs laudet laudēmus laudētis laudent	videam videās videat videāmus videātis videant	scrībam scrībās scrībat scrībāmus scrībātis scrībant	capiam capiās capiat capiāmus capiātis capiant	audiam audiās audiat audiāmus audiātis audiant
	II	laudārem laudārēs laudāret laudārēmus laudārētis laudārent	vidērem vidērēs vidēret vidērēmus vidērētis vidērent	scrīberem scrīberēs scrīberet scrīberēmus scrīberētis scrīberent	caperem caperēs caperet caperēmus caperētis caperent	audīrem audīrēs audīret audīrēmus audīrētis audīrent
Imperativ		laudā laudāte	vidē vidēte	scrībe scrībite	cape capite	audī audīte
Inf. Präs.		laudāre	vidēre	scrībere	capere	audīre
Gerundium		laudandī, -ō, -um, -ō	videndī, -ō, -um, -ō	scrībendī, -ō, -um, -ō	capiendī -ō, -um, -ō	audiendī, -ō, -um, -ō
Part. Präs.		laudāns, -antis	vidēns, -entis	scrībēns, -entis	capiēns, -entis	audiēns, -entis

b) Passiv

		a-Konjug.	e-Konjug.	kons. Konjug.	gem. Konjug.	i-Konjug.
	Stamm	laudā-	vidē-	scrīb-	capi-	audī-
Indikativ	Präs.	laudor laudāris laudātur laudāmur laudāminī laudantur	videor vidēris vidētur vidēmur vidēminī videntur	scrībor scrīberis scrībitur scrībimur scrībiminī scrībuntur	capior caperis capitur capimur capiminī capiuntur	audior audīris audītur audīmur audīminī audiuntur
	Impf.	laudābar laudābāris laudābātur laudābāmur laudābāminī laudābantur	vidēbar vidēbāris vidēbātur vidēbāmur vidēbāminī vidēbantur	scrībēbar scrībēbāris scrībēbātur scrībēbāmur scrībēbāminī scrībēbantur	capiēbar capiēbāris capiēbātur capiēbāmur capiēbāminī capiēbantur	audiēbar audiēbāris audiēbātur audiēbāmur audiēbāminī audiēbantur
	Fut. I	laudābor laudāberis laudābitur laudābimur laudābiminī laudābuntur	vidēbor vidēberis vidēbitur vidēbimur vidēbiminī vidēbuntur	scrībar scrībēris scrībētur scrībēmur scrībēminī scrībentur	capiar capiēris capiētur capiēmur capiēminī capientur	audiar audiēris audiētur audiēmur audiēminī audientur
Konjunktiv	I	lauder laudēris laudētur laudēmur laudēminī laudentur	videar videāris videātur videāmur videāminī videantur	scrībar scrībāris scrībātur scrībāmur scrībāminī scrībantur	capiar capiāris capiātur capiāmur capiāminī capiantur	audiar audiāris audiātur audiāmur audiāmini audiantur
	II	laudārer laudārēris laudārētur laudārēmur laudārēminī laudārentur	vidērer vidērēris vidērētur vidērēmur vidērēminī vidērentur	scrīberer scrīberēris scrīberētur scrīberēmur scrīberēminī scrīberentur	caperer caperēris caperētur caperēmur caperēminī caperentur	audīrer audīrēris audīrētur audīrēmur audīrēminī audīrentur
Inf. Präs.		laudārī	vidērī	scrībī	capī	audīrī
Gerundivum		laudandus, -a, -um	videndus, -a, -um	scrībendus, -a, -um	capiendus, -a, -um	audiendus, -a, -um

2.2. Vom Perfekt-Stamm und Perfekt-Passiv abgeleitete Formen

		Aktiv	Passiv	
Indikativ	Perf.	dedī		sum
		dedistī	datus, data, datum	es
		dedit		est
		dedimus		sumus
		dedistis	datī, datae, data	estis
		dedērunt		sunt
	Plusquamperf.	dederam		eram
		dederās	datus, data, datum	erās
		dederat		erat
		dederāmus		erāmus
		dederātis	datī, datae, data	erātis
		dederant		erant
	Fut. II	dederō		erō
		dederis	datus, data, datum	eris
		dederit		erit
		dederimus		erimus
		dederitis	datī, datae, data	eritis
		dederint		erunt
Konjunktiv	III	dederim		sim
		dederis	datus, data, datum	sīs
		dederit		sit
		dederimus		sīmus
		dederitis	datī, datae, data	sītis
		dederint		sint
	IV	dedissem		essem
		dedissēs	datus, data, datum	essēs
		dedisset		esset
		dedissēmus		essēmus
		dedissētis	datī, datae, data	essētis
		dedissent		essent

Inf. Perf. Akt.	dedisse	Supinum I	datum
		Supinum II	datū
		Inf. Fut. Pass.	datum īrī
		Part. Perf. Pass.	datum, -am, -um
		Inf. Perf. Pass.	datus, -a, -um esse
		Part. Fut. Akt.	datūrus, -a, -um
		Inf. Fut. Akt.	datūrum,-am,-um esse

2.3. esse, posse, velle, nōlle, mālle
īre, ferre, fierī

		esse, sum, fuī Stämme: es- (s-, er-), fu-		
Indikativ	Präs.	sum es est sumus estis sunt	Perf.	fuī fuistī fuit fuimus fuistis fuērunt
	Impf.	eram erās erat erāmus erātis erant	Plusquamperf.	fueram fuerās fuerat fuerāmus fuerātis fuerant
	Fut. I	erō eris erit erimus eritis erunt	Fut. II	fuerō fueris fuerit fuerimus fueritis fuerint
Konjunktiv	I	sim sīs sit sīmus sītis sint	Perf.	fuerim fueris fuerit fuerimus fueritis fuerint
	II	essem essēs esset essēmus essētis essent	Plusquamperf.	fuissem fuissēs fuisset fuissēmus fuissētis fuissent

Imperative		
2. Sing.	es, estō	Inf. Perf.: fuisse
3. Sing.	estō	Part. Fut.: futūrus, -a, -um
2. Plur.	este, estōte	Inf. Fut.: futūrum, -am, -um esse
3. Plur.	suntō	
Inf. Präs.	esse	

		posse, possum, potuī	velle, volō, voluī	nōlle, nōlō, nōluī	mālle, mālō, māluī
Indikativ	Präs.	possum potes potest possumus potestis possunt	volō vīs vult volumus vultis volunt	nōlō nōn vīs nōn vult nōlumus nōn vultis nōlunt	mālō māvīs māvult mālumus māvultis mālunt
	Impf.	poteram poterās usw.	volēbam volēbās usw.	nōlēbam nōlēbās usw.	mālēbam mālēbas usw.
	Fut. I	poterō poteris usw.	volam volēs usw.	nōlam nōlēs usw.	mālam mālēs usw.
Konjunktiv	I	possim possīs usw.	velim velīs usw.	nōlim nōlīs usw.	mālim mālīs usw.
	II	possem possēs usw.	vellem vellēs usw.	nōllem nōllēs usw.	māllem māllēs usw.
Imperativ				nōlī nōlīte	
Perf.-grup-pe	Perf. Plqpf. Fut. II Konj. III Konj. IV	potuī potueram potuerō potuerim potuissem	voluī volueram voluerō voluerim voluissem	nōluī nōlueram nōluerō nōluerim nōluissem	māluī mālueram māluero māluerim māluissem
Inf. Präs. Inf. Perf. Inf. Fut.		posse potuisse	velle voluisse	nōlle nōluisse	mālle māluisse
Part. Präs.		(potēns)	volēns	nōlēns	